面向高等职业院校基于工作过程项目式系列教材
企业级卓越人才培养解决方案规划教材

新媒体文案创作与传播

（第2版）

天津滨海迅腾科技集团有限公司　编著

天津大学出版社
TIANJIN UNIVERSITY PRESS

图书在版编目(CIP)数据

新媒体文案创作与传播（第2版）/ 天津滨海迅腾科技集团有限公司编著. — 天津 : 天津大学出版社, 2021.3（2025.8重印）

面向高等职业院校基于工作过程项目式系列教材　企业级卓越人才培养解决方案规划教材

ISBN 978-7-5618-6884-3

Ⅰ. ①新… Ⅱ. ①天… Ⅲ. ①传播媒介－文书－写作－高等职业教育－教材 Ⅳ. ①G206.2

中国版本图书馆CIP数据核字(2021)第043377号

XINMEITI WENAN CHUANGZUO YU CHUANBO

出版发行　天津大学出版社
地　　址　天津市卫津路92号天津大学内(邮编:300072)
电　　话　发行部:022-27403647
网　　址　www.tjupress.com.cn
印　　刷　廊坊市海涛印刷有限公司
经　　销　全国各地新华书店
开　　本　787mm×1092mm　1/16
印　　张　17
字　　数　437千
版　　次　2021年3月第1版　2024年2月第2版
印　　次　2025年8月第4次
定　　价　67.00元

面向高等职业院校基于工作过程项目式系列教材
企业级卓越人才培养解决方案规划教材
指导专家

周凤华　教育部职业技术教育中心研究所
姚　明　工业和信息化部教育与考试中心
陆春阳　全国电子商务职业教育教学指导委员会
李　伟　中国科学院计算技术研究所
许世杰　中国职业技术教育网
窦高其　中国地质大学（北京）
张齐勋　北京大学软件与微电子学院
顾军华　河北工业大学人工智能与数据科学学院
耿　洁　天津市教育科学研究院
周　鹏　天津市工业和信息化研究院
魏建国　天津大学计算与智能学部
潘海生　天津大学教育学院
杨　勇　天津职业技术师范大学
王新强　天津中德应用技术大学
杜树宇　山东铝业职业学院
张　晖　山东药品食品职业学院
郭　潇　曙光信息产业股份有限公司
张建国　人瑞人才科技控股有限公司
邵荣强　天津滨海迅腾科技集团有限公司

基于工作过程项目式教程
《新媒体文案创作与传播》

主　编　王永乐　李秀敏
副主编　张　颖　沈燕宁　冯　怡　徐　锐
袁　静　张伟刚　孔小婧　吕　艳
赵儒和　魏静静

前 言

随着社会的进步、科技的发展，物美价廉的产品比比皆是；但社会化大生产导致产品同质化严重。在这样两个大前提下，满大街琳琅满目的商品，就像乡间地头的白菜一样，一个挨一个，毫无差别。如何令你的产品脱颖而出，如何让产品的卖点光彩夺目，如何使消费者目不转睛、情有独钟？这是文案要解决的问题。有了好文案，下一步就要将其传播与推广出去。在对传播基础概念掌握的前提下，我们需要对传播渠道科学地进行甄选，并结合新媒体推广渠道的特点，将文案构思的落脚点、着眼点、侧重点有针对性地进行整合，从而有的放矢，达到事半功倍的效果。传播，不是简单的广而告之，不是撒大网捕大鱼，而是要将适当的信息以适当的方式传递给合适的人。把这两个核心结合在一起，融会贯通，就是本书所要表述的中心。将新媒体文案撰写与推广的技巧应用于实践，假以时日，你便如同手握神笔的马良，字字信手拈来、处处妙笔生花。

本书主要涉及十个项目，即新媒体文案的原理与标准化，新媒体文案岗位的工作流程与应用目标，新媒体文案创作思路的实施组织方案，新媒体文案写作技巧的实施组织方案，电商文案写作的研究与实践，视频直播文案写作的研究与实践，微信文案写作的研究与实践，微博文案写作的研究与实践，社群文案写作的研究与实践，新媒体图文、图片和视频编辑的设计与应用；每个项目均设有学习目标、学习路径、任务描述、任务技能、任务实施、任务总结、英语角和任务习题；结构条理清晰、内容详细，任务实施可以将所学的理论知识充分地应用到实际操作中。

本书由王永乐、李秀敏共同担任主编，张颖、沈燕宁、冯怡、徐锐、袁静、张伟刚、孔小婧、吕艳、赵儒和、魏静静担任副主编，王永乐、李秀敏负责整书编排。项目一由张颖负责编写，项目二由沈燕宁负责编写，项目三由冯怡负责编写，项目四由徐锐负责编写，项目五由袁静负责编写，项目六由张伟刚负责编写，项目七由孔小婧负责编写，项目八由吕艳负责编写，项目九由赵儒和负责编写，项目十由魏静静负责编写。

本书理论内容简明扼要，实例操作讲解细致，步骤清晰，实现了理实结合。操作步骤后有相对应的效果图，便于读者直观、清晰地看到操作效果，使读者对新媒体文案创作与传播相关知识点的学习更加顺畅。

天津滨海迅腾科技集团有限公司

2020 年 12 月

目 录

项目 01　新媒体文案的原理与标准化

学习目标

重点学习新媒体文案的概念及评价标准，通过与传统媒体进行对比，学习新媒体文案的概念和特点；再通过实例，比较分析新媒体文案的评价标准，进而了解新媒体文案的重要意义，培养甄别优劣文案的能力。在任务实现过程中：

- 了解新媒体文案的概念；
- 掌握新媒体文案的评价标准；
- 了解新媒体文案的重要性；
- 培养分辨优劣新媒体文案的能力。

职业素养

大家都知道，我国已经进入互联网群体传播时代，跟以前的传统媒体垄断信息的生产传播相比，现在是“人人都能发声，人人都可以传播”，每个人都是信息的接收者和创作传播者。在这样的背景下，新媒体会表现出更加自由、无拘束、弱监管的特征，面对这样的挑战，我们需要帮助学生树立正确的“三观”，引导学生自觉为社会传播正能量，这不仅是自身修养的体现，更是职业素养的要求。

学习路径

新媒体文案的原理与标准化

有两款饮品的广告方案，尝试通过学过的新媒体文案评价的思路及标准，对它们进行分析。	**任务实施**	**学习目标**	1. 了解新媒体文案的概念； 2. 掌握新媒体文案的评价标准； 3. 了解新媒体文案的重要性； 4. 培养分辨优劣新媒体文案的能力。
1. 概念的推理与演变； 2. “两点一线”评价标准； 3. 新媒体文案意义认知。	**任务技能**	**任务描述**	【情景导入】“怕上火喝王老吉”，总能令我们放下手中的碳酸饮料，转而投向它的怀抱；那句“今年过节不收礼，收礼只收脑白金！”，又缔造了多少营销神话！文案区别于普通的文章，了解了它的概念，我们才能认识什么是文案，才能够灵活地驾驭和运用它。

任务描述

【情境导入】

优秀的文案会产生重大的影响，比如：

奥巴马就职演讲里的一句“Yes, we can”，把成千上万的美国人感动哭了；

你也许一直不喝凉茶，但“怕上火喝王老吉”总会让你忍不住想要试试；

小米从一句“为发烧而生”开始，让多少人前赴后继地投入“抢小米”的游戏中来；

陈欧的一句“我为自己代言”，让多少粉丝追随聚美优品一路走进纽交所；

你也许鄙视史玉柱，但你父母却还是“收礼只收脑白金”；

你和姑娘逗过“是你的益达”这个梗吗？

你吃饼干的时候记得“扭一扭，舔一舔，泡一泡”吗？

你买跑鞋为什么选“NIKE”？

……

这些都可以告诉你，文案的价值在哪里。

文案区别于普通的文章，了解了它的概念，我们才能认识什么是文案，才能够灵活地驾驭和运用它。奥巴马的“Yes, we can”，可以煽动民众的情绪，因为他并不是以自我为中心的自说自话，而是着眼于受众的情绪牵挂；“怕上火喝王老吉”，总能令我们放下手中的碳酸饮料，转而投向它的怀抱；那句“今年过节不收礼，收礼只收脑白金！”又缔造了多少营销神话！同样的意思，不同的说法，虽然“失之毫厘”，却会产生“谬以千里”的效果。这就是文案的奥妙之处。

对于新媒体文案的掌握，需要先从新媒体的概念入手，然后再对新媒体文案的特点及评价标准进行学习把握，进而认识新媒体文案的重要意义，即价值所在。

任务技能

技能一　新媒体的概念

想要了解新媒体，还需要追根溯源，从源头把握媒体的概念，再顺着时代发展的脉络，读懂传统媒体和新媒体。这样一路走来，对概念的了解会更加深刻，也会形成自己独到的见解。

一、媒体

（一）历史

“媒介作为承载、传递知识的载体”，在传播学意义上是指利用媒质存储和传播信息的物质工具。按美国著名传播学家施拉姆的见解，“媒介就是传播过程中，用以扩大并延伸信息传送的工具”，其在远古时代便已经产生。在漫长的远古时期，人类先祖在沟通交流、生产生活乃至繁衍生存上都存在一定的阻碍，“结绳记事”是远古时代人类摆脱时空限制记录事实、进行传播的手段之一，它发生在语言产生以后、文字出现之前的漫长时期里。或许在现今社会，它并不值得一提，但在当时，“结绳记事”是一种非常先进的记录方式。正如《春秋左传集解》云：“古者无文字，其有约誓之事，事大大其绳，事小小其绳，结之多少，随物众寡，各执以相考，亦足以相治也。”由此可见，“结绳记事”作为远古时期的媒介，不仅起着记录的作用，也是一种信息承载的呈现。

随着文字的产生及朝代的交替更迭，发挥着信息承载及记录作用的媒介开始不断发生改变，在某种程度上它是王权及社会生产力的地位象征，亦是科学技术的映射体现。媒介在奴隶和封建王朝时代，先后经历了殷商、西周、春秋、先秦、西汉、东汉六个时期的转变，它们分别是甲骨、青铜、竹简、帛书、麻纸、纸。如在河南省安阳市殷墟出土的甲骨片、台北“故宫博物院”收藏的散氏盘及毛公鼎、湖北省博物馆收藏的战国时期墓竹简、湖南省博物馆收藏的帛书等，这些作品是我国媒介发展传播的强力佐证。虽然在不同的历史时期，媒介的表现形式不同，但究其根本，媒介传播是以人为基础的，以人的迁徙或者流动为依据的。虽然媒介是承载、传递知识的载体，但由于王朝制度的封建性，媒介成了阶级制度的象征，而媒介传播则在一定程度上成了一种寓教于乐、宣扬权威的手段，但也不乏一些知识分子及能人志士对于媒介传播作出了相应贡献，在此不做过多赘述。

远古及封建时代之媒介及媒介传播相较于当今社会而言，亦如天壤之别，不论其方法渠道、传播方式，承载媒介及影响范围等皆是无法比拟的。古人传递信息主要用飞鸽、烽火、快马、暗号、手语、书信、旗帜等方法，传播渠道主要有飞鸟传（飞鸽传书）、驿传（快马）、灯光传

（孔明灯）等等。但随着现今社会科学技术的不断发展，媒介开始打破时间及空间的限制，相较于古代媒介，其功能及作用亦有着进一步的增强，同时在传播渠道、传播方式及影响范围上更为深远，至此，媒介开始打破阶级禁锢，趋向于大众。

媒介是传播信息符号的物质载体，指的是信息传递的载体、渠道、中介物、工具或技术手段，比如，报纸是媒介。而媒体是从事新闻工作的专业机构，是从事信息的采集、加工制作和传播的社会组织，比如，人民日报就是媒体。媒介包括媒体，当媒介用来传播信息时就成了媒体，例如，网络是媒介，新浪网是媒体；电视是媒介，中央电视台是媒体。

（二）概念

英文的媒体“media”一词来源于拉丁语“Medius”，其中文音译为“媒体”，意为“两者之间”。媒体是指传播信息的载体。它是指人们借助它来传递信息与获取信息的工具、渠道、载体、中介物或技术手段。也可以把媒体看作实现信息从信息源传递到受信者的一切技术手段。媒体有两层含义，一是承载信息的物体，二是储存、呈现、处理、传递信息的实体。

我们通常所说的“媒体”（media）包括两种含义：一是指信息的物理载体（即存储和传递信息的实体），如书本、挂图、磁盘、光盘、磁带以及相关的设备等；二是指信息的表现形式（或者说“传播形式”），如文字、声音、图像、动画等（图 1.1）。也就是说通常意义上的媒体，不仅指信息传输的工具，也指信息呈现的工具。

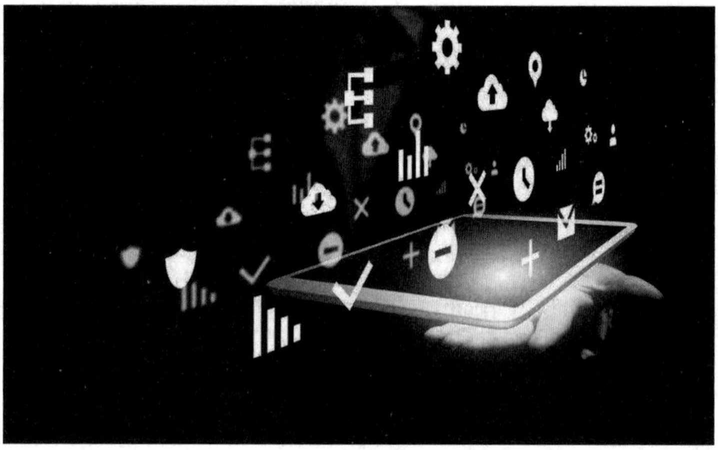

图 1.1　媒体

（三）分类

按照不同的功能，媒体可以分为以下 5 类。

1. 感觉媒体

感觉媒体（perception medium）是指直接作用于人的感觉器官，使人产生直接感觉的媒体。如引起听觉反应的声音、引起视觉反应的图像等。

2. 表示媒体

表示媒体（representation medium）是指传输感觉媒体的中介媒体，即用于数据交换的编码。如图像编码（JPEG、MPEG 等）、文本编码（ASCII 码、UTF-8 等）和声音编码等。

3. 表现媒体

表现媒体（presentation medium）是指进行信息输入和输出的媒体。例如，键盘、鼠标、扫描仪、话筒、摄像机等为输入媒体；显示器、打印机、喇叭等为输出媒体。

4. 存储媒体

存储媒体（storage medium）是指用于存储表示媒体的物理介质，如硬盘、软盘、光盘、U 盘等。

5. 传输媒体

传输媒体（transmission medium）是指传输表示媒体的物理介质，如电缆、光缆等。

（四）功能

媒体主要有以下功能。

（1）监督与纠正不良现象。

（2）协调社会关系。

（3）传承文化。

（4）提供娱乐。

（5）引导大众。

（6）传播资讯。

媒体担负着重大的社会责任，关系着社会的舆论导向，维系着社会的文明秩序。文案从业者应遵循社会责任至上的职业操守，树立正向的影响力，担负起传播社会正能量的社会责任与使命（图 1.2）。

图 1.2　传播正能量

二、传统媒体

（一）概念

传统的大众传播方式，即通过某种机械装置定期向社会公众发布信息或提供教育娱乐信息的媒体，主要包括报刊、户外媒体、通信、广播、电视，以及自媒体以外的网络等传统意义上的媒体。

（二）分类及特征

传统的媒体主要包括报刊、户外媒体、广播和电视等。不同的媒体有不同的特性，因此我们在构思、撰写文案时必须充分考虑不同媒体的特性而谋篇布局、遣词造句。

报刊，是以平面静态的形式展现的，所以还可以称为“平面媒体”；广播和电视，是依靠电磁波形式传播的，故可以合并称为“电波媒体”；户外媒体，亦可称为“户外”。下面分别介绍这三种传统媒体各自的特征。

1. 平面媒体

平面媒体具有以下特征。

（1）平面媒体是以空间的结构形式、静态的文字语言和视觉符号向大众传播信息的载体。由于印刷媒体的信息是以文字语言符号为载体的，因此，受众通过印刷媒体接收信息的前提是必须较为熟练地掌握语言运用系统，这就在无形中为信息的大众化传播设置了障碍。如果我们把大众媒体比作艺术作品的话，平面媒体更像是精英文学和交响音乐，而电波媒体则更像是通俗文学和流行歌曲。

（2）平面媒体（图 1.3、图 1.4）多是以近距离一对一的传播方式进行广告信息的诉求，且更适合为理性产品作理性诉求。一般而言，读者阅读报纸或杂志时大多是在一个相对安静的场合，受外界干扰的程度较小，读者在接受平面媒体的信息时也会更投入一些。因此，该类广告创意大都是以文案（语言符号）为核心，以图形画面（视觉符号）为配合，以便向目标受众传递尽可能清晰明确的产品信息，以利于受众对产品形成正确的理解并产生购买欲望。

（3）平面印刷媒体的受众具有大致相同的兴趣和偏好，且他们在阅读时拥有绝对的主动性和选择性。基于上述特征，其文案创作就必须准确地把握有关广告发布媒体受众的共性，以便有针对性地对该平面媒体的受众进行诉求；同时，由于平面媒体的读者在阅读信息时拥有绝对的主动性和选择性，这就要求该类媒体的广告创意具有更强的可读性、趣味性和新颖性。

图 1.3　平面媒体 1

图 1.4　平面媒体 2

2. 电波媒体

电波媒体（图 1.5—图 1.7）的特征分析，必须在与平面媒体进行比较分析的基础上才能够得出。据此，电波媒体具有以下三个主要特征。

（1）电波媒体是以时间的结构形式对信息进行编码，以电子技术和设备作为信息传递手段的载体。与印刷媒体相比，电波媒体最大的特征就是其信息在传播的过程当中无须转换成文字符号，而是将形象的、生动的视觉画面以及听觉冲击直接呈现在受众的眼前和耳边，这就使得其所传播的信息更具有“原生态”的效果，对于受众而言也更具有感染力。

（2）电波媒体是以直观、形象、逼真的动态画面以及身临其境的声音效果综合作用于人体的视觉、听觉器官，其传播的信息比较容易使受众产生兴趣。电波媒体引人入胜的逼真画面和动感十足的丰富音响，很容易使受众对某条产品的信息产生感性的印象判断。

（3）电波媒体的受众群体具有分散和杂乱的特征。对于受众而言，电波媒体的信息传播方式具有强制性和不可复制性的特点。

图 1.5　电波媒体 1

图 1.6　电波媒体 2

图 1.7　电波媒体 3

3. 户外媒体

户外媒体（图 1.8、图 1.9）是存在于公共空间的一种传播介质，主要指建筑物的楼顶和商业区的门前、路边等户外场地设置的发布广告信息的媒体，其主要表现形式包括路牌、霓虹灯、电子屏幕、灯箱、气球、飞艇、车体（厢）、大型充气模型等。户外媒体必须具备两个基本要素：一是户外媒体存在的空间；二是属于一种传播介质，也就是有其传播的特定人群。户外媒体的特征主要有以下三点。

（1）具有流动性、强制性、针对性、实效性等特点。

（2）节目优势：①自制节目，即时播放，内容丰富；②不仅仅有广告，还有节目；③包括专题、专栏、综艺、动画、广播剧、电视剧；④节目间隙插播广告。

（3）地段优势。户外媒体主要安装在商场等人流量集中的场所，其中 LED 全彩大屏幕更是安装在地标性地段，其传播效果更震撼、更具有强制性。

图 1.8　户外媒体 1

图 1.9　户外媒体 2

（三）新发展

由于科技的进步、网络的普及，互联网冲击着各行各业，包括传统媒体。受到冲击后的传统媒体，并没有一蹶不振，而是慢慢繁衍出新的生机。

1. 网络媒体的发展依赖于传统媒体

网络媒体自身存在不足，其中主要是受带宽限制和缺乏信息源，而这些不足都可以从传统媒体中得到有益的补充。

一方面，电视媒体拥有四通八达的有线电视网，它具有建成宽带高速传输网的现实可能性，这正是新一轮互联网革命兴起的基础，它将极大提高网络传输速度，并结合网络与电视的优点，为网络进入千家万户创造条件。

另一方面，传统媒体具有丰富的信息资源，这可以为网络媒体提供鲜活的内容和素材。传统媒体具有星罗棋布的信息采集网、经验丰富的信息采集和加工人才、丰富多彩的信息数据库，这些在"内容为王"的网络媒体竞争中具有重要价值。网络媒体借助传统媒体的信息资源就能扩大信息采集渠道，可以不断获取世界上各个领域的有价值的信息"活水"。

另外，传统媒体还拥有雄厚的品牌资源，一些著名新闻机构在广大受众的心中早已树立了良好的传播形象，网络媒体与这些机构联合，就可以利用名牌效应，提高自身的权威性和可信度，抑制网络信息的虚假性、无效性，阻止信息垃圾的侵入，吸引广大网民的光顾。

2. 传统媒体在网络媒体推动下不断改进自身，走向完善

面对网络媒体诸多优势的挑战，传统媒体显得有些底气不足，因而对传统媒体而言，调整机制、自我完善已经刻不容缓。网络媒体在带给传统媒体挑战的同时，也为传统媒体的发展提供了前所未有的机遇。传统媒体要主动积极地利用网络优势来改进自身。如改革新闻传播机制，大力发展多媒体新闻，开发网上点播新闻、网上图像新闻，甚至实验网上音像新闻等，以便与未来信息高速公路接轨。众多传统媒体纷纷与网络媒体联姻，获取了一种前所未有的网络版或电子版新形态。例如，《人民日报》的网络化，即刻就具备了信息量大和新闻更新快两大优势。可见，网络媒体与传统媒体可以相互促进、相得益彰。

传统媒体的新发展是向多元化经营，向"多媒体"转变，新旧两种媒体的互助、互进将会迎来21世纪信息传播的新纪元！

三、新媒体

（一）概念

1. 变革

实际上，新媒体（图1.10）可以被视为新技术的产物，数字化、多媒体、网络等最新技术均是新媒体出现的必备条件。新媒体诞生以后，媒介传播的形态就发生了翻天覆地的变化，诸如地铁阅读、写字楼大屏幕等，这些都是将传统媒体的传播内容移植到了全新的传播空间中。这种变化包含如下几个技术元素。

（1）数字化的出现使大量的传统媒体加入了新媒体的阵营，这一改变主要呈现在媒体的技术变革上，不论是内容存储的数字化，还是传播的数字化，都大幅度提升了媒介的传播效率。

（2）媒介形态也因新技术的诞生而呈现出多样化，网络电视、网络广播、电子阅读器等均将传统媒体的内容移植到了新的媒介平台上。

基于以上变化，广义的新媒体包括两大类：一是基于技术进步引起的媒体形态的变革，尤其是基于无线通信技术和网络技术出现的媒体形态，如数字电视、IPTV（交互式网络电视）、手机终端等；二是随着人们生活方式的转变，以前已经存在、现在才被应用于信息传播的载体，如楼宇电视、车载电视等。而狭义的新媒体仅指第一类，即基于技术进步而产生的

媒体形态。

2. 定义

我们每个人无时无刻不生活在新媒体为我们营造的传播环境中，那我们该如何去定义它呢？我们可以从以下几个方面尝试对它进行解读。

（1）环境。

新媒体是指当下万物皆媒的环境。简单地说，新媒体是一种环境。

（2）形式。

新媒体涵盖了所有数字化的媒体形式，包括所有数字化的传统媒体、网络媒体、移动端媒体、数字电视、数字报刊等。

（3）形态。

新媒体亦是一个宽泛的概念，利用数字技术和网络技术，通过互联网、宽带局域网、无线通信网、卫星等渠道，以及电脑、手机、数字电视机等终端，向用户提供信息和娱乐服务的传播形态。

对以上三层含义进行归纳整理，我们便得出了新媒体的概念：新媒体是相对于传统媒体而言的，是在报刊、广播、电视等传统媒体以后发展起来的新的媒体形态，是利用数字技术、网络技术、移动技术，通过互联网、无线通信网、有线网络等渠道，以及电脑、手机、数字电视机等终端，向用户提供信息和娱乐服务的传播形态和媒体形态。

从新媒体的概念可以得出有关新媒体的四层属性。

技术层面：利用数字技术、网络技术和移动通信技术。

渠道层面：通过互联网、宽带局域网、无线通信网和卫星等渠道。

终端层面：以电视、电脑和手机等作为主要输出终端。

服务层面：向用户提供视频、音频、语音数据服务、游戏、远程教育等集成信息和娱乐服务。

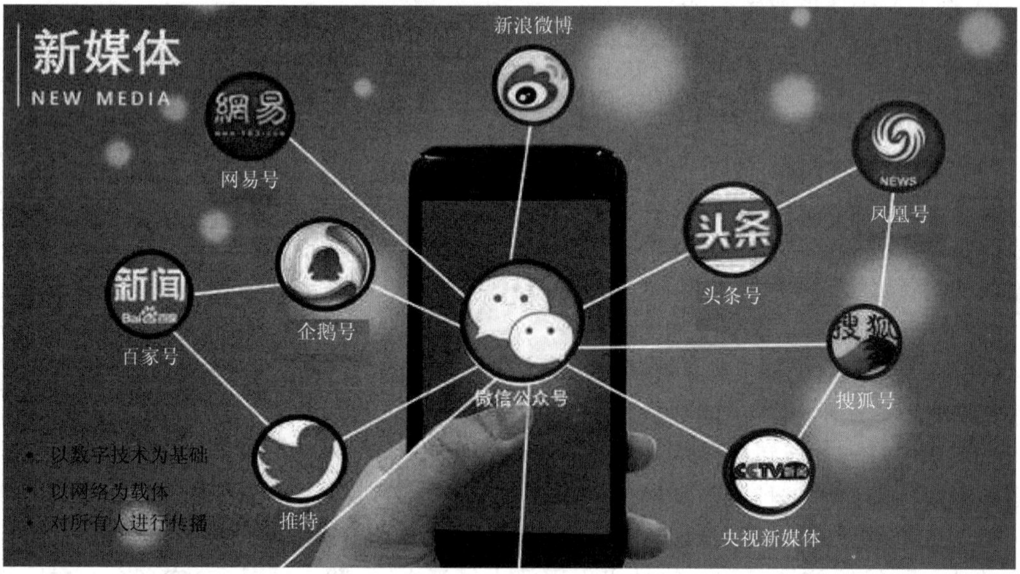

图 1.10　新媒体

（二）构成要素

相对于旧的媒介形态，新媒介的形态是不断变化和延伸的，在现阶段其核心是数字式信息符号传播技术的实现。一般而言，新媒体包含以下要素。

1. 新媒体建立在数字技术和网络技术的基础上

新媒体主要是以计算机信息处理技术为基础，以互联网、卫星网络、移动通信网络等作为运作平台的媒体形态，它包括使用有线与无线通道的传送方式，比如互联网、手机媒体、移动电视、电子报纸等。如果说传统媒体是工业社会的产物，那么新媒体就是信息社会的产物。

2. 新媒体的信息呈现方式是多媒体形态

新媒体的信息往往以声音、文字、图形、影像等复合形式呈现，具有很高的科技含量，可以进行跨时空的信息传播，还具有传统媒体无法比拟的互动性等特征。

3. 新媒体具有全天候和全覆盖的特征

受众接收新媒体信息，大多不受时间、地点的制约。受众可以随时随地通过新媒体在电子信号覆盖的地方接收地球上任何一个角落的信息。

4. 新媒体在技术、运营、产品、服务等商业模式上具有创新性

新媒体不仅是技术平台，也是媒体机构。与传统媒体相比，变化的不仅仅是新媒体技术的运用，更是商业模式的创新。

（三）特点

以数字技术为代表的新媒体，其最大特点是打破了媒介之间的壁垒，消融了媒体介质之间，地域、行政区之间，甚至传播者与接受者之间的边界。除此之外，新媒体还表现出以下几个特征。

1. 媒体个性化突出

由于技术的原因，以往所有的媒体几乎都是大众化的。而新媒体却可以做到面向更加细分的受众，可以面向个人，如个人可以通过新媒体定制自己需要的新闻。也就是说，每个新媒体受众最终接收到的信息内容组合可以是一样的，也可以是完全不同的。这与传统媒体受众只能被动地阅读或者观看毫无差别的内容有很大不同。

2. 受众选择性增多

运用新媒体，人人都可以是信息的接收者，同时也可以是信息的发布者。这就打破了只有新闻机构才能发布新闻的局限，充分满足了信息消费者的细分需求。与传统媒体的“主导受众型”不同，新媒体是“受众主导型”，受众有更大的选择余地，可以自由阅读，可以放大信息。

3. 表现形式多样

新媒体形式多样，可融文字、音频、画面为一体，做到即时地无限地扩展内容，从而使内容变成“活物”。除了大容量之外，新媒体还有易检索的特点，人们可以随时存储内容，查找以前的内容或相关的内容，非常方便。

4. 信息发布实时

只有新媒体才真正具备无时间限制、随时随地可以编辑发布的特点。新媒体用功能强大的软件和网页呈现内容，可以轻松地实现全天 24 小时在线。

5. 交互性强

新媒体交互性极强，独特的网络介质使得信息传播者与接收者的关系走向平等，受众不

再轻易受媒体“摆布”，而是可以通过新媒体进行互动，发出更多的声音。

（四）新媒体与传统媒体的区别

新媒体与传统媒体具有以下区别。

（1）传播主体平民化。信息的传播者由一些权威的媒介组织变成了所有人，所有人都可以通过新媒体平台传播信息，没有身份限制。

（2）提高和扩大传播过程的速度与广度。依靠互联网传播信息，时效性更高，覆盖范围更广。

（3）增强传播效果的互动性。传统媒体受众很难和作者互动，但通过新媒体，互动变得轻而易举，这会增加媒体与受众之间的黏性。新媒体更倾向于“内容＋社交”的运营模式。

（五）意义

在科技蓬勃发展的今天，国家间和国内交流日趋频繁，全球相互依赖性增强，更便捷的交通和电信的进步缩短了人与人之间的距离，利用信息通信技术进行的交流将更为迅速和广泛。从全球范围来看，信息化已经成为时代发展的主流，世界各国纷纷把发展信息技术作为社会和经济发展的重大战略目标。科学和技术的进步，在推动信息社会的发展方面发挥着越来越重要的作用。新媒体已然成为这个时代的宠儿，在它迅速崛起的同时，也越来越多地影响着人们的生活。

技能二　新媒体文案的概念

学习新媒体文案，你必须要先了解文案。两者虽有不同，但又异曲同工，一脉相承。而想要了解文案，你需要知道它应用于怎样的场景；它为什么存在；人们使用它，想要达到怎样的效果。下面我们就一起来揭开文案的神秘面纱。

一、文案

（一）概念

1. 引语

我们在经营一家公司或者销售一款产品，抑或是毛遂自荐找工作时，常常会遇到很多困惑。以销售产品为例，你的困惑可能围绕着以下几个方面：该行业市场现状如何，该如何找到目标受众，该产品较之竞品优势何在，如何规避自身的不足，怎样的话术能提高产品销售概率，等等。

这时，我们需要解决对谁说、说什么和怎么说的问题，这就是文案工作的职责与范畴。

2. 定义

中文“文案”原指古代官衙中掌管档案、负责起草文书的幕友，亦指官署中的公文、书信等；在现代，文案主要用在商业领域，其意义与中国古代所说的文案是有区别的。

现代文案的概念来源于广告行业，是“广告文案”的简称，由英文“copy writer”翻译而来。广告文案是以语辞进行广告信息内容表现的形式。广告文案有广义和狭义之分。广义的广告文案就是指通过广告语言、形象和其他因素，对既定的广告主题、广告创意所进行的具体表现。狭义的广告文案则指表现广告信息的言语与文字构成。广义的广告文案创作包括标题、正文、口号的撰写和对广告形象的选择搭配。狭义的广告文案创作只指标题、正文、口号的撰写。

所谓“文案”，指的是公司或企业中从事文字工作的职员以文字来表现已经制定的创意策略。文案是一个与广告创意相继呈现的表现过程、发展过程与深化过程，多存在于广告公司、企业宣传或新闻策划工作等（图 1.11）。

图 1.11　文案

（二）构成

文案主要由标题、副标题、正文、口号等组成。它是广告内容的文字化表现。在广告作品中，文案与图案、图形同等重要，图案、图形具有前期的冲击力，文案具有深远的影响力。

1. 标题

标题是广告文案的主题，往往也是广告内容的诉求重点。它的作用在于吸引人们对广告的注目，给人们留下印象，引起人们对广告的兴趣。受众只有对标题产生兴趣时，才会阅读正文。广告标题在撰写时语言要简明扼要、易懂易记、传递清楚、新颖个性。标题中的文字数量一般掌握在 12 个字以内为宜（图 1.12）。

图 1.12　标题

2. 副标题

副标题是广告标题的补充部分，具有画龙点睛的作用。其主要表现为对标题的补充及解惑。

3. 正文

广告正文针对产品及服务，以客观的事实、具体的说明，来增加消费者对产品的了解与认识，以理服人。广告正文的内容要实事求是、通俗易懂，不论采用何种题材，都要抓住主要的信息来叙述，言简意赅。

4. 口号

口号是战略性的语言，通过口号进行反复的宣传，从精神层面区别于其他企业，使消费者记住商品或服务的个性。这已成为推广商品或企业不可或缺的要素。广告口号的撰写要注意简洁明了、语言明确、独创有趣、便于记忆、易读上口。

（三）要求

1. 准确规范、点明主题

准确规范是对文案最基本的要求。要实现对广告主题和广告创意的有效表现和对广告信息的有效传播，首先要求广告文案中语言表达规范完整，避免语法错误或表达残缺；其次，广告文案中所使用的语言要准确无误，避免产生歧义或误解；再次，广告文案中的语言要符合语言表达习惯，不可生搬硬套或自己创造别人不知所云的词汇；最后，广告文案中的语言要尽量通俗化、大众化，避免使用生僻以及过于专业化的词语。

2. 简明精练、言简意赅

文案要简明扼要、精练概括。首先，要以尽可能少的语言和文字表达出广告产品的精髓，实现有效的广告信息传播。其次，简明精练的广告文案有助于吸引广告受众的注意力并方便受众迅速记住广告内容。再次，要尽量使用简短的句子，以防止受众因语句冗赘繁长而产生反感。

3. 生动形象、表明创意

生动形象的文案能够吸引受众的注意，激发他们的兴趣。国外研究资料表明：文字与图像能引起人们关注的百分比分别是35%与65%。文案创作时，需采用生动活泼、新颖独特的语言，并附以一定的图像。

4. 优美流畅、上口易记

文案是广告整体构思的展现与浓缩。文案语言要优美、流畅和动听，要易识别、易记忆和易传播，从而突出广告定位，很好地表现广告主题和广告创意，产生良好的广告效果。同时，也要避免过分追求语言和音韵美，而忽视广告主题，不能生搬硬套、牵强附会、因文害意。

例如：其广告文案是“服装等于杀手”，其广告创意非常准确、清晰，生动而又形象地将该广告的诉求概念加以视觉化表现，堪称经典。

（四）作用

文案工作者可以通过对语言文字的构思编排，达到改变目标受众心智的目的。当然，这样的技能可以广泛应用于大千世界的所有大事小情中。但聚焦当今社会，文案更多地被应用于商业，这也是本书研究的重点。商业的主体是企业，商业文案的存在环境一般围绕着企业的品牌建设与传播、市场分析与定位、媒介选择与宣传侧重点等一系列有关营销推广的事宜。

文案工作其实是一个企业品牌推广最核心的工作。一个的好文案应该是这样的：能让人过目不忘，直达心扉；并能够指引设计的方向，图文并茂，引起共鸣，从而激起购买的欲望。文案的终极目的是为了销售。

1. 拉近关系，建立熟悉感

对于陌生的事物，我们内心是害怕的。当文案为某个产品建立起一种熟悉感，就会在心理上增加你对产品的价值认同。这是一种安慰与鼓励的价值，会让你产生一定的偏爱。

举个例子，平时在商场买东西，有些牌子你完全不认识。正当你迷茫之际，眼前略过一个你曾经看到过的广告中的品牌，你仿佛抓到了一根救命稻草，很明显，你购买它的概率是最大的。很少有人会为陌生的产品买单，因此文案工作者应该用文案帮助品牌建立熟悉感，从时间和共情两方面下手，通过长时间的产品曝光，一点点儿积累并使消费者对产品建立信任。

2. 传播信息

企业做宣传的目的就是传递产品信息，所以透过文案，我们要让消费者了解到：这个产品是什么，能带来什么利益，到底好在哪里。让产品和消费者找到彼此，并让产品成为消费者心中某一品类的代表，然后说服消费者采取行动。

例如一篇微信推文，它图文并茂地描绘这个产品是什么，包括功效、使用心得、明星评价、价格等相关信息，让消费者知道有这么一个产品存在，它可以满足何种需求。

3. 提醒和暗示

在每年的情人节、圣诞节、母亲节等，如果不是商家不断提醒你，不断用广告文案暗示你、鼓动你，或许你并没有这么强烈的购物冲动。

"你多久没阅读一本书了？""累了困了喝红牛""爱她，就带她吃哈根达斯"……这些都是典型的提醒暗示型文案。

4. 克服惰性和惯性

由于惰性，消费者不喜欢作出改变；由于惯性，消费者喜欢维持固有的思维和生活方式。但公益的传扬、企业的宣传、产品的推广，需要消费者不断接受新鲜事物，作出改变。那该如何做呢？

我们可以利用人类的弱点，通过文案加以转化表达，一针见血地直击"患处"。"再不学……就晚了""和学霸相比，你只差……""道路千万条，安全第一条；行车不规范，亲人两行泪"，等等，这些文案都是利用人类恐惧与易被诱导的心理，有针对性地组织语言与措辞。

5. 增加附加价值

通过一系列的产品定位与文案包装，可以为产品附加无形价值，满足消费者对有形物理功能之外的追求。比如买一个昂贵的包，消费者对其品牌等无形价值的珍视远远超过包的收纳功能，包的附加价值更能给消费者带来身份和地位上的满足感。

让自己的产品脱颖而出，最好的解决方法是，在产品的有形价值上增加无形的精神价值。比如，"钻石恒久远，一颗永流传"（图 1.13）（戴比尔斯钻石）；"Just do it"（耐克）。

图 1.13　附加价值

6. 建立品牌认同感

广告语、海报文案、宣传广告片等类型的文案，不是直接售卖产品，而是要与消费者建立起一种关系。例如，IBM 公司的广告口号“四海一家的解决之道”，其表现了企业为实现世界大同而作出的努力。

现在创立官方微博和微信公众号的主要目的就是建立品牌认同与偏好。用文案把品牌的内在价值传递给消费者，用品牌的魅力吸引消费者；消费者对你的品牌产生一定的偏好，就会信任并支持你，最后成为你志同道合的朋友。

比如诚品书店，通过李欣频的文案传播，书店变得更加有气质，瞬间变成网红书店。

“过期的凤梨罐头，不过期的食欲，
过期的底片，不过期的创作欲，
过期的 *PLAYBOY*，不过期的性欲，
过期的旧书，不过期的求知欲。
全面 5~7 折拍卖活动，
货品多，价格少，供应快。
知识无保存期限，
欢迎旧雨新知前来大量搜购旧书，
一辈子受用无穷。”

1995 年 3 月 11—19 日
——诚品敦南店旧书拍卖会“过期的旧书，不过期的求知欲”

二、新媒体文案

（一）概念

文案创作在很大程度上受到媒介的限制，因此不同媒介的文案在构思角度、创作风格以及措辞拿捏等方面都会有所不同。

通过之前的学习，我们了解到，新媒体（图 1.14）是一种新兴的媒介形式，它是一个相对的概念，是指随着通信、数字化、多媒体、计算机、网络技术的发展而产生的有别于传统媒介的具有实时互动特点的新型媒介。其基本特征是：传播方式的双向性、传播功能的融合性、传播技术的先进性和传播内容的全球性。

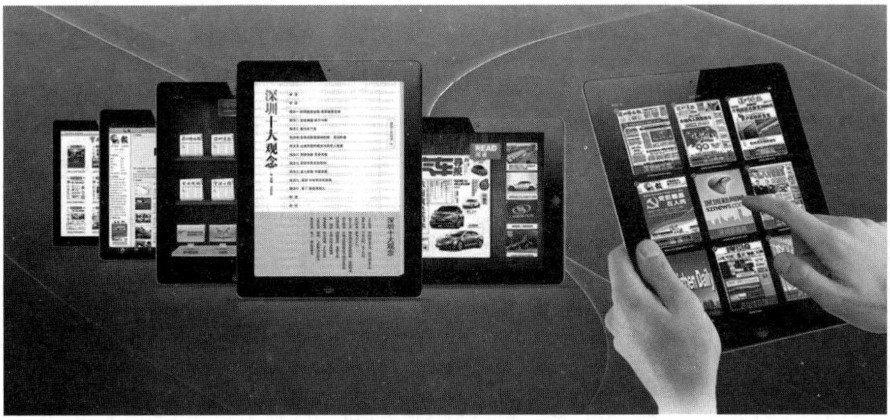

图 1.14　新媒体

以新媒体这种传播介质作为信息的运输工具，将构思撰写好的文案作品传播出去的过程，就是新媒体文案的工作范畴。那么，何谓新媒体文案呢？所谓“新媒体文案”，是指以现有的新媒体作为传播平台，利用其网络媒体、社交平台的交互性，进行有创意的广告内容输出，用以辅助商家或企业实现某种营销目标的一种文案。

（二）特点

新媒体文案作为新兴的文案形式，具有如下特点。

1. 内容多元化

新媒体文案具有丰富的表现形式和传播途径。随着时代的变化，移动端的使用频率增加，人们随时都能拿着手机获取信息。与此同时，网络的便捷性导致了信息传播渠道的多样化。很多时候，人们很难从冗杂的信息链中获取指定的某一段信息，所以在这样的社会环境下，信息的加工势在必行。

文案本身就是对信息的再加工与处理。新媒体文案工作者更需要考虑在网络中准确接收信息的复杂环境。所以，在进行文案创作前需要提炼核心内容，这样才能方便信息的接收、理解、记忆甚至传播。

同时，通过新媒体传播的信息还具有多元化的特点：①由原来单一的文本与图片形式转变为文字、动图、超链接、视频等的灵活组合；②运用最佳的组合方式，获得最好的呈现效果，以期在不同的网络平台上都能得到有效的传播。

2. 成本低

相比于传统的广告，新媒体文案的发布成本更加低廉。网络传播的路径广阔，只要文案写得足够精彩，自然会有人自发地将文案进行传播与分享，很多时候会产生意想不到的营销（传播和分享的数据可以写出来作为例证）效果。而传统媒体则是通过电视、杂志等传播，投入成本较大，而且很多时候想要传递的信息也并不能准确地传递给目标受众。

3. 互动性强

新媒体文案多发布于社交、娱乐及资讯性平台，受众可使用手机随时随地进行操作。这种文案的传播不再是单向的，而是多向的沟通与交流。以微博平台为例，微博文案也是新媒体文案的一种类型，文案中常会要求网友留言评论、点赞或是转发，互动性强，能较好地维持与受众之间的关系，增加受众的黏性。

4. 推广力度大

新媒体文案的形式非常灵活。得益于网络的便捷性与传播的多元化，其推广力度更大。因为现在人们多使用移动端查看新媒体文案，移动终端设备几乎都是触摸屏，触控灵敏，操作便捷，所以在文案末尾或文首常设有二维码，便于受众扫描。以微信公众号文章为例，一般情况下，受众可通过扫描文末的二维码关注该公众号或其他推广的公众号，十分方便。

5. 定位精确

不同的新媒体平台受众具有不同的特征，文案创作人员会根据各平台受众的特点来撰写文案，所以新媒体文案的一个特点是受众定位精确。

比如知乎、豆瓣、微信、微博等比较适合上班族，所以其推送的很多广告都是职场人群所需要的，并且有些内容他们还愿意进行转发传播。再比如淘宝、小红书、京东大部分针对的都是女性群体，以年轻女性居多，所以其文案多是这类群体感兴趣的服装、美妆等。而且受众在平台上的各种数据都会被后台记录，平台基于这些数据（如浏览记录）会精准地为受众推送相关内容。商家或企业一旦与这些平台合作，就可以根据这些数据对受众进行精确的定位，从而取得良好的营销效果。

（三）类型

1. 按企业广告目的划分

企业的所有广告文案都是为销售服务的，但为了更好地区分文案类型，可根据企业广告的主要目的分为销售文案和传播文案。销售文案指能够立刻带来销量的文案，如商品销售页介绍商品信息的文案、为了提升销量而制作的引流广告图等。传播文案指为了扩大品牌影响力的文案，如企业形象广告、企业节假日情怀营销文案等。

针对不同的文案类型，创作的创意、方法也有不同。如销售文案需要能够打动人，并促使消费者立刻采取行动；而品牌传播文案则侧重于是否能够引起受众的共鸣，引发其自主自发传播。

2. 按文案篇幅的长短划分

按照篇幅长短，文案可分为长文案和短文案。长文案为 1 000 字以上的文案，短文案则为少于 1 000 字的文案。通常来说，长文案需构建强大的情感场景；而短文案则要展现核心信息，快速触动消费者。

另外，由于行业属性不同，文案的运用也有所不同。在产品价格昂贵、顾客的决策成本较高的行业，通常要运用长文案，如珠宝、汽车行业；而在产品价格较低、顾客决策成本较低的行业，则一般运用短文案，如快速消费品行业等。

3. 按广告植入方式划分

按广告植入方式，广告可分为软广告和硬广告。软广告不直接介绍商品、服务，而是通过其他方式代入广告，如在案例分析中植入广告品牌、在故事情节中植入广告产品。受众不容易直接觉察到软广告的存在，它具有隐藏性。硬广告则相反，是将直白的内容发布在对应的渠道媒体上。

一般而言,企业会根据不同的情况选择广告。一般的品牌传播广告需要强度高的品牌曝光频率并间接带动销售,在这种情况下企业会选择硬广告。但企业在需要补充增加品牌曝光度时,则一般选择软广告。

4. 按文案投放渠道划分

按投放渠道,文案可分为微信公众号软文、朋友圈营销文案、微博文案、应用程序(APP)文案等。传播渠道不同,文案的表现形式也不同。

5. 按表现形式划分

按表现形式,文案又可分为纯文字文案、广告图文案、视频文案等。如微信公众号支持多种形式的文案表现形式,包括纯文字、语音、图片、图文(即图片 + 文字)、视频等;又如短微博的字数限制为 140 字,但可附图、视频。

(四)载体

1. 视频直播

新媒体生态正在发生颠覆式变革,一切都在视频化、社交化、带货化。在 4G 时代,从内容生产与消费趋势来看,视频、音频已逐渐赶超图文;未来 5G 的普及应用,将推动信息传播的加速变革,移动互联网应用业务将进一步朝着视频流化的趋势发展,视频流将成为主要的信息表达与消费形式,视频与直播无处不在。

同时,视频不止是一种信息的输出与表达方式,更是一种全新的社交方式,同时也是一种极其高效的带货方式。在视频化、社交化、带货化三大趋势的推动下,抖音、快手、淘宝直播、小红书等平台站上风口浪尖,成为市场上最受关注的新媒体、新营销平台。

2. 微信

微信的快速发展使其成为最热门的网络营销和推广平台之一,也是新媒体文案的一个热门载体,很多企业都会建立自己的微信公众号进行专门的营销与推广,这样积累的受众忠诚度和文案转换率都比较高。

微信的一大特点是微信的“朋友圈”中大部分是自己的好友,因此文章的可信度较高,一旦在朋友圈得到转发,很快就能吸引更多的受众。而且文案越有趣、越满足受众的需求,也就越容易被转发。

3. 电商平台

新媒体文案通常也会发布在电子商务交易平台(简称“电商平台”)上,如手机淘宝的“微淘”(图 1.15)“淘宝头条”“必买清单”、京东商城的“发现”(图 1.16)“京东快报”及小红书等,这些平台上的文案是平台内网店及品牌商家产品推广的一个大的汇总,多是为网店商家服务的,主要以产品信息的介绍为主。

图 1.15　淘宝“微淘”

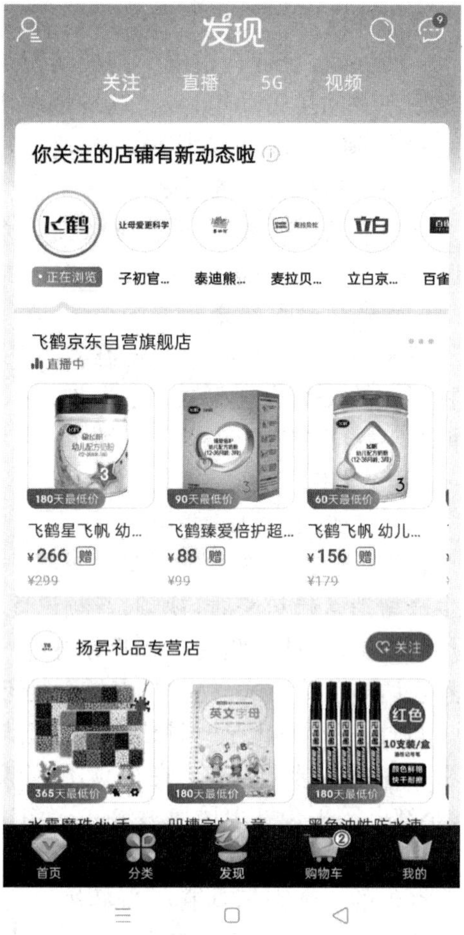

图 1.16　京东“发现”

4. 微博

微博是一个较为流行的信息分享与交流平台，其使用人数众多，并且更注重信息的时效性和随意性，用户能够在任何时间发表所见、所感、所闻和所想，这也是新媒体文案的一个重要载体。

微博有短微博与长微博之分。短微博是指 140 字以内的小短文，它要求文章或犀利，或有趣，或经典等，能对受众产生吸引力；长微博则无字数限制，它要求主题明确、条理清晰。不管采用哪种方式创作文案，要想进行文案的传播，就要紧紧抓住和了解受众的心理特征和需求，或结合时事热点，写出具有关注度的文章。

5. 头条号

相比于微信，头条号更类似于微博，是一个开放性的新媒体平台，却比微博更容易获得较高的流量。它会根据用户的订阅内容和阅读习惯为他们推送相关信息。

由于头条号受众的阅读注意力不高，在写作时，文案人员要保持轻松娱乐的心态，避免过于专业的选题，多配图，尽量删减文字。如果文案需要插入视频，要尽可能上传本地视频，这样不仅能带来额外的视频播放量和广告收益，还能避免发生因插入网络视频链接而跳转至视频播放页的情况。

6. 社群

社群营销是现在很流行的一种营销模式，尤其在移动互联网得到快速发展之后，各大社群开始涉及移动阅读 APP、电商、社交媒体等领域，移动社群开始兴起。常见的移动社群有 QQ 群、微信群（图 1.17）、淘宝平台的店铺群、微博兴趣群等。利用群成员的共同爱好而建立起来的交流群在一定程度上也可称作“社群”。

社群文案主要是通过优质的内容或话题来吸引受众，维系与成员之间的感情，或是以优惠活动及其他方式进行产品或品牌的宣传。

图 1.17　微信群

7. 网络论坛

网络论坛是网络营销推广的重要平台之一。如果把软文发布在帖子中，让受众感受到软文的吸引力，受众就会自愿评论和转发帖子，形成好的传播营销效果。

网络论坛中的软文与其他载体上的软文有所不同，文案创作人员在发布完帖子后可以顶帖，如果帖子创意很好，再加上成功顶帖，就会成为热门帖子，软文的效果就会事半功倍。

技能三　新媒体文案的评价标准

在移动互联网时代，企业大多利用新媒体开展品牌宣传和产品推广活动。在所有的推广活动中，文案往往都起到了非常关键的作用。优秀的文案可以塑造企业的良好形象，拉动产品的销量；可以提高活动的参与人数和转化率，使得每一次营销行为都事半功倍。那么，优秀文案的评价标准是什么？我们又如何才能写得一手好文案呢？接下来，将为大家逐一解析。

要想明确文案的评价标准，我们首先要了解它的存在路径。文案存在的动因是企业宣传和产品销售（企业宣传的终极目的同样是产品销售，故在这里统称为产品销售），因而文案的起点是产品。我们知道产品存在的意义是为消费者提供便利，最终由消费者购买。那么文案的终点就是消费者。在产品与消费者之间，有一段漫长的路要走，这就是传播。

清楚了文案的存在路径，接下来我们就可以开始讨论它的评价标准了。它的评价标准就藏在这“两点一线”之中，即起点、终点和传播路线。

一、起点

起点即文案中是否包含了产品的最优卖点。

20 世纪 50 年代初，美国人罗瑟•里夫斯（Rosser Reeves）提出“USP 理论”，“USP”全称为“Unique Selling Proposition”，译为“独特的销售主张”。其特点是必须向受众陈述产品的卖点，同时这个卖点必须是独特的且能够带来销量的。

一个产品一般会具有很多卖点，突出自身产品的卖点，不是人无我有、人有我优这般简单。我们要洞悉行业走势，驾驭消费者心理，注视竞品动向，再从微观深究自己，从而对敌、我、受众及市场了如指掌，进而锤炼出产品的最优卖点。

比如某挂面，为了和市场上其他挂面区分开，寻找一个差异化的主打卖点，重点宣传自己的“三醒三蒸”工艺。其实这里就是从产品的制作工艺来定位自己的主打卖点，这个工艺是其他竞品不具备的，可以快速抢占用户。

再比如某卫生巾，主打卖点是纯棉材质，相比市场上其他品牌的“化纤 + 棉”的混合材质的卫生巾，一下子就区别开来了，让用户记住了，这就是从产品的材质这个方向去寻找产品的主打卖点。

像这样的例子还有很多，比如，白加黑感冒药率先提出白加黑的使用场景，把白天和晚上分开，这就是从使用场景去提炼自己的主打卖点；再如全联超市，为了迎合普通消费者对高性价比产品的需求，将自己的超市商品的卖点定位为便宜。

二、终点

终点即是否直击消费者的痛点。

（一）痛点

首先说下需求与痛点的关系。

需求（demand）是指具有支付能力并且愿意购买某种物品的欲望。例如，人们饥饿时肚子咕噜咕噜地叫，非常想吃水饺和包子，到食堂一看，价位也不高，就立即采取了购买行动。人们愿意购买并且有支付能力，此时就形成了需求。

痛点（pain point），顾名思义就是痛苦的点。例如，喝咖啡要排队，快捷需求没有被满足；吃西瓜要吐籽，方便需求没有被满足。当用户对现有产品或服务不满意时，就会产生痛点。

需求与痛点两者之间的关系就是，满足用户需求就是消除痛点。

（二）直击痛点

产品之所以存在，是因为消费者有需求。消费者有需求还未被满足，就会产生痛点。文案工作者要做的就是用文字直击消费者的痛点，让消费者知道使用哪款产品就可以轻而易举地消除痛点，满足需求。

一方面，将产品的卖点与消费者的痛点相契合。

每款产品都有竞品无可取代的优势，将其包装、放大，并与目标受众的需求完美结合，就会产生直击消费者痛点的优秀文案。例如，“雪碧，透心凉，心飞扬！”“飘柔，就是这样自信！”“吃了忘不了，记忆会更好！”等，都是典型的例子。

想象在炎炎夏日，你大汗淋漓，酷暑难耐，渴望一口冷饮，令你由内而外地感觉冰爽畅快。这时候你想到了雪碧的广告语“透心凉，心飞扬！”，你还会犹豫要不要购买以及买哪款饮品吗？优秀的文案，直击痛点，直击灵魂！

另一方面，要艺术地表述消费者的需求。

说话是一门语言艺术；文案同样是一门语言艺术。消费者也是人，在世俗的观念影响下，或者在敏感的话题面前，他们难以做到表里如一。

当消费者“口是心非”的时候，他们的真实想法、真正的消费动机，往往隐藏在外显的行为与表象之下，并被伪装成冠冕堂皇的理由，他们并不会宣之于口。这时候，如果产品文案以直白的方式表露消费者的痛点，就会被消费者嗤之以鼻，弃若敝屣。

我们还以全联超市为例，它是在台湾分布最广的超级市场，它的特点是商品便宜，缺点是太便宜。以至于很多去全联超市的年轻人会觉得手上拿着全联的购物袋很丢人。卖点是便宜，但是这个卖点令受众羞于提起。大家都想省钱，却不想被别人看到自己在省钱，觉得自己好穷。这就涉及了消费者心理。

面对这种境况，全联超市改变思路，利用全新的文案对原有的卖点进行包装，进行概念升级。其广告文案是“长得漂亮是本钱，把钱花得漂亮是本事”。全联超市把省钱塑造成一种个性、态度；把“懂得怎么花，就能活出一朵花”的“全联购物潮包”作为品牌代表物，使之成为一种年轻人的消费美学，成为传承品牌价值的载体，从而大获成功。

又如，为什么要戴安全头盔？盐城交警的文案核心是不是因为生命受到威胁，而是因为社会地位和形象受到威胁（图 1.18）。

图 1.18 提示佩戴头盔的文案

三、传播路线

(一)概念

传播路线,即传播过程,指的是产品的宣传信息自发布开始至被受众接收的整个过程。一个基本的传播过程应包括以下要素:传播者、受传者、讯息、媒介和反馈。下面依次来了解这些概念。

1. 传播者

传播者即企业,指的是传播行为的引发者,即以发出讯息的方式主动作用于他人的组织或群体。

2. 受传者

受传者即消费者,指的是传播者的作用对象。“作用对象”一词并不意味着受传者是被动的存在,相反,他们可以通过反馈活动来影响传播者。

3. 讯息

讯息即传播内容,指的是由一组相互关联的有意义的符号组成,能够表达某种完整意义的信息。讯息是传播者和受传者之间社会互动的介质。通过讯息,两者之间发生有意义的交互,达到互动的目的。

4. 媒介

媒介,即传播渠道或传播载体。媒介是讯息的搬运者,也是将传播过程中的各种因素连接起来的纽带。如果将新媒体作为传播媒介,我们可以选择视频直播、微信、社群、头条号等平台。

5. 反馈

反馈是指受传者对接收到的讯息的反应或回应,也是受传者对传播者的反作用。获得反馈讯息是传播者的意图和目的,发出反馈讯息是受传者能动性的体现。反馈是体现社会传播的双向性和互动性的重要机制,是传播过程中不可或缺的要素。

（二）影响因素

在整个传播过程中，有两个重要的环节，即传播内容和传播载体。

传播内容即由传播者制作，通过文字、图片或视频的形式，对产品进行包装，对卖点进行提炼，以达到树立品牌形象、宣传产品、促进产品销售的目的。

传播载体即内容传播的工具。一般认为，报纸杂志为第一媒体、广播为第二媒体、电视为第三媒体、互联网为第四媒体、移动互联网为第五媒体。第五媒体，也是本书所研讨的新媒体，它是以手机为视听终端、手机上网为平台的个性化即时信息传播载体，是以大众为传播目标、以定向为传播目的、以及时为传播效果、以互动为传播应用的大众传播平台。

传播内容和传播载体，是影响整个传播过程的两个因素，同时也是传播者即企业能够控制的两个因素。

（三）评价标准

我们对传播效果的评价包括质与量两个方面。质，即目标受众被影响的程度，指的是目标受众被劝服的深度；量，即传播载体接触受众的数量，指的是信息覆盖的广度。

质的方面：优秀的传播内容，会加速传播进程，优化传播效果，会最大限度地干扰消费者的固有认知，建立新的消费观念与习惯。所以，我们需要尽可能地制作出高品质的宣传内容。

量的方面：传播载体的价值取决于其可能接触到的目标消费者的数量。所以我们要选择与目标受众重合率高的传播载体，重合率越高，传播效果越好。

那么，从文案的角度，如何才能制作出高品质的内容呢？笔者认为可以从两个层面对文案进行考量，一个是文案的说服能力，一个是文案的传播能力。

1. 文案的说服能力

优秀的文案不仅充满个性，还时刻紧扣主题；字里行间有说不尽的魅力，道出了品牌的理念与价值观。优秀的文案自带说服属性，令消费者想去体验、想去购买。具体可以从以下七个方面对文案进行考量。

1）分解产品属性

消费者选购产品时有两种模式：低认知模式和高认知模式。大部分时候，消费者处于低认知模式，他们懒得详细了解并比较产品，但懒得去了解不代表不想了解。在图 1.19 中，右侧的文案分解了产品的属性，使顾客从模糊认知上升到了精确认知，从而更容易获得消费者的认可。

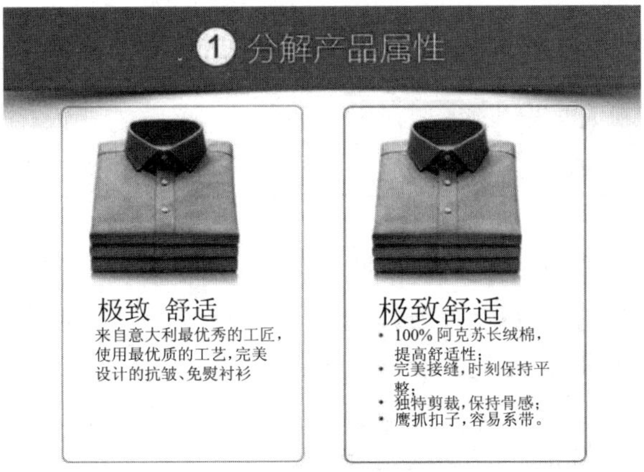

图 1.19　分解产品属性

通过文案“分解产品属性”可以让消费者由“只有模糊的大概印象”转变成为“精确的了解”，消费者无须花费过多精力，即可掌握“高认知模式”。通过产品细节优势，打破原有的竞争格局。

2）指出利益，从对方出发

只进行“产品属性分解”还不够，还需要转变思维：将单纯地向对方描述一个产品变为把利益点说出来，告诉对方这个产品对他有什么用，可以为他带来哪些好处。

比如，从图 1.20 所示的转租房间广告可以看出，左图是单纯的产品信息罗列，而右图说出了具体的利益，更加吸引人。

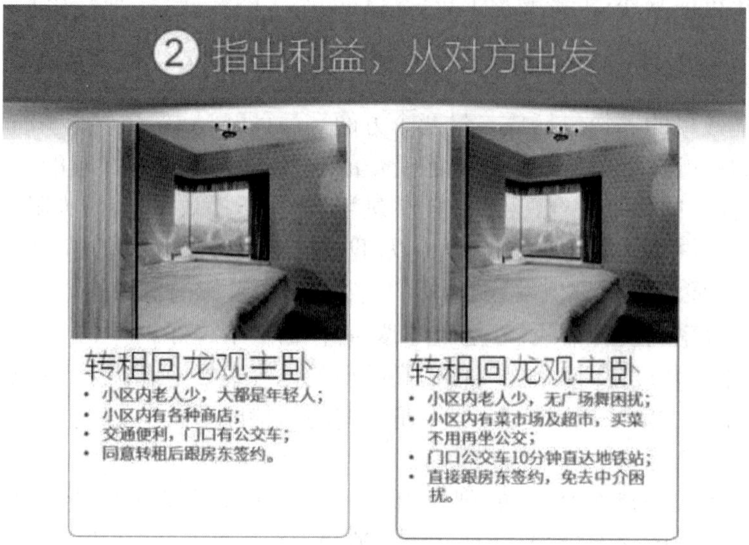

图 1.20 指出利益，从对方出发

3）定位到使用情景

当描述一款产品时，大体有三种思路（表 1.1）。

表 1.1 文案定位

文案	定位
这是一件衬衣	产品属性
这是一件专门为上班人群设计的衬衣	人群属性
这是一件可以为你免去熨烫烦恼的衬衣	使用情景属性

如果商品描述只是局限于产品属性和人群属性，消费者会觉得很普通，没有新意。但是如果说“这是一件可以为你免去熨烫烦恼的衬衣”，消费者可能就会心动，因为在大多数人的使用场景中确实遇到过诸如此类的麻烦（图 1.21）。

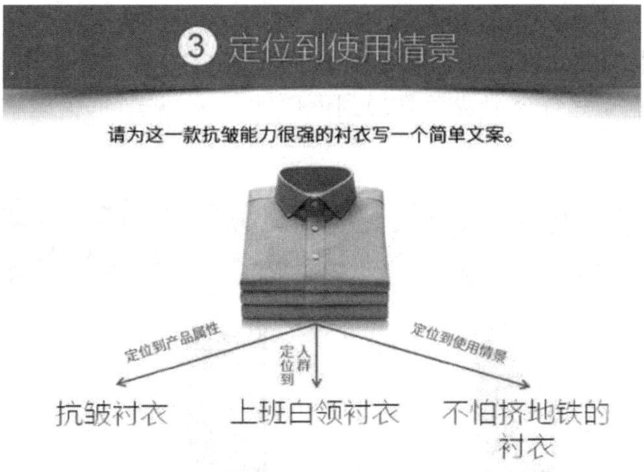

图 1.21　定位到使用情景

所以，比起“我是谁”，“我在某个场景下可以解决哪些问题”更重要。

4）找到正确的竞争对手

消费者总是喜欢进行商品比较，因此在写文案时，需要明确一点，即“我想让消费者拿我的产品跟什么作对比，我的竞争对手到底是谁”。

如图 1.22 中，加多宝凉茶的两种文案，前一种是跟预防“上火”的中药比，虽然更加突出了防“上火”的功能，但是消费者未必买账，因为他们觉得“是药三分毒”；后者跟饮料比，增加了防“上火”的功能，给人一种“败火”饮品的印象，更亲民，更健康，功能性更强。

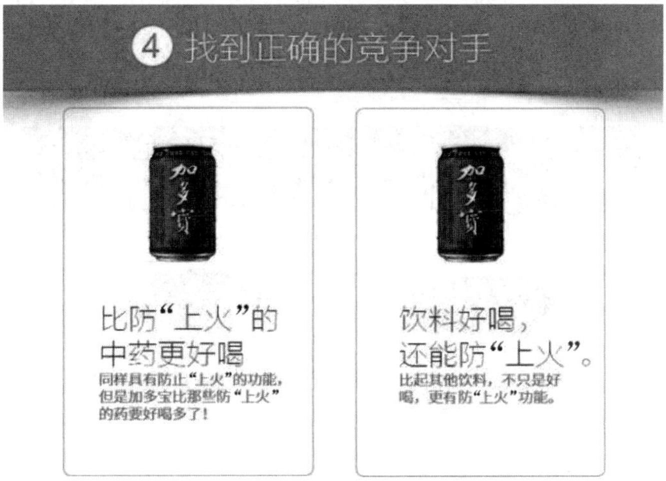

图 1.22　找到正确的竞争对手

所以，好的竞品定位，会让你的产品赢在起跑线上。

5）塑造视觉感

心理学中有“鲜活性效应”，它是指我们更加容易受一个事件的鲜活性（是否有“视觉感”）影响，而不是这个事件本身的意义。写文案一定要有“视觉感”，让读者看到后就能联想到具体的形象。

比如，图 1.23 中的文案，如果只说“夜拍能力超强”，很多消费者没有直观的感受；但是如果说“可以拍星星”，就会令消费者联想到璀璨的星空，并产生用这款手机将美景定格的冲动。

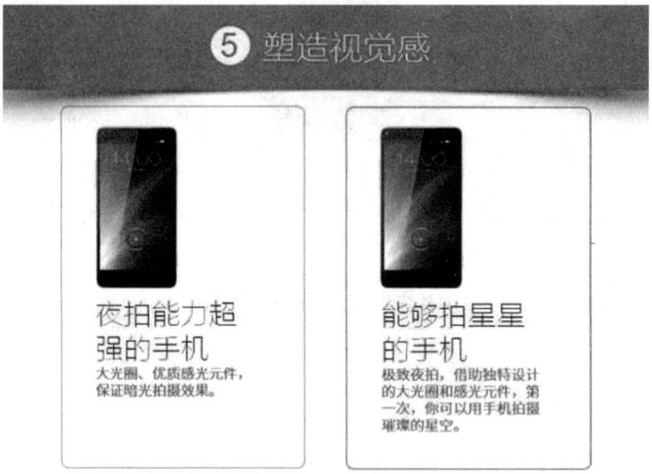

图 1.23　塑造视觉感

6）附着力——建立联系

消费者如对全新的产品或功能不了解，很难产生价值认同，影响购买行为的发生。这时可以利用文案建立概念联想，将新的产品信息附着在一个大家熟知的物品上。

比如，假设你完全不了解电视机顶盒，当宣传文案为“自由遥控”时，你可能没有任何功能联想和价值认同，但当宣传文案改为“让电视 1 秒变电脑”时，你肯定瞬间就明白了“原来是可以像电脑一样自由操控电视啊！”（图 1.24）

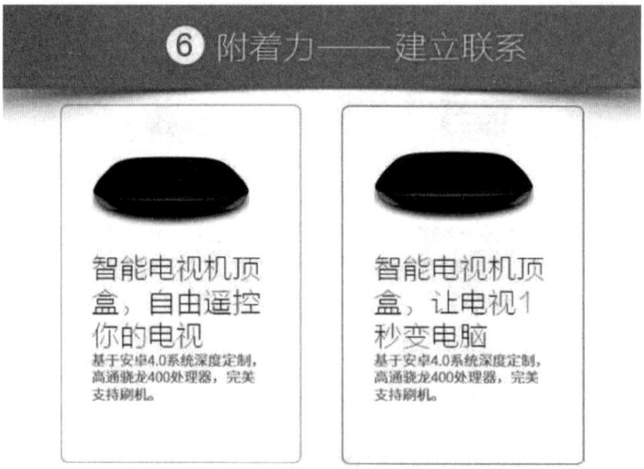

图 1.24　附着力——建立联系

这就是通过文案产生附着力，让新产品与大家熟悉的产品建立联系，从而让受众更简单地获取新产品的信息。

7）提供“导火索”

文案的目的是改变受众的行为，如果只有心动，没有行动，难免功亏一篑。所以，文案中要标明“该怎么做”。如图 1.25 所示，这是两张微信公众号的宣传图片，宣传的目的是让受众关注公众号。结果证明右图效果更佳，因为它明确地说出了受众该如何操作。其详细的流程描述更有利于宣传目的的达成。

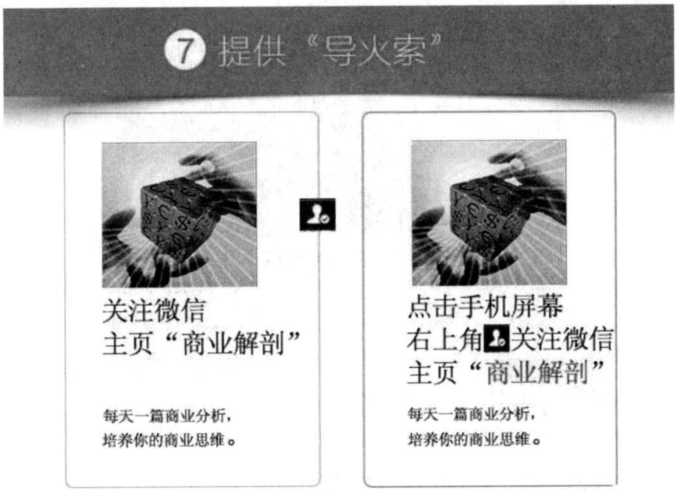

图 1.25　提供“导火索”

所以，要最大限度地降低受众的操作难度，为宣传内容增加一个显著的“导火索”。

2. 文案的传播能力

传播能力具体体现为以下四个方面：传播度、互动性、转化率和好感度。

1）传播度

好文案能减少传播成本。同样是向消费者介绍产品，有的说辞需要消费者用三五分钟去理解，而有的说辞只需要消费者用几秒钟就可理解。这就是传播成本。

举个例子，现在有一款微型无线收音机，体积很小，但可以接收很多个频率，用来收听电台。文案工作者直接给它取名为“口袋电台”，这样使消费者很容易就了解了产品的属性和用途，无须向消费者多费口舌介绍。这就是一个好文案，因为它减少了沟通成本。

传播成本越小，传播能力就越大。所以在写文案的时候，一定要检验文案传播能力的强弱。没有传播能力的文案，就没有生命力。

2）互动性

好文案要让消费者和产品对话。传播是单方面的诉求活动，互动才会让消费者更深入地了解产品。优秀的文案可以让消费者通过话题参与的方式进行互动，在话题延伸的同时，消费者会对产品有持续深入的了解。

以 OPPO 手机为例，其广告语“充电五分钟，通话两小时”（图 1.26）就很具有代表性。这句广告文案一方面表达出了手机充电速度快的特点，另一方面简单又独具象征意味的句式，为后期的话题互动埋下了伏笔。比如，“拍照五分钟，修图两小时”“出门五分钟，流汗两小时”，等等。随着时间的推移，这个话题不断地被传播，从而让消费者对产品的快充能力有了更深刻的印象。

图 1.26　OPPO 手机广告语

3）转化率

转化率是一个核心检验标准。当文案发布之后，我们要用数据去检验，以结果为导向，不断地去优化文案，一步步向高转化率靠拢。

4）好感度

优秀的文案要给品牌加分。好文案应该是积极向上的，给人带来精神上的愉悦。不论在什么时候以何种方式，都要传递正确的价值观。好文案可以使消费者不断累积对品牌的好感。

文案有很多的评价标准，但没有一定之规。好的文案既要和别人不一样，又没有必要刻意与众不同；既要天马行空，又要严密分析。就像别克君越汽车的文案："在别人喧嚣的时候安静，在众人安静的时候发声"。

好文案的创作者不一定"十八般武艺，样样精通"，但应该有优秀的策略意识、深刻的洞察力、良好的用户分析能力以及对文案不断打磨修改的匠人精神。

技能四　新媒体文案的重要性

文案是所有广告作品的灵魂，主导着消费者对所传达的商品或服务信息的理解与接受。纵观整个广告史，自现代广告诞生的第一天起，早期的广告从业人员都是由报纸编辑担当的，后来被誉为"现代广告教皇"的大卫•奥格威同样出身于文案撰稿人。因而，文案在广告发展中的地位是毋庸置疑的。我们仅举一例，即可说明文案所具有的直指人心的力量。1955 年，大卫 • 奥格威为劳斯莱斯创作了一则广告，这成为整个奥美发展的决定性时刻。在广告中，奥格威用详尽的文字诠释了劳斯莱斯的 19 项优点。其中针对一项产品优点的文案为"当一辆崭新的劳斯莱斯以 60 英里每小时的速度行驶时，车内最大的噪声来自电子钟。"短短的文字，即把产品与众不同的特性以及品牌形象点出，为我们展现了一个贵族品牌的独特魅力。

在当今的商业环境中，新媒体文案的重要意义体现在以下五个方面。

一、感召受众行动

当年鲁迅先生弃医从文，通过文字唤醒国人的良知，唤起中华民族不屈的灵魂。可见，文字具有感召力，这种感召力可以改变受众的想法、改变受众的行为。举例如下：

诚品书店广告文案“1 000 块买不到一副好眼镜，却能买到比尔·盖茨的眼光”。这是利用追求心理，促使受众重新审视看书的重要性；

某膳食纤维产品的广告文案“减肥，但不辜负你的胃”。这是利用规避心理，促使受众改变固有的减肥认知；

某健身房的广告文案“不来健身房，会失去变美的机会”。这是利用失衡心理，促使受众采取行为；

同样是某健身房的广告文案“不来健身房，就会变胖子”。则是利用恐惧心理，促使受众改变行为。

商业文案一般利用人性的特点和弱点，来影响其消费行为，促使交易达成。

促销广告示例如图 1.27 和图 1.28 所示。

图 1.27　促销广告 1

图 1.28　促销广告 2

二、强化人格属性

企业还可以通过文案来塑造和强化品牌的人格属性。品牌的人格属性是指企业经过分析和提炼，有意识地将目标消费者所拥有或认可的个性特征移植到或注入品牌之中，使得品牌具有某种有别于其他品牌商品的独特性格特征。

比如江小白，其文案描摹生活、爱情与梦想的样子，表面上是卖货文案，实际上是对年轻人的细腻洞察。在多种沟通语境里，它总能对生活、喝酒的体悟进行温柔的表达，写出一句句极具故事感的文案。江小白帮助年轻人表露心扉、表达自我，并通过文案塑造出了产品的人格属性（图 1.29、图 1.30）。

图 1.29　江小白广告 1

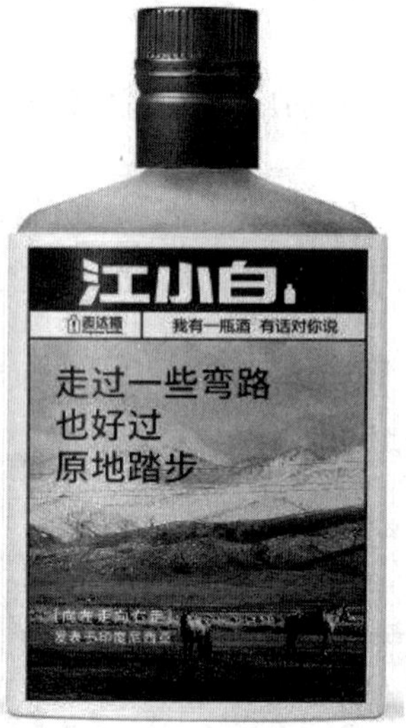

图 1.30　江小白广告 2

再如，耐克的广告文案（图 1.31），就刻画出了勇于担当、敢于冒险的带有英雄特质的人格属性。

图 1.31　NIKE 广告

通过文案塑造的产品或者品牌，就像是拥有了某种人格属性，它们从没有生命的商品变成了有生命的品牌。而消费者更愿意信任拥有人格特征的产品。如果这些特征与他们自身的人格特征相似，消费者就会成为这个产品的忠实顾客。

三、彰显产品地位

广告文案还可以体现企业实力，彰显产品地位。比如，加多宝的广告文案就是这样写的："中国每卖出 10 罐凉茶，就有 7 罐是加多宝！"（图 1.32）通过霸气强势的表述，凸显出了加多宝在凉茶行业的霸主地位，让消费者知道它就是市场老大，是大品牌。

图 1.32　加多宝广告

再如地产广告，雍华府•领墅的宣传文案如下。

都市路中央区·畔岛双拼名墅·鎏金美墅

百年招商墅居精髓·城市别墅核心居所·压轴水景臻品绽放

优雅环伺·静谧闲适·从容驾驭·文脉深远

生命与自然相吸荡漾·和谐共生·诠释墅居经典·三重庭院空间·美景揽胜

系出名门，实力品牌雕琢城居精髓，续写荣华

繁盛静谧·从容进退（双轨交·名校旁·醇熟商圈）

语新英伦别墅深邃气质，再现城市名宅风范

浓荫深处，揽胜美景

林荫大道，融贯中西

传承英式别墅特有的凝重色彩与简洁造型，沿袭"CLASS"阶层内外兼修的温润气质，形塑品质考究的雍华细节

原生水系自然围合，小桥叠水融情于景，浑然天成

绿荫林木与水系划分住区，四季植被错落布局，葱茏有致，营造私密墅居

蜿蜒林荫吸纳半开放空间灵感，景观视野层次翩然

三重庭院深深·多元社交领域·全方位尊崇生活·优显名流风华

敬献境界人生

掩映于浓荫菁华与原生水岸间

典藏之作

大户格局奠定非凡气度

一宅·雍华万千

其他一些地产广告如图 1.33 和图 1.34 所示。

以上可以看出，广告语的字里行间显示出该地产开发商雄厚的实力以及该地产项目尊贵的地位。

图 1.33　地产广告 1

图 1.34　地产广告 2

文案是一门语言艺术。在某种程度上，它拥有化“腐朽”为“神奇”的力量。通过文案的包装，可以将产品的功能与优势，从平淡无奇蜕变为亮点迭出，起到画龙点睛的作用。但文案工作也要把握好适度的原则，在实事求是的前提下，进行有目的的引导；在尊重产品属性的基础上，进行适度的美化。

四、协同品牌定位

先举一个定位不当的例子。一家做茶的企业，随便一饼茶的价格在 1 000 元以上。从价格上看，该产品不是针对平民老百姓，而是主打中高端市场的。但是它的宣传文案却为“ 中国老百姓喝得起的好茶！”广告宣传中的产品定位与价格背道而驰。这样的广告文案与品牌定位不符，很容易引起用户的认知混淆。

再举一个正面的例子，江中健胃消食片（图 1.35）的定位是一款日常助消化的健胃、养胃中药，其文案为“吃多了，肚子胀，饭后嚼一嚼；吃油了，不消化，饭后嚼一嚼；肚子胀，不消化，家中常备江中牌健胃消食片”。

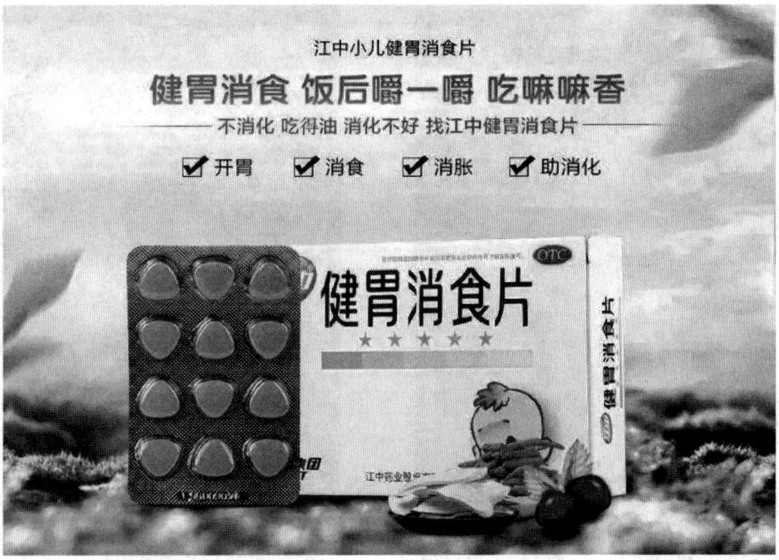

图 1.35　江中健胃消食片广告

通过文案的表达，让消费者觉得这是一种日常助消化的胃药，宣传文案协同了品牌定位，满足了用户需求。

类似的例子不胜枚举，如“今年过节不收礼，收礼只收脑白金”“困了累了喝红牛”“喝杯青酒，交个朋友”，等等，品牌定位指引出了构思文案的方向。运用整合营销理论推广产品，需要自产品生产包装到流通销售的各环节都体现品牌定位，文案便是各衔接环节的黏合剂，是冲锋陷阵的先头兵，是迎风招展的旗帜！

五、承载战略实施

文案不仅是创意的承载，同时也是战略的承载。很多成功的文案，表面上文字流畅、内容吸引人，实际上是好战略的体现。而真正的好战略，永远是寻找一个领域或者定位，在这个领域内扩大自己的优势，从而改变自己的处境。

所以，文案必须服从于企业的战略。当我们分析一个文案的时候，更加应该考虑它是否是一个“策略性的文案”——服务于公司战略，而不是表面上的创意、表达等。

举个例子，神州专车比 Uber 规模小、排名低、粉丝少，乍一看全部是劣势，那么有什么优势呢？神州专车与 Uber 的哪些差异化特点可以转化成神州专车的优势呢？很明显：神州专车全部是自营的（自己雇用的司机），而 Uber 采用加盟模式（每个司机自由加入）。当 Uber 大张旗鼓地宣传“低价、有趣”的打车体验时，神州专车要做的不是证明自己比 Uber 还要低价、有趣，因为它证明这一点远远比 Uber 要困难；神州专车要做的也不是盲目跟风或者追求热点、搞营销活动，因为这样虽然可以在一定程度上“杀敌”，但是对改变自己的不利局面并没有实质性的帮助；神州专车真正要做的是发挥自己的优势，想办法集中全部精力和营销手段，让消费者觉得“坐专车，安全更重要，而低价、有趣不重要”，然后再在“安全稳定”这个战场凭借自己的优势打败别人，扭转局势。

神州专车广告如图 1.36 和图 1.37 所示。

图 1.36 神州专车广告 1

图 1.37 神州专车广告 2

有人信奉实效主义，认为好战略就是“直接杀敌”的战略。好的文案策略，就是能够带来正面口碑、引来传播、直接带动销售的策略。但是在很多情况下，一个好战略并不意味着直接“歼灭敌人”或者带来销量，而往往意味着改变局势，让自己的处境变得更好一点儿，占据竞争的有利位置。

所以，好文案的本质并不是创意与文采，而是能不能服务于企业的正确战略。文案工作不仅仅是堆砌生动的词汇、斟酌语句的表达，更要体现企业的重要战略，从而达到有效支持企业的战略定位、改善企业局势的目的。

任务实施

本次任务主要通过技能的学习，加深对新媒体文案的了解，并掌握新媒体文案的评价标准。

任务介绍

这里有两款饮品的广告文案，尝试通过我们学过的新媒体文案评价的思路及标准，对它们进行分析。

某黑啤酒

广告语：尽情享受，两全其美。

标题：深黑不失清醇，出奇的顺畅和清爽。

正文：选用黑啤材料，以白啤的方式，独特创酿出更加香醇的酒味，犹如宝剑出匣，令人折服。

红牛饮料

广告语：轻松能量，来自红牛。

标题：还在用这种方法提神？

正文：都新世纪了，还在用这一杯苦咖啡来提神，你知道吗？还有更好的方式来帮助你唤起精神：全新上市的强化型红牛功能饮料富含氨基酸、维生素等多种营养成分，更添加了8倍牛磺酸，能有效激活脑细胞，缓解视觉疲劳，不仅可以提神醒脑，更能加倍呵护你的身体，令你随时拥有敏锐的判断力。

步骤一：明确评价思路

通过学习，明确新媒体文案的评价标准，具体包括以下几点。

（一）起点：即文案中是否包含了产品的最优卖点。

（二）终点：即分析是否直击消费者的痛点。

（三）传播路线。

首先，文案的说服能力。

第一，分解产品属性。

第二，指出利益，从对方出发。

第三，定位到使用情景。

第四，找到正确的竞争对手。

第五，塑造视觉感。

第六，附着力——建立联系。

第七，提供“导火索”。

其次，文案的传播能力。

传播能力具体体现为四个方面：传播度、互动性、转化率和好感度。

步骤二：分析“起点”

分析“起点”，即分析文案中是否包含了产品的最优卖点。

黑啤酒的广告文案：尽情享受，两全其美。文案中只是单纯强调“享受”，这并非啤酒的卖点；而且“两全其美”的概念模糊，乍一听，不明就里。

红牛饮料的广告文案：轻松能量，来自红牛。红牛饮料是功能性饮料，主打的功能是提神。文案一语中的，包含了产品的最优卖点。

步骤三：分析“终点”

分析“终点”，即分析是否直击消费者的痛点。

黑啤酒的标题：深黑不失清醇，出奇的顺畅和清爽。标题文案在强调产品的特点“清醇”“顺畅”和“清爽”，这些特点具有一定的普遍性，难以直击消费者的痛点。

红牛饮料的标题：还在用这种方法提神？疑问句开场，语式新颖，引人深思。通过“提神”这个关键词，激发出使用场景，令受众联想出以往的经历，直击消费者的痛点。

步骤四：分析“传播路线”——文案的说服能力

分析传播路线之文案的说服能力，具体包括七个分析标准。

第一，分解产品属性	
黑啤酒的正文文案：选用黑啤材料，以白啤的方式，独特创酿出更加香醇的酒味，犹如宝剑出匣，令人折服。正文文案句式老套，只是平铺直叙地描述酿造工艺	红牛饮料的正文文案：都新世纪了，还在用这一杯苦咖啡来提神，你知道吗？还有更好的方式来帮助你唤起精神：全新上市的强化型红牛功能饮料富含氨基酸、维生素等多种营养成分，更添加了8倍牛磺酸，能有效激活脑细胞，缓解视觉疲劳，不仅可以提神醒脑，更能加倍呵护你的身体，令你随时拥有敏锐的判断力。红牛饮料的正文文案选用断句的形式展现产品卖点，如“富含氨基酸”“多种维生素”“8倍牛磺酸”等，句式简单，卖点清晰，方便受众理解记忆
第二，指出利益，从对方出发	
黑啤酒的正文文案“选用黑啤材料，以白啤的方式，独特创酿出更加香醇的酒味”，仅从产品属性出发描述特点，没有站在消费者的立场，也没有指明消费者的利益点	红牛饮料的正文文案“你知道吗？还有更好的方式来帮助你唤起精神”，一个“你”字，表明了立场。从消费者的立场出发，指明对消费者有价值的利益点
第三，定位到使用情景	
黑啤酒广告文案没能构建出使用情景，只是单纯地介绍产品，消费者无法产生关于使用场景的联想	红牛饮料的正文文案“缓解视觉疲劳”“提神醒脑”等，通过对消费者需求感受的描述，可以令消费者在脑海中回忆出过往情景，从而搭建出产品的使用场景
第四，找到正确的竞争对手	
黑啤酒广告文案中未提及竞争对手	红牛饮料的正文文案“都新世纪了，还在用这一杯苦咖啡来提神”，点名了竞争对手。咖啡是人们惯用的提神醒脑饮品，在消费者大脑中已经形成固有认知，一提到“提神醒脑”，就会立刻想到喝“咖啡”。红牛饮料为了打破人们大脑中的固有认知，在宣传文案中直接点名竞品，可见它对自己的目标受众和竞品定位都认识得非常清晰
第五，塑造视觉感	
黑啤酒广告文案，以传统的句式陈述产品属性，很难令消费者产生画面感	红牛饮料的广告文案，编排新颖，语句俏皮，再加上对消费需求用词的准确拿捏，可以在受众心中形成完整的关于使用情景的视觉画面
第六，附着力——建立联系	

续表

黑啤酒广告文案中未提及其他消费者熟悉的产品，故无法建立任何联系	红牛饮料的广告文案“还在用这一杯苦咖啡来提神”，提及了消费者熟悉的产品“苦咖啡”，从而使红牛饮料与咖啡建立了联系，并在消费者心中形成附着力，让新产品红牛饮料的功能性卖点深入人心
第七，提供“导火索”	
黑啤酒广告文案中没有促使消费者产生消费行为的语句	红牛饮料的广告文案，“不仅可以提神醒脑，更能加倍呵护你的身体，令你随时拥有敏锐的判断力”带有一定的促进消费的作用，容易引起消费者购买行为的产生

步骤五：分析“传播路线”——文案的传播能力

分析传播路线之文案的传播能力，具体包括以下四个方面。

一、传播度	
黑啤酒的广告文案，只是单纯描述产品属性，传播度不高	红牛饮料的广告文案“都新世纪了，还在用这一杯苦咖啡来提神，你知道吗？还有更好的方式来帮助你唤起精神”，句式起承转合，思路完整流畅，有惊讶、有疑问，容易带来较高的传播率
二、互动性	
黑啤酒的广告文案，只是单纯描述产品属性，无互动性	红牛饮料的广告文案，“都新世纪了，还在用这一杯苦咖啡来提神，你知道吗？还有更好的方式来帮助你唤起精神”，句式起承转合，思路完整流畅，有惊讶、有疑问，带有明显的互动性
三、转化率	
黑啤酒的广告文案，只是单纯描述产品属性，转化率较低	红牛饮料的广告文案，互动性较好，传播度可观，自然会带来较高的转化率
四、好感度	
黑啤酒的广告文案，只是单纯描述产品属性，好感度较低	红牛饮料的广告文案“都新世纪了，还在用这一杯苦咖啡来提神，你知道吗？还有更好的方式来帮助你唤起精神”有明显的互动环节，像一个老朋友在跟你聊天，轻松愉快，顿生好感

步骤六：总结

通过分析黑啤酒和红牛饮料的广告文案实例，可以加深对新媒体文案评价标准的理解。“两点一线”的评价规则不是硬性指标，无须条条满足，要根据实际产品的具体情况，有针对性地作出选择，有侧重点地进行表达。评价标准并不是一成不变的，只是满足了“两点一线”的评价标准，文案价值会更大，宣传效果会更好。

任务总结

本章课程介绍了新媒体文案的概述，分别从新媒体的概念、新媒体文案的概念、新媒体文案的评价标准以及新媒体文案的重要性等方面展开介绍，以逐条分步的形式帮助学生掌握新媒体文案评价标准的方法和流程，使学生对新媒体文案有更好的认识与了解。

英语角

媒体 media
新媒体 new media
感觉媒体 perception medium
表示媒体 representation medium
表现媒体 presentation medium
存储媒体 storage medium
传输媒体 transmission medium
广告文案 copy writer
独特的销售主张 unique selling proposition（简称“USP 理论”）
需求 demand
痛点 pain point

任务习题

1. 新媒体是信息社会的产物，其建立在数字技术和网络技术的基础上，以下（　　）项不是新媒体的媒体形态。

A. 互联网　　B. 手机媒体　　C. 移动电视　　D. 报纸

2. 以下（　　）项属于新媒体的特征。

A. 交互性强　　B. 受众选择性减少　　C. 表现形式单一　　D. 信息发布延迟

3. 以下（　　）项不是文案的构成要素。

A. 标题　　B. 正文　　C. 结尾　　D. 口号

4. 对于文案说服能力的考量主要有七个标准，以下（　　）项不属于这七个标准。

A. 定位到购买场景　　B. 找到正确的竞争对手
C. 塑造视觉感　　D. 附着力—建立联系

5. 以下（　　）项是新媒体文案的重要意义。

A. 弱化人格属性　　B. 承载战略实施　　C. 彰显消费者地位　　D. 感召企业行动

项目 02　新媒体文案岗位的工作流程与应用目标

学习目标

重点学习了解公司对新媒体文案从业人员的要求，知晓新媒体文案岗位的工作职责、岗位要求和能力素养；熟悉新媒体文案岗位的工作流程和工作范畴，具备配合相关岗位工作和引领其岗位工作方向的能力。在任务实现过程中：

- 了解新媒体文案的工作职责；
- 了解新媒体文案的职业能力素养；
- 了解新媒体文案的职业发展前景；
- 具备配合相关岗位工作和引领其岗位工作方向的能力。

职业素养

作为即将迈入新媒体行业的从业者，站在新时代新征程的历史节点上，要自信自强、守正创新，踔厉奋发、勇毅前行，坚定不移听党话、跟党走，立志做有理想、敢担当、能吃苦、肯奋斗的新时代好青年，让青春在全面建成社会主义现代化强国的火热实践中绽放绚丽之花。

学习路径

新媒体文案岗位的工作流程与应用目标

任务实施：查看招聘信息，了解当下企业对新媒体文案一职的要求。

学习目标：
1. 了解新媒体文案的工作职责；
2. 了解新媒体文案的职业能力素养；
3. 了解新媒体文案的职业发展前景；
4. 具备配合相关岗位工作和引领其岗位工作方向的能力。

任务技能：
1. 新媒体文案岗位职责认知；
2. 新媒体文案岗位能力认知；
3. 新媒体文案岗位发展前景。

任务描述：【情景导入】通过了解新媒体文案岗位的任职资格和岗位职责，可以发现自身的优势，同时还可以发现自身知识欠缺与能力不足的地方，从而有针对性地进行学习。

任务描述

【情景导入】

先来看一则新媒体文案的招聘启事（图 2.1）。

岗位职责：

1. 文字功底深厚，能将复杂的术语或事件以通俗易懂的文字表达出来，逻辑性强，执行力强；
2. 有品位，有文艺范，能够撰写各种文体、文风、场景的可传播性文案；
3. 能及时捕获行业热点、大事件，懂得借势营销；结合公司调性，寻找噱头，策划内容；
4. 深入理解产品，善于捕捉产品亮点，对产品创意和产品卖点能进行深入的发掘和提炼，撰写产品广告文案、产品介绍以及产品特性描述等文案；
5. 根据产品特点和宣传策略规划平面、网络的创意与文案撰写，能够洞察用户心理，以创意方式吸引用户，创意要求与整体宣传策略相匹配；
6. 不断完善产品的素材库，确保产品在推广期、非推广期都有充裕的素材使用；
7. 负责公司历史资料的收集和整理、品牌手册的内容填充、公司所有对外宣传文字的斟酌与润色；
8. 监测竞品动向，定期整理竞品信息分析报告。

任职资格：

1. 对互联网事件和行业热点把握精准，具备敏锐的市场洞察力、独特的视角，熟悉新媒体传播特点；

图 2.1　招聘信息

2. 具备良好的文字驾驭能力、独到的文案创作能力、较强的编辑整合能力，有自己的公众号者优先；

3. 视野开阔，思维敏捷，脑洞大，有良好的沟通表达能力和团队协作精神，工作效率高，抗压能力强。

看过这则招聘启事，可以知道当下企业对于新媒体文案一职的一般要求。通过了解该岗位的工作内容，可以发现自身的优势，同时还可以发现自身知识欠缺与能力不足的地方，从而有针对性地进行学习。

本章节主要通过对新媒体文案的工作职责、岗位要求和职业能力素养的系统介绍，使学生了解从事新媒体文案一职必须学习的知识点和应该具备的能力。

任务技能

技能一　新媒体文案的工作职责

中国互联网络信息中心发布的《中国互联网络发展状况统计报告》显示，我国网民规模正在逐步扩大，用户仍保持快速稳健的增长趋势。截至 2016 年 6 月，中国网民规模突破 7 亿，互联网普及率达到 51.7%，超过全球平均水平 3.1 个百分点。由于互联网的普及，一种新的媒体形式应运而生，不断满足并影响消费者获取信息的方式。随着新媒体的迅猛发展，各企业也将其作为自身品牌宣传、营销推广的重要阵地，由此催生出新的岗位——新媒体文案。社会对新媒体文案从业人员的需求正在逐步增加，其岗位的重要性也在一步步加大，甚至有不少人从其他行业转投到了新媒体行业中。新媒体文案的职业角色就是对要传播的信息进行设计，使之更容易被人理解，更容易在丰富的信息中被发现、被记住，甚至被再次传播。而要想成为一名合格的新媒体文案工作人员，就需要了解其工作职责，积累相关的知识点和技能点，多动笔，多练习，同时结合实践操作，才能成为一名优秀的新媒体文案写作人员。

一家经营良好的公司就像一个运转正常的机器，员工就像机器上的零件。不同岗位的员工相互衔接、相互配合，共同为这个机器的正常运转贡献自己的力量（图 2.2）。一方面，每个岗位都是不可或缺的。例如，缺少了车铃的自行车，或许还能骑行，却存在安全隐患。公司——这个设计精良的大机器，需要每个员工在自己的岗位上发光发热，才可以不断壮大。另一方面，每个员工都应该有团队与利他的精神。团队协作精神就像润滑剂，会加快机器的运转速度，自觉自愿的“利他”精神，有利于提高公司的经营效率。

图 2.2　一家经营良好的公司就像一个运转正常的机器

同理，新媒体文案工作人员（图 2.3）需要做好文案工作，但如果只做好文案工作，那就显得太狭隘了。这个岗位很重要，它可以指明企业前期的发展方向，总结后期的盈亏经验，串联起整个运营及营销的思路。通过搜索招聘网站的相关岗位可以发现，新媒体文案工作人员的工作职责不仅是文案的写作与投递、内容的策划与编辑，还包括渠道的运营与推广等。笔者将新媒体文案岗位的工作职责概括为三个方面，具体包括文案编辑、策划推广和运营维护。

图 2.3　新媒体文案工作人员

一、文案编辑

文案编辑工作职责可以分为企业层面、产品层面、推广层面三个方面。

（一）企业层面

（1）负责撰写企业新闻活动稿件、品牌传播软文及媒体广告。

（2）负责公司网站信息的日常更新、维护工作。

（3）负责公司刊物的主题策划、编辑校对及发布等工作。

（4）关注时事热点和行业资讯，定期更新行业信息。

（二）产品层面

（1）抓住卖点，编写能突出产品特点、展现产品价值、使受众产生强烈购买欲的产品文案。

（2）挖掘时事热点，将精选话题与企业、产品有机结合，从而提高关注度和访问量。

（三）推广层面

（1）负责线上文字的编辑与推广，根据要求进行信息采编、整理、原创、评论、审校等工作。善于在文字上引导客户，提高线上访问量和用户黏性，提高品牌影响力。

（2）负责维护微信公众号信息内容的素材整理、编辑校对及发布工作。

（3）负责为其他自媒体及对外推广平台提供文案支持。

（4）配合线上及线下活动，撰写相应的宣传推广文稿。

（5）负责企业宣传物料设计的构思策划与内容编排。

（6）负责媒体软文和外宣资料的收集与整理。

二、策划推广

策划推广工作职责可以从策划层面和执行层面两个层面来划分。

（一）策划层面

（1）负责组织市场调研，进行目标市场分析，负责市场营销定位的把握。搜集相关行业政策、竞争对手信息，分析市场发展趋势。

（2）结合公司各阶段营销推广计划需求，独立构思撰写各类策划文案。

（3）营销策划活动的组织、执行、协调以及在执行过程中的监控和调优。

（4）通过对产品核心数据、行业数据、运营数据、用户行为数据等进行跟踪分析，不断优化推广策略。

（5）对接媒体，配合销售节点，选择有效及高性价比的广告宣传媒介。

（6）配合合作伙伴进行运营推广、内容更新、活动策划及上线发布跟进等工作。

（二）执行层面

（1）明确市场活动目标、时间节点和质量要求，推进活动按计划执行，按时保质地完成工作。

（2）协调内外部关系与资源，调控、优化活动执行方案。

（3）控制协调物料与内容制作进程和质量。

（4）参与活动现场的管理，解决突发问题。

（5）负责活动各类文件、数据和照片的汇总及整理，并生成报表。

三、运营维护

运营维护工作职责可以分为平台运维和客户运维。

（一）平台运维

（1）负责公司淘宝、天猫、京东等店铺的日常运营工作，提升运营销售业绩。

（2）负责产品的上新、编辑与店铺优化工作。

（3）收集公司热销商品的数据信息，同时对库存和进货商品做好相关记录。

（4）收集店铺日常运营数据，并通过数据分析店铺现状，针对数据反映出来的问题进行相应的优化与操作。

（5）定期提报电商活动，进行必要的营销推广，打造爆款，达成销售目标。

（6）协助收集同行的产品及活动信息。

（二）客户运维

（1）及时、有效、妥善地处理客户的各种问题。

（2）处理日常客户的订单及跟踪服务，做好客户档案的数据整理、汇总与更新工作。

（3）负责各电商平台的客户运营及管理，提报相关活动，提升店铺会员入会拉新和会员转化率等。

（4）结合平台活动，制订会员营销计划。负责会员活动的策划、实施、落地及预算控制，并对结果进行总结、复盘、优化及改进。

（5）结合会员的生命周期及消费行为分析，有针对性地策划会员活动，提升会员的精准营销和个性化体验，提升会员的活跃度和复购率，激活即将流失的“沉睡会员”。

（6）对会员消费行为数据进行分析与洞察，并不定期上交会员的洞察分析报告（包括会员的留存率、新老客户比例、会员复购率、会员生命周期分析、会员的各项人群画像指标等）。

新媒体文案的工作职责不仅限于新媒体渠道的文案写作及投放、内容策划及编辑，大部分新媒体文案岗位还会被赋予更多的工作职责，如活动策划、渠道推广等。因此，一名全面多能的新媒体文案人员应该既可以承担起内容策划、构思撰写等相关工作，又能担负起不同新媒体渠道的运营与推广工作。如某知名企业新媒体文案的岗位职责包括以下几个方面。

（1）负责第三方平台，如百度、知乎等平台的内容传播、软文推广。

（2）负责移动互联网自媒体平台（以微信、微博等手机终端为主）的日常运营及推广工作。

（3）挖掘和分析网友使用习惯、情感及体验感受，及时掌握新闻热点，有效完成专题策划活动。

（4）根据公司或企业的品牌定位及产品风格，对产品进行创意思考及文案策划。

（5）善于挖掘产品卖点、厘清产品特色、明确产品优势，对产品进行文案包装。

（6）进行广告文案、品牌宣传文案、活动文案等各类营销文案或软文的写作。

（7）熟练掌握和运用软文营销等推广方式以及抖音、头条号等推送渠道。

综合各大平台新媒体文案的相关岗位，其主要职责是新媒体渠道的内容策划及写作，各阶段活动的策划及推广、热点事件的酝酿跟进以及其他文案工作。

技能二　新媒体文案的职业能力素养

职业能力素养（professional competence and accomplishment）是人们从事某职业时需要具备的多种能力的综合素质。职业能力素养可以定义为个体将所学的知识、技能和态度在特定的职业活动或情境中进行类化、迁移与整合所形成的、能完成一定职业任务的能力。笔者将从三个方面对新媒体文案的职业能力素养进行分析解读，即知识目标、能力目标和理念目标。

一、知识目标

新媒体文案工作者需要储备大量的知识，主要分为两种：第一种是宽泛的一般性知识，第二种是非常特殊的、有针对性的知识。宽泛的一般性知识包含广泛的各类知识，新媒体文案主要通过博览群书、广泛的爱好及强烈的好奇心涉猎相关领域；非常特殊的、有针对性的知识则包含具体的行业知识，如从事手机品牌的新媒体文案则需要了解各参数的意义、具体的硬件工艺等，相当于行业内的专家。其中，有针对性的知识可以包括如下内容。

1. 新媒体文案方面

（1）掌握新媒体文案的含义、特点。

（2）掌握新媒体各类型文案的写作要领。

（3）了解各种创意思考策略和文案生成的方法。

(4)学会不同的切入技巧。

(5)明确写作禁忌与误区。

2. 行业、产品及受众方面

(1)了解行业知识及具体的产品特性,使文案更具有针对性。

(2)了解受众的消费心理与行为,让文案更具有沟通性。

3. 相关学科方面

学习广告学和传播学知识,让文案更具有营销效果。

广告学知识让文案更具有策略性。广告学知识包括广告写作、广告策划、广告战略战术、媒体选择、广告心理、广告设计、广告管理等一系列理论。新媒体文案工作者通过对广告学相关理论知识的了解,掌握广告活动的基本规律;即使没有系统学习,也应有意识地涉及和积累。

传播学知识让文案更容易被传播。传播学知识包括人际传播、公众传播、大众传播和组织传播,其中也包含符号学、社会学等知识。新媒体文案则更侧重于人际传播。了解相关知识有助于文案传播到更广的范围,取得更好的宣传效果。

除此之外,新媒体文案工作者平日还要注重知识积累,多学习别人文章的创意和经验。只有达到一定的知识储备量,写出来的作品才会具有说服力,也更能体现文案的专业度。

二、能力目标

(一)文案能力

文案能力主要体现在文案的写作技能上,比如对文案的语法、逻辑的掌握,对文案语言风格的把控以及对文案技巧的运用等(图 2.4)。

1. 对文案的语法、逻辑的掌握

新媒体文案应以正确的语法写作,其表达要有逻辑、有条理,这样目标受众才能更好地理解文案所要表达的意思。

2. 对文案语言风格的把控

新媒体文案工作者需要能够驾驭各种文风与文体。文风方面,可以是阳春白雪、如诗如画的语言风格,也可以是通俗易懂的语言风格。文体方面,新媒体文案工作者可以根据具体的需求,撰写相应题材的文案内容,如标题、商品介绍、新闻稿等。同时,新媒体文案的语言要流畅,把握好遣词造句的技巧;情感上既要打动目标受众,塑造良好的企业形象,又要突出产品卖点,直击消费者痛点。

3. 对文案技巧的运用

不同的文体和文风,又要求文案具有不同的表达与展现形式。标题、海报等宣传形式,需要文案能够快速吸引目标受众的眼球;软文、具有情感的品牌介绍等文体形式,则要求文案能使目标受众产生代入感;商品介绍等销售文案则要求目标受众能够产生信任感,并且能够快速作出购买决策及反馈;品牌传播文案则要求信息简单,有利于口头传播等。

文案工作者可通过多看、多写,进行文案写作训练。多看是指广泛阅读经典文学作品、当代热门作品、优秀的广告文案作品,观看经典电影及热门剧集等;多写是指练习文案写作,通过对优秀文案作品的模仿,提升自身的文案写作能力。在多看和多写的过程中也应多思考，想一想能够打动你的文案好在哪里，不好在哪里。如果由你来撰写，你会如何做？

图 2.4　文案的本质：沟通

（二）创新能力

创意能够让广告深入人心并引起人们的注意及共鸣。在网络上搜索“创意广告”能够看到很多新颖的、富含创意的广告（图 2.5、图 2.6）。文案创作者作为广告创作的源头，非常有必要具备创意能力。

图 2.5　创意广告 1

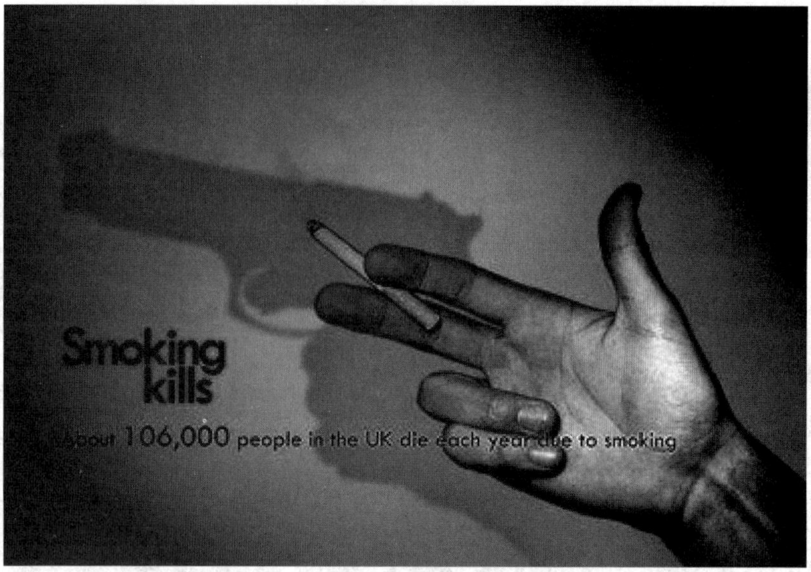

图 2.6 创意广告 2

新媒体文案工作者看待事物的角度和方法，要有多样性，如在接到一个文案写作任务时，脑海中立即触发多个写作方案及产生不同的联想，并能够思考出最适合的且具有创意的解决方案。创意能力与天赋有关，但也可以通过后天练习来进行磨炼培养。可尝试参考以下方法锻炼思维能力，令思维更加具有创新性。

1. 跳出常规去体验

杜克大学神经生物学教授罗伦斯• C. 凯兹提出，用新奇的方式思考和观察世界，有助于改善人大脑不活跃部分的功能，就像举重练习能够帮助我们锻炼不经常使用的肌肉一样。做平时不常做的事情，即为锻炼的方法，如走一条不常走的路，去一个未知的地方旅行，体验新的食物，等等。

2. 保持好奇心

人类天生具有好奇心，但随着年龄的增长，很多人会抑制自己的好奇心。保持对事物的敏感，多问“为什么”，并通过自己的努力找到答案，可以有效地锻炼思维能力，并有助于自己在工作生活中找到更好的机会和解决问题的方法。

3. 多侧面思考

抱着解决问题的目的，将毫不相关的事物融合在一起，进行联想。

（三）审美能力

审美能力，又称为“艺术鉴赏力”，即能感悟欣赏到事物的美感，又能了解美的定义是什么。文案工作者的审美也在一定程度上决定了内容整体效果的好坏。例如，简单的文字排版，有审美能力的人能够做到整洁，风格统一，字间距、行间距协调一致。由于文案内容需要与图片结合，要求排版美观大方、图片与文案表达的价值观一致，所以文案工作者需要具备审美能力。提高审美能力主要有以下两个方法。

1. 建立美的基本认识

美并没有标准，但总能找到其共通性。例如，穿衣时遵循颜色不能超过三种的原则，在文字排版和图片设计上，同样可运用此原则。

2. 大量观摩优秀作品，总结美感规律并运用

欣赏优秀画作的颜色、布局、风格等，用心感受优秀文学作品的文字用词、语言韵律，甚至仅仅是欣赏一部优秀的电影画面色系、对白的设计等，都能对文案工作者的审美有潜移默化的影响。

凡高作品如图 2.7、图 2.8 所示。

图 2.7　凡高作品 1

图 2.8　凡高作品 2

（四）学习能力

学习能力是指在短时间内快速对事物从陌生到了解的能力，即通过所掌握的知识，达到可以融会贯通地运用的能力。一般学习能力强的人会主动学习，寻找到相应资料进行吸收，

同步消化并转化为自己所需，最后推陈出新。学习文案写作主要有阅读、请教、实践三种途径。

1. 阅读

阅读即通过对专业书籍、网络相关资料、相关案例等的研读，提高对新事物的认知能力。这个学习途径需要耗费较多的时间和精力，虽然过程漫长，但却可以让人系统地掌握相关理论，并且学习成本很低。

2. 请教

直接向某领域的专业人士请教，是耗时最少、效益最高的学习途径。专业人士具有专业的知识基础以及大量的成功经验，向他们请教学习，能够在最短的时间内快速地掌握重点。可以请教自己的领导，也可以通过知识付费平台咨询了解。

3. 实践

可以通过大量的实践，去探索学习。实践出真知，知识是从实践中提炼而来的，应该再回到实践中去检验。即便通过自学或者虚心请教的方式获取了知识，最终还是要通过实践，将知识运用到自己的实际工作中。只有真正实践过，才能对知识了解得更深刻，所学的知识也才能逐步转化为自己的能力。

三、理念目标

（一）高尚的职业道德和强烈的责任心

一个合格的新媒体文案工作者应当热爱自己的工作，忠实于自己的企业，并将新媒体文案工作作为自己终身奋斗的事业；要将客户利益、消费者利益放在第一位，并积极维护企业利益。合格的新媒体文案工作者必须具有强烈的责任心、严肃的工作态度，恪守职业道德，并通过职业意志推动目标的实现。

（二）积极的心态和坚强的意志

新媒体文案工作是一项烦琐、劳动强度大、工作时间不确定的工作。新媒体文案工作者应该能够承受住各种挫折，保持积极的心态，同时还要有毅力、耐心、韧性和持续的行动力，能持之以恒，坚持到底。

意志的作用在于发挥能动性，自觉克服来自内部及外部的各种障碍，努力实现目标。新媒体文案工作者承担着企业兴衰的重任，同时又是连接消费者与企业的桥梁，所以必须有自我激励精神，有坚强的意志品质。

（三）顾全大局的精神和强烈的团队意识

新媒体文案工作者应该以社会发展为己任，站在社会进步和企业发展的战略高度考虑问题，处处维护社会利益和企业形象，决不能因为一己之私给企业带来负面影响和利益损失。

（四）健康的心理和强健的体魄

世界卫生组织对“健康”的定义是：不仅是未患疾病，还包括具有承受正常的社交活动的心理能力。所谓“正常的社交活动的心理能力”，即健康的心理素质。健康的心理素质包括：①对现实与他人的认识趋于准确客观；②对事实持稳定态度，能够承受各种挫折，保持良好心态；③广泛而深厚的人际接纳能力。

同时由于新媒体文案工作的劳动强度大、工作时间不确定等原因，新媒体文案工作者需要养成良好的习惯，练就强健的体魄。

（五）具有专业领域的职业操守

新媒体文案工作者应当树立积极正面的营销意识和行业竞争观，为文案写作提供方向与动力，同时培养创新思维、创新意识和创新能力，形成以创新为立足点的文案策划与写作观，并产生系统、完整、条理清晰的产品推广理念。

技能三　新媒体文案的职业发展前景

新媒体文案是一个快速发展起来的职业，也是由微信、微博等新媒体催生出来的一个站在移动互联网前沿的岗位。从个人自媒体到企业新媒体，再到新媒体生态公司，这个行业只花了 4 年的时间就产生了惊人的影响力。下面来具体介绍新媒体文案的职业发展前景。

一、重视内容创作

一般来说，一个热点能激活数以万计的推送，但很多文章都处于一个“伪原创”的状态，将标题拼凑得引人注目，内容却不尽人意，只有少数媒体人会对热点进行深入研究。而且互联网的快速传播性导致内容过载，海量的内容中掺杂大量劣质信息。

所以，新媒体文案岗位未来的发展将进入“内容为王”的时代。以内容取胜，是要辛苦一点儿、慢一点儿，但却基础扎实、底子硬，正如浮躁的当下，需要工匠精神，不妨“慢工出细活”。市场上用户所敬重的，永远是有品质的真实内容和有内涵的原创内容。能够满足用户需求的内容（产品及解决方案）对用户来说才有价值，只有持续生产有价值的内容才能留住用户，赢得用户的尊重、赢得信任和口碑。内容本源是取胜的价值基础，唯有做好内容才能赢得品牌口碑，赢得更多消费者的支持，才能获得更多的市场份额。

二、掌握多平台多风格创作

新媒体作为现今商业市场的一个重要渠道，各平台之间竞争激烈，比如腾讯汇聚了 10 万多个应用程序（APP），将数据赋予合作伙伴，提升流量价值与转换效果，2017 年首度超过脸谱网（Facebook）成为全球第五大市值公司；2015 年 UC 浏览器海外用户超过 1 亿；今日头条、抖音等智能推送短视频平台，可向目标用户个性化推荐等。

各媒体平台凭借各自的方向确定了相应的文案风格。新媒体文案人员要根据其特点创作相应风格的文案才不至于被平台受众淘汰。例如：新浪善于利用文案营销；网易有精彩的专题和策划；一点资讯的风格偏文艺；趣头条则主推三四线市场，以女性用户为目标受众。认清这些媒体平台的风格特点，能更容易地写出针对性强的文案。

以小红书为例，小红书的文案与淘宝、京东等传统的电商网站不同。首先，映入眼帘的是其干净整洁的页面，让看烦了淘宝体高亮文字的客户们，更有阅读欲望。其次，小红书的文案针对客户本身的特点，其图文是可以引起特定消费者的情感共鸣的（图 2.9、图 2.10）。

图 2.9 小红书文案 1

图 2.10 小红书文案 2

在小红书上，我们不仅分享物品、我们的笔记，还分享我们的经历、我们走过的路、我们的生活，或许下一秒听到的就是你的故事。从很多新媒体平台的营销手段与风格可以看出，新媒体文案未来的发展前景趋向于用亲切诙谐的语言与消费者建立联系，在循循善诱的交流中，完成产品的推广销售。

三、偏向移动端，视频、直播型内容比重加大

现在“90 后”已经成为主流的消费群体和信息受众，他们更加注重品质化、个性化的产品服务，对多元化的内容接受程度很高。尤其是在移动互联网被广泛应用后，短视频和直播

型内容已经成为企业更感兴趣的广告形式。据统计，腾讯、阿里巴巴、秒拍等平台累计投入超过 60 亿元的资金来扶持短视频领域的创作，直播（图 2.11）市场的规模更是高达 300 多亿元。观看人数增长快，营销收益屡创新高，所以未来的新媒体文案内容需要更加符合视频营销的形式。

图 2.11　直播

四、注重正能量引导

现在新媒体的导向性越来越强，国家对网络环境加强规范力度，更加重视主流价值观的宣传。当今的新媒体受众多为新一代的年轻人，他们更加关注社会现状、民生等事件和新闻。以这些内容作为新媒体文案的素材内容，对受众进行社会正面价值观的引导，会更容易获得受众的认同与好感，这也是未来新媒体文案的发展趋势。所以，新媒体文案工作者平时还要注意对社会事件和新闻的追寻与关注，创作优质内容，引导正确的价值观（图 2.12）。

图 2.12　正能量文案

随着新媒体的迅猛发展，新的媒体形式得到了越来越多企业的关注。新媒体文案的好坏影响着企业的发展和机遇，未来新媒体文案一职将会得到更多的重视和任用。新媒体文案工作者唯有具备专业的知识及能力，才能更好地应对不同类型的文案工作。无论是新媒体文案的新手，还是资深新媒体文案写手，均需要不断学习，以适应新媒体快速更新与发展。

任务实施

本次任务主要通过技能的学习，加深对新媒体文案岗位的工作职责、能力素养以及职业发展前景的理解。

任务介绍

当你以新媒体文案岗位入职一家新公司，内心肯定又激动又紧张。由于对公司业务不甚了解，刚开始难免会事倍功半。这样的状态不利于你展现真正的实力。那如何才能快速上手，提高工作效率，令自己如鱼得水呢？

在学习了新媒体文案岗位的相关知识后，下面通过实例讲解如何快速驾驭新媒体文案一职。

步骤一：了解公司

首先，需要对入职公司进行全方位的了解。了解渠道主要有以下三个。

（1）公司宣传资料。通过翻阅公司的宣传资料，了解公司的发展历程、业务范围、组织架构及战略规划等信息。

（2）网络搜索查询。可以通过浏览企业官网了解公司，还可以通过网络搜索查询有关于公司的新闻或文章。

（3）与同事交流。通过与同事沟通交流，解除关于公司的某些疑惑，并了解与新媒体文案岗位有交集的部门或者同事。

下面以天津滨海迅腾科技集团有限公司（图 2.13、图 2.14）为例进行说明。

图 2.13　宣传册

图 2.14　企业官网

步骤二:了解产品

产品是企业一切经营活动的主体,也是新媒体文案工作所围绕的对象。所以,在开始正式工作之前,一定要先将产品了解透彻。掌握一个产品不仅要了解它的外观,更应该了解它的体验度、质量、相关产品参数以及生产厂家的资质等。同时,也要了解用户对这个产品的评价,这样才能做到充分了解。下面以天津滨海迅腾科技集团有限公司(简称“滨海迅腾”)为例进行演示说明。滨海迅腾的产品为教育服务。针对服务类产品,可以通过以下途径进行了解。

(1)外观包装。如果需要了解的是实物产品,可以先查看这个产品的包装如何、质量怎么样、采用的是什么材料、属于什么材质、生产加工工艺如何,等等。如果是非实物产品,可以通过产品介绍和相关的外化表现进行了解。

(2)产品参数。了解了外观后,进而应该了解这个产品的相关参数、属性、数据、性能,同时通过使用来加深认识,看看用户体验度怎么样,有哪些优势,有哪些不足(图 2.15)。

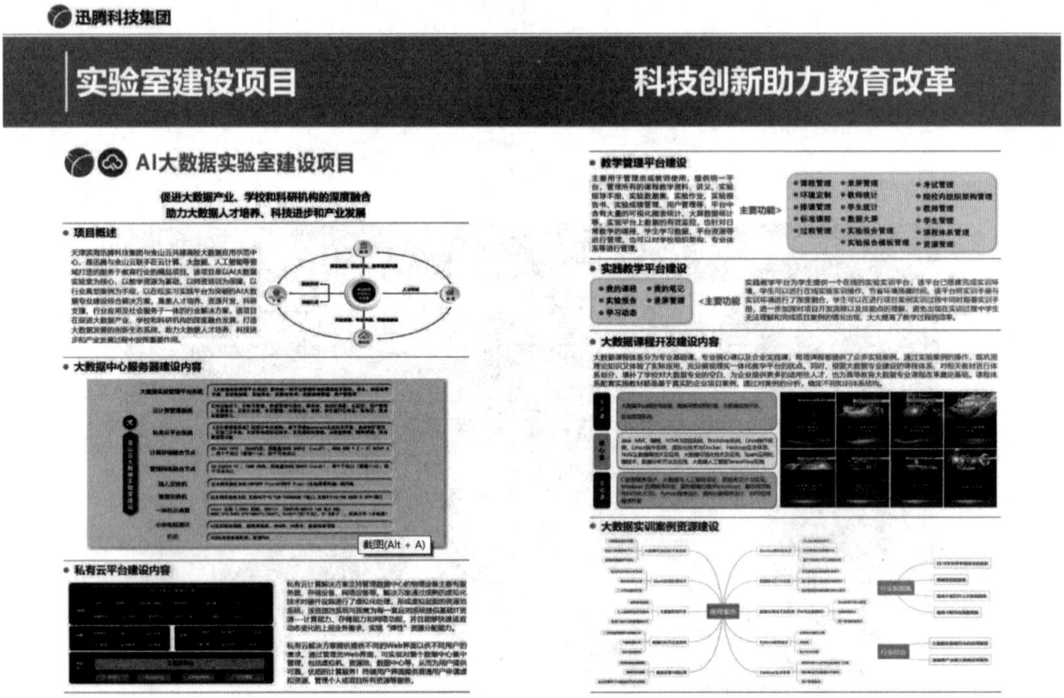

图 2.15 产品参数

(3)公司资质。一个产品的好坏,很多时候是与研发公司、生产厂家相关联的。可以通过了解生产产品的公司的实力、资质,对公司的规模、是否正规、行业排名以及实力作出判断(图 2.16)。

(4)用户评价。了解用户对这个产品的评价,收集线上、线下的用户体验反馈信息,倾听来自用户的声音(图 2.17)。

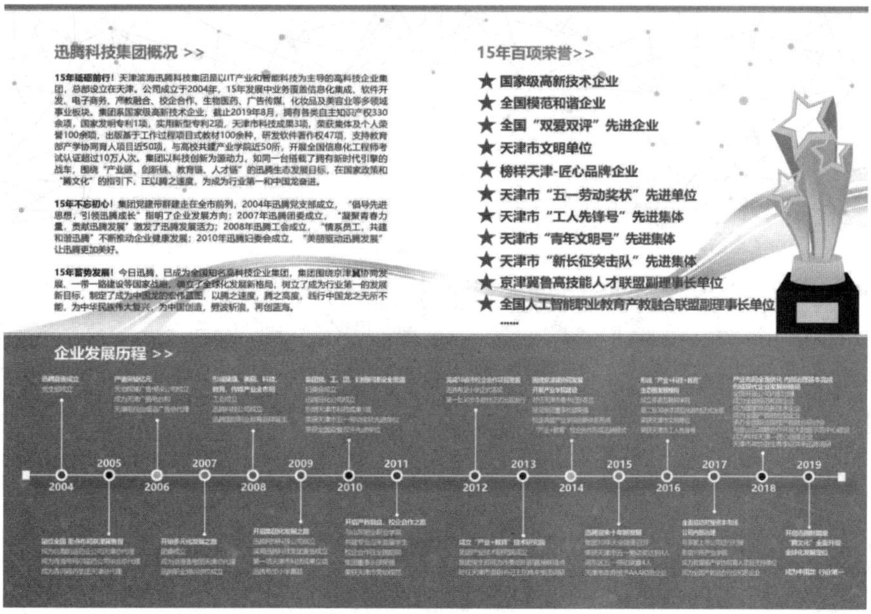

图 2.16　公司资质

图 2.17　用户评价

（5）服务体系。了解产品的相关服务、技术支持、售后服务等。一个产品是否好用、是否优质、是否有竞争力，这些都可以通过它的服务体系来了解（图 2.18）。

（6）市场环境。可以采集这个产品的销售情况、受消费者关注程度，通过市场占有率以及销售量来衡量这个产品。

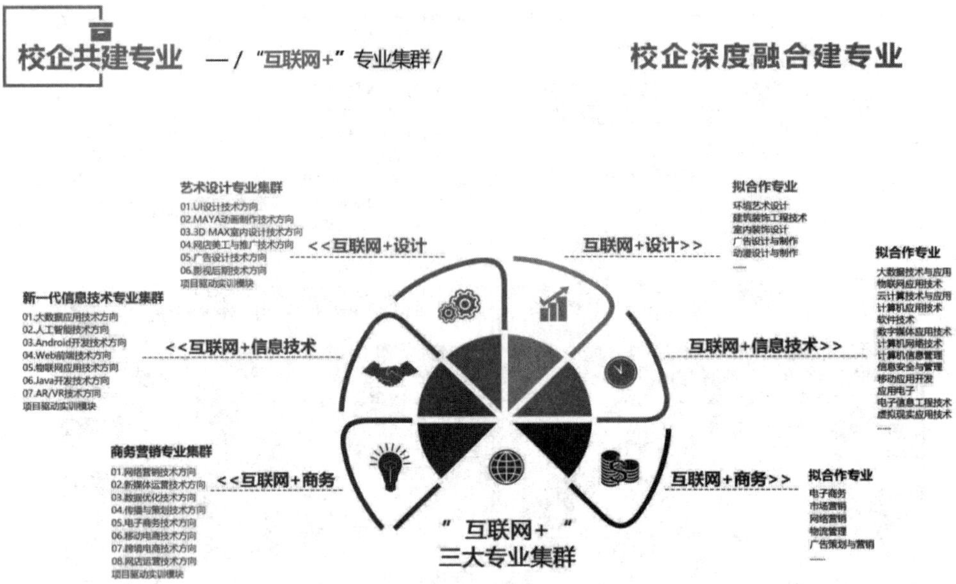

图 2.23 服务体系

步骤三：了解该行业和竞品

产品与企业不是孤立存在的，而是产生和发展于行业与社会的大环境中。在掌握了产品信息后，可以立足于行业，从宏观的视角了解其存在的环境与竞品信息。可以通过查阅最新行业报道、行业资讯网站或浏览、咨询各电商平台等方式，来获取最新行业现状信息。现以女装为例进行说明。

1. 通过百度搜索出相关行业文章（图 2.19）

女装行业趋势分析

首先，随着国民收入水平的提高，女性消费者对服装的个性化需求越来越高，不同类型的消费者的穿着品位差异也逐步增大，为了满足女装市场更加细分化需求，潮牌、淘品牌、快时尚、轻奢女装、日韩女装、国内女装、设计师品牌相继出现。同时，女性消费者越来越追求与自己身份和喜好相符合的服装产品，因此，只有定位明确的女装品牌才更容易得到消费者的认同，清晰的市场定位也是产品提升市场占有率的基础。

其次，研发投入继续加大。近年来品牌服饰行业持续调整，外延开店和内生提价难以为继，同店增长成为行业增长主要驱动力，企业需要提升自身产品竞争力从而增强客户黏性，体现在2011年以来品牌服饰行业上市公司研发占比不断提升，企业注重加大产品研发的投入、树立差异化优势。

再次，未来购物中心的专卖店及电商平台将成为女装品牌企业主要的营销渠道。虽然各级批发市场及集散地依然是中低端女装企业的营销渠道，但未来女装行业竞争逐步上升为高度的品牌竞争，若要提升品牌市场的竞争地位，上述两种营销渠道将必不可少。

最后，高端女装市场有望崛起。在女装品类中，我国高端消费降级、整体消费升级体现较为明显，轻奢品类进入高速增长阶段。此次消费升级，将促进定位于中高端女装品牌高速增长，同店、外延均有望迎来较好表现，进而推动高端女装市场崛起。

图 2.19 行业文章

通过阅读资料文档，我们可以了解女装行业整体的发展趋势、行业产业化调整走势、行业纵向定位前景等相关前瞻性信息，同时，还可以了解到消费者最新的审美需求及价值取向，进而推测出当今市场整体的竞争格局和发展态势。

2. 通过在电商平台搜索产品与咨询客服的方式调研竞品信息

（1）通过淘宝平台搜索出需要调研的品类产品（图 2.20）。

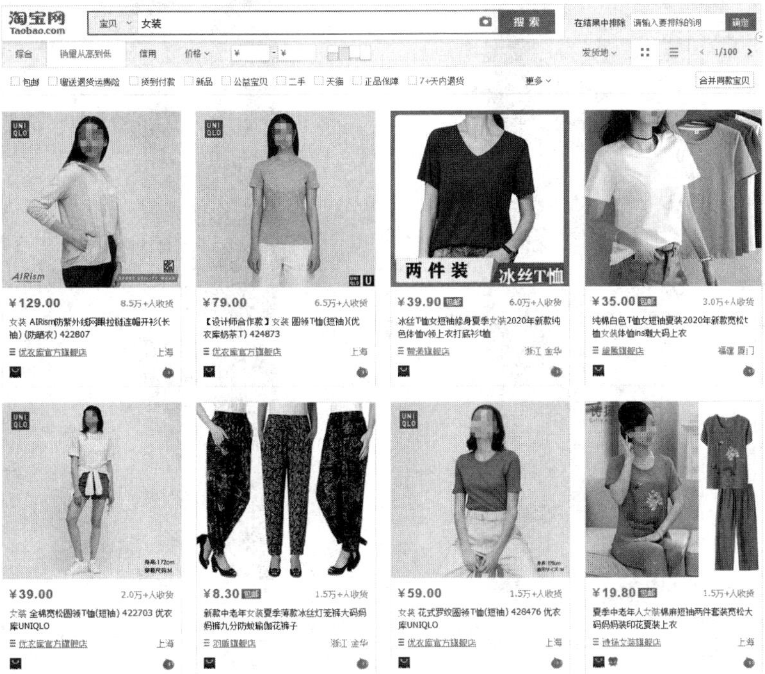

图 2.20　淘宝搜索

（2）通过京东平台搜索出需要调研的品类产品（要有“京东”标志）。

图 2.21　京东搜索

（3）通过与客服沟通，了解需要调研的品类产品（图 2.22）。

图 2.22 客服沟通

通过在电商平台搜索“女装”关键字以及与客服进行沟通，我们可以查看当下销量最高的产品，了解时下的流行元素，洞悉消费者痛点。这些信息从一个侧面也反映出最受消费者欢迎的与市场占有率最高的商品类型，接下来需要继续了解这类商品的款式、材质、价格、受众人群及相关服务等竞品信息。当然，也可以扩大调研的范围，通过海量搜索，获取更多有价值的行业资讯，进而充盈我们的行业知识，提高我们的商业敏感度。

步骤四：明确工作职责

通过以上步骤，完成了对企业、产品与市场的了解。接下来，需要明确自己的工作职责。通过本章技能一的学习，可以知道新媒体文案的工作职责会涉及文案编辑、策划推广或运营维护三个方向。明确你的工作职责更倾向于哪个方向，将有利于完成步骤五的准备工作。请看下面的招聘信息。

图 2.23 为倾向于策划推广方向的新媒体文案岗位招聘信息。图 2.24 为倾向于运营维护方向的新媒体文案岗位招聘信息。

新媒体文案

5千-8千

天津 | 经验不限 | 学历不限 | 招1人

职位亮点

五险一金　绩效奖金　年终分红　带薪年假　员工旅游　节日福利

职位描述

岗位职责:

1.负责微信、H5等平台的整体运营及推广工作，文案相关内容采集、撰写工作;

2.配合完成项目的各项活动，并进行后续的宣传工作;

3.负责配合策划撰写各项目组推广所需的文案;

4.完成上级交予的其他工作。

任职要求:

1.本科及以上学历，新闻学、传播学、广告学、中文、互联网等相关专业;

2.熟悉自媒体推广及营销模式，有媒体、互联网编辑领域从业经验者优先;

3.具有较高的新媒体内容创作能力和扎实的文字撰写能力;

4.在内容编辑方面有一定的话题敏感度；会使用排版及设计软件，对页面布局、内容整体结构、色调有一定的视觉美化标准;

5.具有一定的理解力、责任心，积极乐观，能承受一定的压力和挑战，具有良好的团队协作精神。

图 2.23　招聘信息 1

新媒体文案

6千-8千

天津 | 1-3年 | 大专 | 招1人

职位亮点

节日福利　带薪年假　周末双休　员工旅游　定期团建　五险一金　交通补助　年底双薪

职位描述

技能要求:

公众号运营　新媒体编辑　策划　文案　两微一抖　H5

岗位职责:

1、负责客户的自媒体等平台的日常运营及推广工作;

2、能够独立运营两微，为客户提供优质、有高度传播性内容;

3、挖掘和分析大众的需求及体验感受，及时洞察圈内热点，有效地完成专题策划活动;

4、配合整体的品牌营销策略进行新媒体运营。

任职要求:

1、对新媒体或新的传播媒介有兴趣，爱研究，有网感，有好奇心;

2、有一定的文字功底;

3、沟通协作能力强。

图 2.24　招聘信息 2

步骤五:整理工作素材

整理工作素材是为开展正式工作做准备的最后一个环节。工作素材主要分为文字和图片两类。

文字可以包括但不限于公司介绍、组织架构、发展愿景、产品信息、宣传物料、营销方案与效果、推广渠道与资源等。

图片主要包括企业视觉识别系统以及之前的外宣设计作品等。

掌握了这些资料,仅仅是走完了万里长征的第一步。新媒体文案工作者还需要根据整体的推广计划和每一次的具体任务,有重点地搜寻对自己有价值的信息,用以填补自己的认知盲区,进而不断完善企业的资料库。

步骤六:总结

完成了以上步骤,相信你就可以胸有成竹地在新媒体文案岗位上大展拳脚。但是,学习永无止境,新媒体文案工作者更要如此,要时刻保持求知欲与好奇心,关注时事热点,掌握人心所向。胜任工作只是短期目的,长远目标是为公司赢利,为我们祖国的发展壮大贡献自己的力量。

任务总结

本项目介绍了新媒体文案工作者的职业能力素养,分别从工作职责、职业能力素养以及职业发展前景三个方面展开介绍,以逐步深化的方式帮助学生掌握新媒体文案岗位的相关信息,学习之后可以具备配合相关岗位工作和引领本岗位工作方向的能力。

英语角

职业能力素养 professional competence and accomplishment
工作职责 operating duty
发展前景 development prospects
文案能力 copywriting ability
创新能力 innovation ability
审美能力 aesthetic ability
学习能力 learning ability
原创 original
正能量 positive energy

任务习题

1. 以下（　　）项不属于新媒体文案的工作职责？

A. 文案编辑　　B. 策划推广　　C. 平面设计　　D. 运营维护

2. 新媒体文案职业能力素养中的能力目标，包括文案能力、创新能力、（　　）和学习能力。

A. 审美能力　　B. 表达能力　　C. 社交能力　　D. 实操能力

3. 始终保持一颗好奇心、遇到问题习惯多侧面思考、尝试跳出常规去体验，这些做法有利于培养（　　）。

A. 学习能力　　B. 创新能力　　C. 审美能力　　D. 文案能力

4. 以下（　　）项不是培养学习能力的方法。

A. 阅读　　B. 请教　　C. 实践　　D. 思考

5. 新媒体文案岗位未来的发展将进入“内容为王”的时代，其中的“内容为王”指的是新媒体文案工作者的职业发展前景更倾向于（　　）。

A. 重视内容创作　　B. 掌握多平台多风格创作

C. 偏向移动端，视频、直播型内容比重加大　　D. 注重正能量引导

项目 03　新媒体文案创作思路的实施组织方案

学习目标

重点学习新媒体文案的创作思路，了解基本的新媒体文案创作原则，熟悉创作前期的准备工作，掌握开展前期工作的方法，培养新媒体文案的创作思路。在任务实现过程中：

- 了解新媒体文案的创作原则；
- 掌握新媒体文案创作前期的准备工作；
- 培养新媒体文案的创作思维。

职业素养

作为新时代的青年学子，我们要坚定奋进新征程和跟党走的信心和决心，把自己的人生目标与祖国、时代的命运紧密联系起来，以更远大的理想规划自身学业和事业，做起而行之的实干者、惜时如金的奋斗者、迎难而上的铸梦者，为全面建设社会主义现代化强国、全面推进中华民族伟大复兴贡献自己的一份力量。

学习路径

新媒体文案创作思路的实施组织方案

任务实施

本次任务主要通过技能的学习，加深对新媒体文案创作思路的认识，并培养创造性思维的能力。

学习目标

1. 了解新媒体文案的创作原则；
2. 掌握新媒体文案创作前期的准备工作；
3. 培养新媒体文案的创作思维。

任务技能

1. 新媒体文案的创作原则；
2. 新媒体文案的创作准备；
3. 新媒体文案创意思考及思维输出方法。

任务描述

【情景导入】《凉州词》和《客中作》两首诗都描写了酒，但是给人的感受却不同，由此引出文案创作思路的重要性。

任务描述

【情境导入】

唐代诗人王翰和李白都写过有关美酒的诗句，下面来对比一下。

凉州词二首·其一	客中作
王翰	李白
葡萄美酒夜光杯，	兰陵美酒郁金香，
欲饮琵琶马上催。	玉碗盛来琥珀光。
醉卧沙场君莫笑，	但使主人能醉客，
古来征战几人回？	不知何处是他乡。

这两首诗都描写了酒，但是给人的感受却不同。《凉州词二首·其一》中的“葡萄美酒夜光杯”是一种陈述铺垫与气氛渲染，诗中描述更多的是真实的战地生活，表达出了一种不惧战死沙场的大义凛然的气魄。而《客中作》描述的重点在酒，从酒的味道，如散发出醇厚的郁金香花香；到酒的盛器与色泽，如盛在晶莹润泽的玉碗里，看上去犹如琥珀般的光艳；再到酒的功效，如让醉客不知何处是他乡。虽然也能体会出一丝羁旅他乡的情愫，但是全诗对酒的描述丝丝入扣，颇具感染力，具备一定的宣传效力。

从上面的例子可以看出，描述了不一定就是宣传，推广了不一定就产生影响。创作前期要明确表达的重点，整理推广的素材，厘清创作思路。

本项目主要通过对创作原则、创作前期准备工作和创意思维的学习，使新媒体文案工作者掌握应该具备的创作思路。

任务技能

技能一　新媒体文案的创作原则

创作原则是新媒体文案工作者按照一定的要求展现企业和产品信息的基本原则。创作原则在具体的创作过程中，大致表现在对展现信息的选择、观念意志的融合、宣传重点的确定、形象展现的协调等方面。新媒体文案的创作原则具体包括根本方针、创作原则和写作要求。

一、根本方针

（一）背景

新媒体文案与文学作品在语言上存在一定的联系，但也存在相应的差异。新媒体文案注重的是带有营销性质的内容传播；文学创作注重的是思想的表达以及情感的抒发。新媒体文案在不同程度上要求语言具有文学性和艺术性，但是它与真正的文学作品又有着很大的区别，具体体现在以下方面。

（1）文学作品属于观念性的精神范畴，它具有自由、独立等特点，其主题与内容不受市场和商品的左右，主要取决于作者的主观意识和生活感受。

（2）新媒体文案作品所使用的语言是一种专门的语言，有特殊的感召力，属于物质范畴，其目的是推销产品与服务，带有明显的商业性。新媒体文案的语言受市场、商品、价格、季节、网络流行语、营销节点等因素的影响。

了解了以上这些区别，接下来看一组例子。

例 1：著名诗人闻捷曾为上海一家灯泡厂写过一个产品宣传文案，具体如下。

向太阳里取来的熔岩，
从碧空中摘来的星星，
耐得住千度高温，
负得起延长白昼的使命，
把五彩缤纷的晚霞，
接上金光灿烂的晓云。

例 2：飞利浦台灯产品宣传文案，具体如下。

留一盏灯，给不眠的自己
所有的灯都暗了，
所有的人都睡了，
而我，仍独坐案头，
对着满纸空格苦思。

且点上一盏灯，
点上无尽的信心与感觉，
为不眠的自己，
等待灵感过境。

飞利浦台灯，
为不眠人点一盏灵感的灯。

例 1 全诗想象丰富，文辞华丽，用词考究。它将灯泡的光亮比作“熔岩”和“星星”；将为人类带来光明比作不惧艰险的“使命”；将夜晚点灯描述成美好绚烂的场景。但是这样美好的文案，给人的感觉是对灯泡的歌颂，表达出了对电灯这一伟大发明的赞美，却无法让该品牌产品在受众心中留下深刻的印象，也无法让人产生购买的欲望。

究其原因，透过华丽的辞藻“……取来的熔岩、……摘来的星星、……、负得起……使命、把……晚霞、接上……晓云”，这些表述只是单纯强调灯泡的作用，即产品的功能性，或者说是物性。诗中始终未提及产品对于消费者的价值，忽略了作为传播对象的目标受众的感受。宣传文案的目的，不是简单地夸自己有多好，而是还要与消费者建立情感联系。要想令产品与受众建立情感关联，文案创作中就要体现出人的心性，即人性。

所以说，从文学角度讲，它是一首好诗；但是从新媒体文案的角度讲，它的商业价值较低。

例 2 乍一看，文案的语言朴素，句式简单，文辞不及例 1 华丽。标题《留一盏灯，给不眠的自己》，确定基调，同时也确定了产品与受众的联系。“所有的灯都暗了，所有的人都睡了，而我，仍独坐案头，对着满纸空格苦思”，这句点明了目标受众群体，为工作而劳苦奔波、为生计而摸爬滚打的人们，即上班族。“且点上一盏灯，点上无尽的信心与感觉，为不眠的自己，等待灵感过境”，这种描述十分贴合加班一族的实际心理状态。上班族十有八九都加过班，所以极易引起目标受众的共鸣。“飞利浦台灯，为不眠人点一盏灵感的灯”，最后一句，强化品牌名称“飞利浦”，强化情感沟通“为不眠人点一盏灵感的灯”整个作品干净简单，娓娓道来，却又一语中的直击人性，堪称佳作。

通过对以上两则广告文案的分析解读可以看出，宣传文案需要具备两个要素，即物性和人性。抛开物性谈人性，有如心灵鸡汤，没有商业价值；抛开人性谈物性，产品没有灵魂，难以打动人心。所以说，一个优秀的新媒体文案作品，犹如一座桥梁，它连接着产品与消费者，它包含着产品的物性与人性。

（二）物性与人性

1. 物性

1）概念

物性即物理性质的简称，在本书中又特指“产品属性”。产品属性是指产品本身所固有的性质，是产品在不同领域差异性的集合（不同于其他产品的性质）。也就是说，产品属性是产品性质的集合，是产品差异性的集合。

2）属性

决定产品属性的因素，分布于不同领域。每个因素在各自领域分别对产品进行性质的规定。产品在每个属性领域所体现出来的性质在产品运作的过程中所起的作用不同、地位不同、权重不同。而呈现在消费者眼前的产品就是这些不同属性交互作用的结果。

以手机为例进行说明，智能手机普遍具有以下五大属性。

（1）具备普通手机的全部功能，能够进行通话、发短信等。

（2）具备无线接入互联网的功能，即需要支持 GSM 网络下的 GPRS 或者 CDMA 网络。

（3）具备掌上电脑（PDA，Personal Digital Assistant）的功能，包括个人信息管理（PIM，Personal Information Management）、日程记事、任务安排、多媒体应用、浏览网页等。

（4）具备开放性的操作系统，拥有独立的核心处理器（CPU）和内存，可以安装更多的应用程序，从而使智能手机的功能得到无限扩充。

（5）具备根据个人需要不断完善的功能，如实时扩展机器内置功能以及软件升级，智能识别软件兼容性，实现软件市场同步的人性化功能。

在此基础上，如果手机增加其他属性，就会塑造出不同的产品。

例如，给手机增加全屏触摸属性。Window Phone（图 3.1）是一款增加全屏触摸属性的概念手机，其外观看上去像一块透明的玻璃，播报天气的时候可以展现出逼真的视觉效果。其因外形简单、功能炫酷、携带方便，极易受到年轻人追捧。

图 3.1 Window Phone

再如，给手机增加外设长焦镜头的属性。为解决拍照手机只能近视不能远观的问题，专业人士研发出了手机外设长焦镜头（图 3.2、图 3.3），适用于观看比赛和演唱会、旅游、观察动物、新闻记者远距离拍摄、地质勘探、林业管理、铁路港口调度、交通指挥管理部门及公检法执法取证等。其设计新颖、通光量大、解析度高，可有效提升照片成像效果，提高摄像质量。

图 3.2 手机外设长焦镜头 1

图 3.3　手机外设长焦镜头 2

3）传播属性

产品属性的差异性，决定着不同产品类别的传播属性也是不同的。这种传播属性的不同可以包括传播的载体、受体、传播手段方式以及传播的影响因素等。具体包括以下几个方面。

（1）产品属性决定传播主诉求是以功能诉求为主，还是以情感诉求为主。

（2）产品属性决定品牌传播与功能传播在不同媒体的组合程度。

（3）产品属性决定总体传播媒介组合。

（4）产品属性决定广告、公关、事件、公益、渠道活动等传播手段的权重及组合。

上文中的权重，特指媒介权重，是指广告主在确定两种或两种以上的媒介进行广告投放时，对各种媒介的传播价值进行评估，并设定各媒介所占有的权重比值，再根据各媒介的权重比值确定各媒介相应的广告投放预算。

下面举例说明。体育用品的广告投放就应选择体育类媒介刊物或栏目；而女性商品的广告投放就应选择女性刊物或以女性受众为主的栏目。国际知名的乐高品牌（图 3.4）的广告媒介的组合策略至少是确定使用两种媒介，即印刷媒介和电视媒介。印刷媒介的诉求对象是购买者（家长）；电视媒介的诉求对象则是使用者（儿童）。如果乐高品牌的决策者经过评估认为电视媒介将对使用者产生更大的影响力，则可以将电视媒介的权重比值设定为 60，而印刷媒介的权重比值就是 40。这样，如果乐高品牌在某一个时间段内所投放广告的总预算为 100 万元的话，其中 60 万元的预算就应投放于电视媒介，40 万元的预算则应投放于印刷媒介。

图 3.4　乐高

产品属性还决定了消费者体验的心理属性。产品从属性上大致可以分为感性商品、理性商品和介于感性和理性之间的商品。而与之相应的顾客心理属性也越来越多地成为营销成败的关键因素。企业必须根据自身的产品属性来营造与目标受众心理属性相一致的体验,从而让自己的产品与消费者产生共鸣。

2. 人性

1)概念

人性是心理学的一个重要概念,用来表述人与人之间在性格上所呈现的千差万别的现象。将人所具有的个性概念移植到产品上,就形成了产品的人性。由于产品最终作用的对象是具有不同个性的消费者。因此,产品塑造与传播的个性往往又与产品的目标消费者的个性大致吻合。事实表明,消费者大都喜欢符合自己价值观或者审美品位的产品。因此,如果想让一篇新媒体文案尽可能地吸引更多的目标消费者,就必须使文案中包含鲜明的与目标消费者的个性相吻合的产品人性。

例如,万宝路,由世界第一大烟草公司菲利普•莫里斯制造,是世界上最畅销的香烟品牌之一。其在类别、口味、诉求对象、提供给消费者的利益点等方面与竞品无异。它的独特之处在于,万宝路成功地提炼出了产品的人性,并通过牛仔形象将粗犷帅气、桀骜不驯、自由潇洒的产品个性淋漓尽致地演绎出来。此举使消费者产生了深刻的印象,也造就了其在全球烟草市场长盛不衰的局面。这个例子清楚地说明,新媒体文案创作时既要描述产品的物性,更要升华出产品的人性。

2)人性的种类

“微信之父”张小龙在一次演讲中分享了他的产品哲学——把握人性。他总结出,微信的“朋友圈”满足了人获得存在感、被认可、被赞赏的需求,而“附近的人”“漂流瓶”等功能满足了人的好奇心。

同样,用户之所以愿意分享和传播某些产品和营销活动,通常是因为那样会使得自己看起来漂亮帅气、聪明机智、幽默风趣或者拼搏努力、热爱生活或者有洞察、有爱心、有阅历等。通过对国内外数百个成功的营销案例进行分析,会发现这些案例均触及了人性。

人性,即人的本性、本能,是人天生的基本欲望。它不仅跨越国界、民族和语言,而且穿越历史,亘古不变。最本质的人性就是人类原始的本能欲望,即性欲(lust)、懒惰(sloth)、贪婪(greed)、饕餮(gluttony)、傲慢(pride)、暴怒(wrath)和妒忌(envy)。

(1)性欲,指的是人类对性的渴望,用心理学大师弗洛伊德的话说:“性是人本能的欲望,性本能冲动是人一切心理活动的内在动力”。这种人性的外在表现有诱惑、幻想等。例如,图 3.5、图 3.6 这两款 APP,不论开发者的本意是什么,它们在某些场景下就是满足了“性欲”。

图 3.5 快播

图 3.6 陌陌

再举个例子，2015 年 7 月，“优衣库不雅视频”在网络上“病毒式”传播，成为轰动一时的负面热点，不少商家以此为势进行营销，博取了众多网友的眼球。

百度卫士借势营销，突出产品安全，维护他人权益，体现出了“高大上”的品牌形象（图 3.7）。

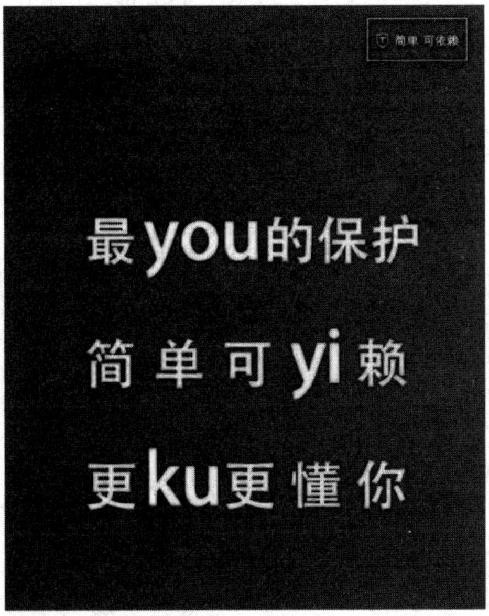

图 3.7　百度卫士

魅族科技借势营销，其广告语为“爱情怎么能有噪点，激光对焦 + 2070W 像素，爱の自拍神器”，这种一语双关的方式不仅体现了产品的功能，而且使得产品带有爱的味道（图 3.8）。

图 3.8　魅族

（2）懒惰。基于人类懒惰的本性，很多产品都是帮助用户将生活变得更简单，用最简单的操作满足需求。从产品层面来说，互联网的存在就是让大家能更“懒”地完成事情，世界为“懒”人而创造，科技因“懒”人而进步。这种人性的外在表现有“宅”、怕麻烦、不想思考、拒绝新事物、拖延、依赖、从众、选择困难等，从中可以提炼出的产品需求包括简单、自动化、可选择少、不改变习惯、展示内容少、操作步骤少、所见即所得、开箱即用、功能精简、内容分类展示等。

图 3.9、图 3.10 所示产品，都可减少体力消耗，是典型的服务于懒人的产品。图 3.9 是自动发球器，方便小狗自己玩耍；图 3.10 是自动扫地机，每天可以定时扫地，扫完自动归位充电。

图 3.9　自动发球器

图 3.10　自动扫地机

(3)贪婪。所谓“贪婪”,从字面上理解是渴望而不知满足,就是用尽可能少的投入获得尽可能多的回报。人的贪婪主要是对物资、钱财等物质层面和权力、地位等精神层面的追求。这种人性的外在表现有赌博、占小便宜、侥幸心理、猎奇、投机等,从中可以提炼出的产品需求有抽奖、赠品、折扣(图 3.11)、优惠券、积分(图 3.12)等。

图 3.11　五折包邮

图 3.12　积分换好礼

电商平台经常举办“满赠”“折扣”“包邮”“赠品”“积分兑换”“返现”等推广活动,这些营销手段的共同点都是利用“额外获得”这种模式来满足人性的贪婪。

(4)饕餮。民以食为天,美味的食物总是对人有着强大的诱惑力。这种人性的外在表现有大快朵颐、色香味、美食幻想、盛宴等,从中可以提炼出的产品需求有琳琅满目的食品、地域特色美食、美食画面、珍贵食材、祖传秘方、健康饮食等。

《舌尖上的中国》(图 3.13)是收视率比较高的美食节目。食欲可以通过食物来满足,美好的饮食体验也可以通过画面来呈现。这也是我们为什么喜欢在朋友圈或是微博发美食图片的原因。饕餮是人的共性,美食可以唤起共鸣。

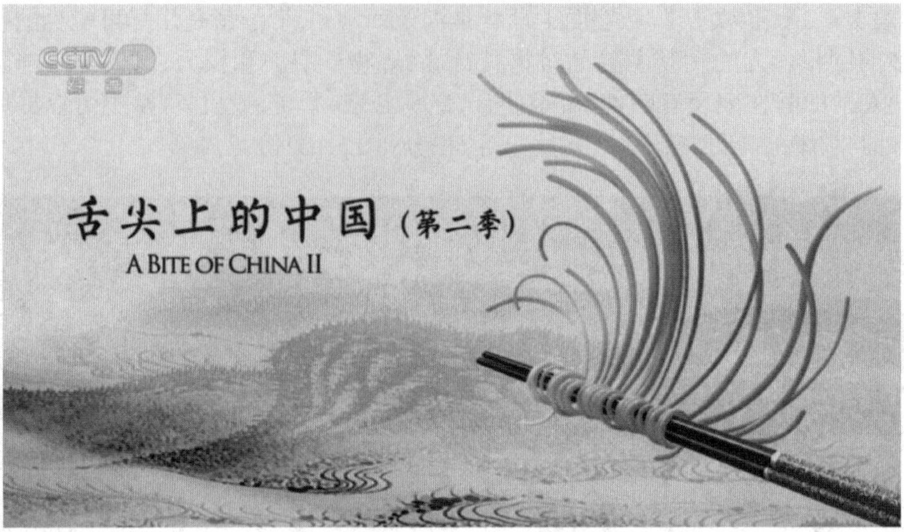

图 3.13 舌尖上的中国

（5）妒忌。用两个雌性黑猩猩做实验，让它们完成相同的任务后，雌猩猩 A 得到的奖励是一串葡萄，雌猩猩 B 得到的奖励是一截黄瓜，结果表明，雌猩猩 B 很不高兴，他扔掉了黄瓜。同理，人类的嫉妒心也是无时不刻不存在着的。这种人性的外在表现有各种比较、讽刺挖苦、恶搞、冲动消费、争强好胜等，从中可以提炼出的产品需求包括排名（图 3.14）、人气、评论、屏蔽拉黑、推荐、比分等。

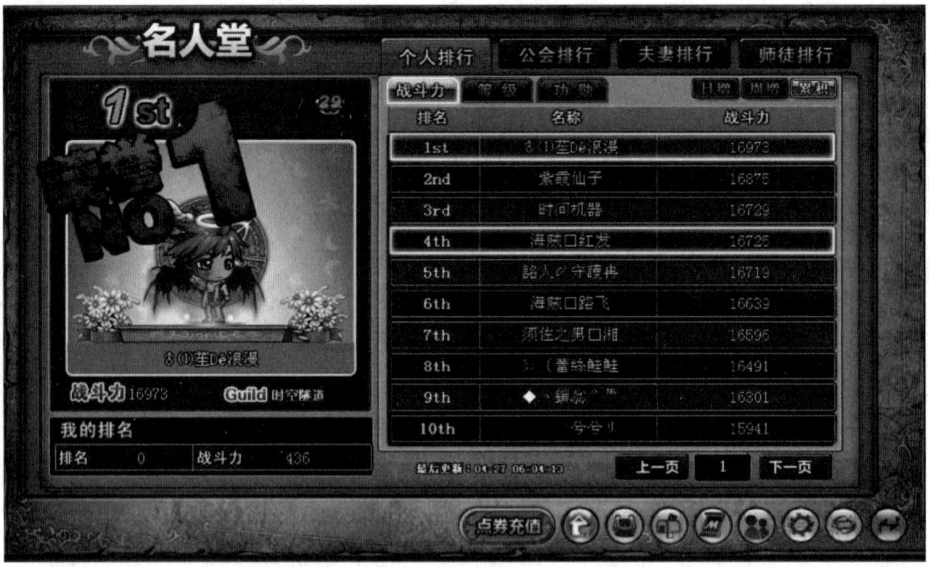

图 3.14 游戏排名

嫉妒心在排名和等级上也会表现得很明显。当别人的名次高、等级高，排在后面的人很可能就会产生嫉妒心。很多产品，特别是游戏类的产品会利用玩家这个心理，促使玩家购买更多的道具。

（6）傲慢。傲慢的内因是虚荣，因为想要而不得，所以造势欺人。这种心理的外在表现有炫耀、哗众取宠、逞强、渴望被奉承等，从中可以提炼出的产品需求包括排名、人气、美化、限量、VIP、饥饿营销、个性化定制、粉丝群等。

奢侈品天生就是用来满足人类虚荣心的。几乎各个领域的产品都有对应的奢侈品，从常见的衣服、首饰、包、豪车、别墅，到电子产品、食物、服务等都有（图 3.15）。

图 3.15　奢侈品

（7）暴怒。“冲冠一怒为红颜”“狼人杀”“三国杀”，一个“杀”字道尽人性中暴怒的阴暗面，这一点在游戏产品中十分常见。因此，暴怒的产品需求简单来说，就是提供安全合法的发泄途径。

图 3.16、图 3.17 是枕头大战和番茄大战，是让人进行体力发泄的活动。从表面看，虽然场面很欢乐，但其实是人们积累的暴怒情绪的一种释放。

图 3.16 枕头大战

图 3.17 番茄大战

(三)立足点

物性体现的是产品的个性,而人性体现的是消费者的生理需求与心理渴望。偏颇任何一方,都无法展现新媒体文案产品的卖点驾驭力与营销合力。只有将物性与人性融合,才能产生强大的品牌促销力和品牌塑造力。综上所述,新媒体文案的立足点应是以沟通物性和人性为目的的构思准确巧妙的语言表述,具体可通过以下三个方法实现这一立足点。

1. 提炼物性

提炼物性即从产品中寻找独特的功效和利益来吸引消费者，以物性诱发人性。如黄金酒电视广告：

入口柔，一线喉。洋参，鹿茸，五种粮食，六味补品，好喝又大补。“谢谢了”“哎，我女儿送我的，要喝呀，让你儿子买去。”

在这个广告中，文案创作者突出了产品的卖点：通过配料“洋参，鹿茸，五种粮食，六味补品”，凸显出酒品的营养滋补功效；同时搭配演员的年龄定位及对话的组合，点明目标受众为中老年人，目标购买者为年轻人；一开场用京调唱出“入口柔，一线喉”强化口感柔和、耐人寻味。综合产品定位，黄金酒文案提炼出的物性为配料、功效与口感。通过挖掘产品特有的物性来激发人性，吸引目标受众。

2. 凸显人性

凸显人性，即在物性上附加人性的内涵。只有物性没有人性的产品，是一个冰冷的解决问题的工具，所以只有将产品人性化，才能给人以温馨与关爱。在当今社会，产品同质化严重，要想凸显自身的价值，就需要在物性上附加人性的内涵。例如，同济药业形象广告语：

“漫漫人生，同舟共济。”

这里运用了修辞手法，表达出了与祖国和人民风雨同舟、荣辱与共的企业精神。同济药业的广告语超越了商业目的，摒弃了功能诉求，凸显出了一种“始终相伴，共渡难关”的人性。

3. 融合物性与人性

融合物性与人性，即发掘产品个性（物性）与消费者内在需求（人性）的共鸣点。产品的物性与人性，不可孤立存在，要建立关系，要彼此呼应、彼此联系。例如下面这几段优乐美电视广告。

第一段（车站）

江语晨：永远有多远？

周杰伦：只要心在跳，永远就会很远很远……

江语晨：你心跳蛮快的嘛。

周杰伦：这是个秘密——因为你是我的优乐美。

江语晨：甜蜜的笑。

第二段（咖啡厅）

江语晨：我是你的什么？

周杰伦：你是我的优乐美啊。

江语晨：原来我是奶茶啊。

周杰伦：这样，我就可以把你捧在手心了。

第三段（学校）

江语晨：你喜欢我什么啊？

周杰伦：喜欢你优雅、快乐又美丽。

江语晨：你是在说优乐美奶茶啊。

周杰伦：你就是我的优乐美啊。

（公交车站）

“浪漫是什么味道?”

“浪漫就像透明的椰果,回旋在优乐美奶茶浓浓的温馨里。”

“越喝越有滋味。”

“优乐美奶茶温馨浪漫的滋味。”

整个广告将优乐美这款产品的物性与人性交织在一起,将恋爱味道融合在“奶茶”里,将温馨浪漫浸透在“椰果”里,将女朋友比作优乐美“捧在手心里”。人性与物性,彼此衬托,不可分割。这就是将产品的物性与人性进行融合的最好例证。

二、创作原则

新媒体文案的创作原则,是根据各新媒体平台文案创作的共性所提出的宏观上指导性的原则。

(一)真实性

真实性原则是指,新媒体文案传递的信息内容要真实、准确、明晰,不能造假、夸大、含糊,这是新媒体文案的根本原则和基本规范。新媒体文案必须实事求是地反映商品的特性、功能、价值以及相关服务,不能言过其实;同时还需要做到措辞的准确贴切、清楚明了,不能含糊不清。缺乏真实性的广告,会令消费者生厌,起到适得其反的宣传效果;还有可能会涉及法律问题。比如下面这个例子。

1994 年 6 月 12 日,青岛迎宾馆状告青岛某房地产开发公司和某广告公司广告用语侵犯其名誉权。青岛迎宾馆是 19 世纪初德国人占领青岛后建成的一座具有典型欧洲风格的古堡式建筑,后来改名为“迎宾馆”,一直沿用至今。但 1994 年 1 月,在青岛繁华路段竖立起四块高大的广告牌,上面写着九个大字:“迎宾馆预谋大拍卖!”这样一来,社会上关心、责问的电话纷纷涌向有关部门和单位。迎宾馆信誉受损,经营收入日减。为此,青岛迎宾馆以名誉权侵害为由提起诉讼,案件很快进入法律程序。尽管被告称主副标题是一个有机的整体(副标题为“你将拥有自己的迎宾馆——荣美御园!”),但案件经法院调解,最终以房地产公司和广告公司共同向青岛迎宾馆补偿 10 万元而结束。

(二)简洁性

简洁性原则就是,让用户以少的时间和精力读到最重要的信息,尽可能将想要表达的信息条理化、印象化、简约化。简明扼要的新媒体文案,才会令消费者一看即知,不需要费心费力,就能了解产品信息。消费者不喜欢复杂,也没有精力去分析、记住过多内容。面面俱到,过多地罗列产品特性,注定是要失败的。抓住关键的一两个独特点,以简洁明了的方式表达出来,让消费者充分感知和引起共鸣。比如,“沃尔沃——安全(图 3.18)”“Jeep——征服”“劳斯莱斯——高贵”等。

图 3.18　沃尔沃广告

(三)核心性

1. 主题突出

(1)新媒体文案的立足点在于连接产品和消费者,寻找巧妙的语言表述。

(2)对产品或品牌进行深度解读,突出产品特征,表达准确信息,并展现出创意。

(3)新媒体文案的核心构思需包括两项指标:一是新媒体文案能有效地促进产品销售,使消费者了解产品给自己带来的利益;二是新媒体文案能有效地塑造企业和品牌形象,为产品的长期销售奠定基础。

2. 形成竞争差异

竞争者是影响新媒体文案构思与表述的重要因素。在产品同质化严重的市场环境下,新媒体文案创作更应考虑竞争者,以和竞争者相区别,凸显竞争优势,以己之长攻彼之短。

比如飘柔有一句家喻户晓的广告语:"飘柔,就是这样自信!"

(四)关联性

关联性原则指,在广告文案的写作中要注意到与商品、消费者、竞争对手的联系,涉及目标消费群、品牌个性、产品利益点、媒介选择等很多方面,因而需要对市场、消费者有深刻的洞察,对品牌的概念有深入地了解。

1. 与产品的关联性

文案的关键是找到创意传达的切合点,这种切合点应是消费者认可的、与产品的特性有直接联系的。毋庸置疑,产品品牌的建立早已从创造形象差异发展到创造个性、概念的差异。只有在品牌的内涵上赋予它独特的气质,才能从根本上与其他同类、甚至同功能产品相区别。

2. 与消费者的关联性

在进行新媒体文案写作时,要注意挖掘产品与目标消费者的关联性,也就是要了解消费者使用这类产品的环境与方式,引起消费者的共鸣。

3. 与竞争者的关联性

与竞争产品相比较寻求差异,以突出自身产品的特性,使目标消费者接受该产品更优越、更适合目标消费者的主张。

比如新盖中盖的电视广告语。

这人啊一上年纪就缺钙，过去一天三遍地吃，麻烦！现在好了，有了新盖中盖高钙片，一片顶过去五片，高压片，水果味，一个片嘣五楼，不费劲儿！一天一片，效果不错，还实惠！

自打吃了盖中盖，腰不酸了腿不疼了，走路也有劲了，一口气上五楼，不费劲儿。

再如青花郎与茅台的宣传海报（图 3.19）。海报上，青花郎的广告语为“中国两大酱香白酒之一”，茅台酒的广告语为“中国酱香白酒，没有之一”

图 3.19　青花郎与茅台的海报

（五）夺目性

夺目性原则要求在进行新媒体文案写作时，要能深入人心，有强烈的感染力，使消费者产生极强的共鸣。如果新媒体文案没有震撼性和冲击力，就不会给消费者留下深刻印象，只能淹没在信息的汪洋大海之中。

一个新媒体文案能否在一瞬间抓住消费者的注意力，并产生继续看下去的兴趣，除了独树一帜的策略和创意外，在很大程度上还取决于具有冲击力的标题、构思精湛的文案、新颖奇特的形象、生动有力的设计等。

符合夺目性原则的新媒体文案，可以满足企业追求传播成本效益的最大化，控制成本、探求低成本效益化，遵循收益大于成本这一原则。

比如，脑白金广告创造了两个卡通人物——一个老奶奶和一个老爷爷，每次出场都有不同的造型，营造出了一种可爱活泼、搞笑风趣的形象（图 3.20）。其电视广告语为：“今年过节不收礼呀，收礼只收脑白金”，夺目性效果更佳！

图 3.20　脑白金广告

脑白金的宣传策略大获成功，其广告形象与广告语，家喻户晓，口口相传（甚至是根本没有此消费需求的群体也熟知脑白金，成为人们茶余饭后的谈资，夸张一点儿的说法说是连 3 岁小孩都经常挂在嘴边）。

据国家统计局有关数据显示，2003 年脑白金的市场占有率高达 15.02%，比 2002 年的 12.61% 增长两成，已实现连续 7 年增长。2005 年的春节黄金周，脑白金销售总额高达 1.1 亿元，同时打破自问世以来单周销售记录、保健品行列单品单周销售记录、连续 6 年销售保持强劲势头等多个记录。

（六）适应性

新媒体文案不是孤立的文字表达，它需要置身于一定的社会文化背景之下，同时是企业整体营销思路的一种表现，也是单次推广策略的有机组成部分。因此，新媒体文案创作需要让消费者感到得体和谐，即遵守适应性原则。

1. 适应文化语境

不同的国家、不同的民族，有不同的文化积淀，会产生不同的价值观念和风俗习惯。即使在同一个国家的不同地域，其风俗习惯和方言体系也存在很大差别。所以新媒体文案写作时需要注意文化差异，需要适应不同文化语境。

例如，一直为人称赞的蓝天六必治牙膏广告——“牙好，胃口就好，身体倍儿棒，吃嘛嘛香，您瞅准咯，蓝天六必治！”在北方就能产生很强的亲和力，老百姓喜闻乐见；但该广告在广州电视台投放时，由于粤方言和北方话相差甚远，所以很难在广州本地人心中产生共鸣。

2. 适应推广战略

新媒体文案应服从于企业的营销战略，服从于此次推广思路的主题和创意策略，并与其他要素相互配合。比如，新媒体文案要做到与画面的和谐一致、相互映衬，所以文案创作者需要与设计人员通力合作，图文呼应，强化宣传主题。

3. 适应媒体特性

由于选择投放的媒体特性各有不同，因此对文案撰写的要求也不尽相同。真正优秀的文案，应该能够充分迎合投放媒体的特性，最大限度地实现传播效果。

1）印刷媒体

印刷媒体以静态视觉符号进行传播，具有持久性的特点。在撰写文案时，要重视标题，需采用精心锻造的、高度浓缩型的标题来吸引消费者的注意力。

2）广播媒体

广播媒体诉诸消费者的听觉，具有即时性特点。这就决定了广播文案需要运营情境、语调、音箱等手段，来增加内容的趣味性和吸引力。

3）电视媒体

电视媒体具有传播速度快、范围广、保存性差、信息稍纵即逝等特点，所以电视文案需要注意语言和画面的相互配合，以呈现出体验度高、说服力强、感染力强等特点。

4）新媒体

新媒体平台整体具有交互性强、覆盖面广、投放精准度高等特点，需根据不同新媒体平台的特性构思文案。一般来讲，需要新媒体文案具有传播性强等特点。

三、写作要求

（一）紧跟社会热点，凸显信息的时效性

新媒体可以实现随时随地地传达信息，特别适合发布即时信息。有关新闻热点等具有时效性的文案，可以极大地吸引受众眼球，带来很多免费流量。将产品信息夹杂进文案中，就可以达到“润物细无声”的宣传效果。

例如，2017 年 10 月 25 日，工商信息数据显示：10 月 12 日，麦当劳（中国）已正式变更为“金拱门（中国）有限公司”。而后，麦当劳（中国）证明了这一消息的真实性。麦当劳改名为金拱门事件几乎立即引起全网狂欢，由此“金拱门”开始作为一个“网络梗”瞬间走红网络。

麦当劳更名金拱门（图 3.21）应该是当时群众们茶余饭后啃过最有滋味的“瓜”了。一场成功的营销，不仅需要企业进行引导，更需要广大网民的关注与参与，进而形成自发传播。这一事件致使很多企业被动改名，这种行为一定程度上提升了“金拱门”及相关品牌的热度。

金拱门

图 3.21　金拱门

（二）增强信息的娱乐性和互动性，产生病毒式传播效应

新媒体具有丰富的互动功能，这意味着通过新媒体不仅能够获得及时的反馈，还意味着信息能够交互发送、裂变传播，从而产生良好的人际传播效应。比如用户把信息发给朋友或发送至朋友圈，进而形成口碑营销。信息的娱乐性和互动性就显得尤为重要，幽默的措辞、最新的网络语、逗趣的互动等都可以激发用户的参与热情。

例如，2017 年 6 月 6 日，芝麻信用在上海地铁投放了一组长广告（图 3.22），充满新意的形式很快在朋友圈刷屏。据网友推测，芝麻信用的这组地铁长文案“一定是文案压着键盘写出来的，脑洞之大，令人佩服！整个 6 月，仿佛全世界的文案都结巴了”

图 3.22　芝麻信用广告

（三）突出利益点，文本要短小、精悍、生动

无论是在什么新媒体平台，惜字如金都是铁律。短小精悍是指在构思新媒体文案时，要注意语言的精炼与准确。如何利用尽可能少的文字把想要表达的意思传达给消费者，这是新媒体文案创作者需要考虑的重点。另外，生动是指主题与语言都要新颖贴切，要注重语言的生动活泼，令文章具有可读性。通过文字的魅力，让受众眼前一亮，激发阅读兴趣，最终达到宣传效果。

例如，2017 年 9 月 29 日，一组号称来自支付宝的主题海报在朋友圈刷屏：“……年纪越大，越没有人会原谅你的穷”，文案戳中了很多年轻人心中的痛。网友纷纷高呼“这组文案太让人绝望了”

可让人万万没想到的是，这件事最后竟演变为一个乌龙事件。支付宝很快回应表示，该组文案并非出自支付宝之手。随后，始作俑者浮出水面，原来是蚂蚁金融旗下的蚂蚁财富（图 3.23）。该组文案正是其联合 16 家基金做推广活动而推出的。

图 3.23 蚂蚁财富

(四)凸显公益性，弱化商业性，以情动人

赤裸裸的商业推广极易引起反感，因此，在编撰新媒体文案时，要注意对商业意图的隐藏和修饰。可以借助一些公益性的主题切入，然后自然地过渡到商业性的宣传中。通过发布对公众有指导作用的公益信息、预防信息、宣传信息，倡导和维护公共生活秩序和公共道德准则，从而提升企业形象。

例如，2017 年 8 月 29 日，当大家还沉浸在七夕的氛围中时，朋友圈又猝不及防地被一组“小朋友”画作刷屏了，网友纷纷表示画作相当”惊艳”。

这组刷屏画作出自腾讯公益、“WABC 无障碍艺途”公益机构联合出品的 H5——“小朋友”的画廊。用户扫描二维码后，只要一元或输入任意金额，就可以“购买”心仪的画作，爱心画作可以保存到手机上生成屏保（图 3.24）。“小朋友”画廊刷屏后，很快就凑到了活动设定的 1 500 万元目标金额，与此同时腾讯公益也深入人心。

图 3.24　一元购画

技能二　新媒体文案的创作准备

任何一种写作都需要大量相关材料的积累和遴选。新媒体文案的创作准备包括对写作流程的掌握、对产品的了解、对市场的分析、对受众的把握以及推广目标的确定。

一、写作流程

（一）文案创作的外在流程

新媒体文案在推广活动中所处的位置，可通过图 3.25 查看。

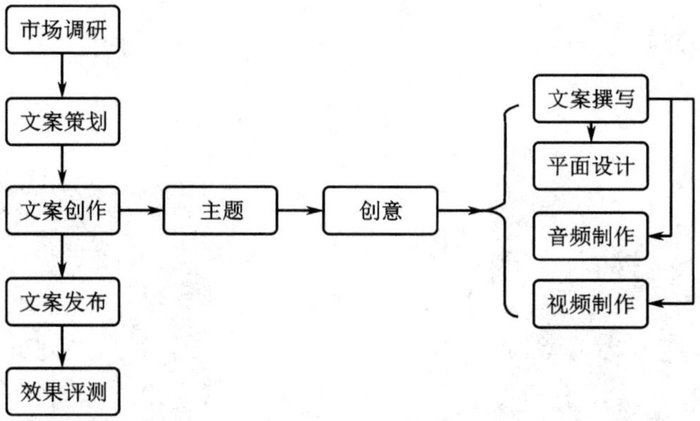

图 3.25 文案创作外在流程

从图 3.29 中不难看出，新媒体文案创作是推广活动的重要一环，是宣传主题的文字表现、是创意思维的显化和具体化。文案撰写的工作为平面设计提供文字内容，为音频和视频制作提供文字脚本。由此可见，新媒体文案岗位在营销推广中起着举足轻重的作用。

除此，从图 3.29 中还可以看出，新媒体文案创作要建立在分析市场调研结果和领悟文案策划思路的基础上。唯有观全局，才能明自身；唯有知己知彼，才能百战不殆；唯有明确方向，才能有的放矢。

（二）文案创作的内在流程（图 3.26）

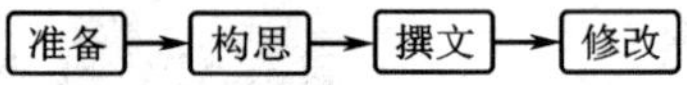

图 3.26 文案创作内在流程

1. 准备阶段

这一阶段的主要工作在于收集材料、整理材料和分析材料，明确产品的定位，了解目标消费者的需求情况等。

2. 构思阶段

这一阶段的主要工作是明确新媒体文案的策划主题，确定采用何种诉求方式和表现手段，寻找最能表现主题的切入点和叙事角度，按主次顺序梳理信息。

3. 撰文阶段

这一阶段的主要工作是将已经确定的构思用文字表述出来。

4. 修改阶段

这一阶段的主要工作是征求各方意见，对文案进行修改润色，有时甚至会推翻原先的文案，重新撰写。

二、了解产品

新媒体文案创作者首先需要对产品有比较透彻的了解和认识，才能写出有针对性的文案。对产品的了解，无非包括两部分内容，即了解产品的内容和了解产品的方法。

（一）内容

1. 认识产品的特性与功能

产品一旦进入市场就成为了商品，作为商品，它必须具备价值和使用价值。根据商品学理论，商品的使用价值是指商品的有用性。这种有用性包括两个方面：一是物质效用，指商品能满足人的物质生活需求的有用性；一是精神效用，指商品满足人的精神生活需求的有效性。

当新媒体文案撰写者为某一产品做宣传时，他必须清楚地认识此产品是满足消费者的何种需求，在质量、品种和样式上有哪些特点；设想如果自己是消费者的话，会对产品的哪些功能最感兴趣，希望从广告宣传中看到什么。简言之，准确把握产品的特性和功能是写好新媒体文案的必要条件。

2. 明确产品所处的生命周期

产品生命周期是指某产品从进入市场到被淘汰退出市场的全部运动过程。产品生命周期一般分为四个阶段：引入期、成长期、成熟期、衰退期。引入期是指在市场上推出新产品，产品销售呈缓慢增长状态的阶段；成长期是指该产品在市场中迅速为消费者所接受，销售额迅速上升的阶段；成熟期是指大多数消费者已经接受该产品，市场销售额缓慢增长或下降的阶段；衰退期是指销售额急剧下降，利润渐趋于零的阶段。

举个例子来说明，柯达公司是世界上最大的影像产品及相关服务的生产和供应商。柯达公司在影像拍摄、分享、输出和显示领域一直处于世界领先地位，一百多年来帮助人们留住美好回忆、交流重要信息以及享受娱乐时光。

1）引入期

柯达公司由发明家乔治•伊士曼始创于 1880 年，总部位于美国纽约州罗切斯特市。柯达利用先进的胶卷技术、广阔的市场覆盖面和一系列的行业合作伙伴关系，来为客户提供不断创新的产品和服务，以满足他们对影像中所蕴含的丰富信息的需求。

2）成长期

2002 年，公司全球营业额达 128 亿美元，其中一半以上来自美国以外的市场。柯达全球员工总数约为 7 万人，其中 39 000 人在美国。

3）成熟期

柯达公司在美国、加拿大、墨西哥、巴西、英国、法国、德国、澳大利亚和中国都设有生产基地，向全世界几乎每一个国家销售种类众多的影像产品。柯达克罗姆作为柯达推出的首款彩色胶卷，不仅横扫全球市场，更是记录了一个又一个标志性的历史事件。

4）衰退期

2004 年 1 月 13 日，柯达宣布将停止在美国、加拿大和西欧国家生产传统胶片相机。随着技术的发展，数码相机和手机摄影成为人们青睐的对象，曾经畅销于世界的彩色胶卷随即走入了人们的记忆中（图 3.27）。

图 3.27　柯达胶卷

新媒体文案撰写者在为某个产品做宣传文案时，需要明确该产品所处的生命周期，并采取相应的话语策略。一般而言，产品处于引入期，其宣传文案要侧重产品的新特点、新功能的诉求，在手法上以富有时尚感和新奇感的语言，引起受众的注意；成长期的宣传文案更侧重产品的优势和企业的实力；成熟期的宣传文案要注重产品的附加价值，培养公众对品牌的忠诚；到了产品的衰退期，则不宜再做广告宣传，而要把财力集中到新一代产品的宣传上。

（二）方法

1. 研读市场调查资料

如果条件允许，最好亲自参与市场调研，向工作人员或者老客户问询产品情况，以提高对产品的感性认识。新媒体文案撰写者要善于从市场调研的资料中找出文案诉求的重点和产品推广的难点。

2. 研读产品说明书和企业简介等资料

有的公司已经做好了前期工作，即已经通过市场调研报告，将产品卖点、市场定位、目标受众、发展前景等凝练成企业资料。新媒体文案撰写者要善于从这些资料中找出产品的优势以及对自己日后工作有价值的信息。

三、分析市场

（一）市场定位

定位理论由美国著名营销家艾•里斯与杰克•特劳斯在 20 世纪 70 年代提出，主张“定位是你对未来潜在消费者心智所下的功夫”。也就是把产品定位在未来潜在消费者的心中。其目的是在潜在消费者心中占据有利的地位。定位具体围绕两个方面展开，即产品定位与消费者定位。

1. 产品定位

1）功能定位

功能定位，即根据产品在功能方面的特点和个性化因素进行定位。如海飞丝洗发水的广告语“头屑去无踪，秀发更出众！”

2）服务定位

服务定位，即根据产品的自身质量档次、服务品质等进行定位。如海尔的广告语“真诚到永远！”

3）价格定位

价格定位，即根据产品价格上的优势进行的定位。如雕牌洗衣粉的品牌定位就是中低收入者，其广告宣传的代言人就是下岗工人，以展现其目标市场的消费者形象。

4）外观定位

外观定位，即根据产品的形状和包装或品牌形象等进行定位。如白加黑感冒药的产品外观是“白天 + 黑夜”（图 3.28）。

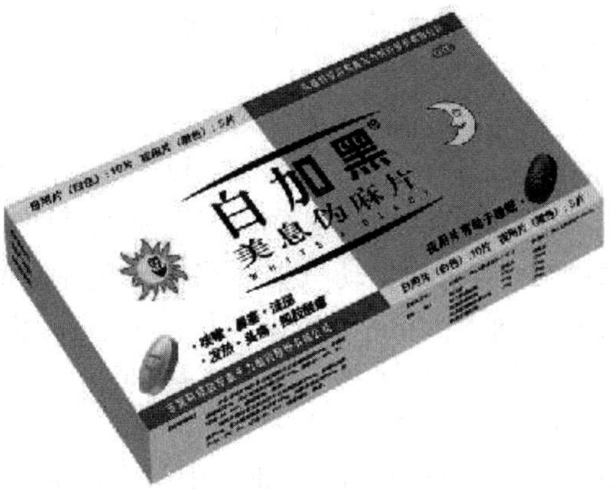

图 3.28　白加黑感冒药

5）理念定位

理念定位，即根据产品的品牌理念进行定位。如万宝路的品牌理念是“勇敢、冒险、自由”。

2. 消费者定位

1）年龄定位

年龄定位，即根据消费者的年龄层次进行的定位。例如娃哈哈 AD 钙奶和太太口服液，单从产品名称即可分别看出目标消费者的不同。

2）性别定位

性别定位，即根据消费者的性别差异进行的定位。如七匹狼男装的广告语：“与狼共舞，尽显英雄本色。”

定位理论自成体系，关于市场定位还可以从不同角度细化出很多维度，这里不做赘述。

（二）竞品分析

俗话说：“知己知彼，百战不殆。”在掌握了消费者需求，明确了自身卖点的情况下，还要时刻洞察竞争对手的一举一动。那竞品调研的内容包括哪些呢？笔者认为竞品调研的内容包括但不限于以下几个方面。

（1）竞品的功效、品种、质量、目标受众及市场占有率等。

（2）竞品对外宣传时诉求的重点和表现方式如何，广告语是什么。

（3）竞品选择了哪些广告形式，媒体组合情况如何。

只有了解了这些情况，才能发现竞争对手在广告宣传上的薄弱环节和致命弱点，从而写出具有针对性和竞争力的文案，使竞争对手陷入被动局面。

四、把握受众

美国心理学家马斯洛在 20 世纪 60 年代提出“需求层次理论”，他将人的需求分为五个层次，即生理的需求、安全的需求、归属和爱的需求、尊重的需求和自我实现的需求。

（1）生理的需求是指对食物、水分、空气、睡眠等的需要。

（2）安全的需求是指人们需要稳定、安全、受到保护、有秩序、能免除恐惧和焦虑等。比如，人们希望得到稳定的工作。

(3)归属和爱的需求是指一个人要求与其他人建立感情的联系或关系。比如,结交朋友、追求爱情等。

(4)尊重的需求是指希望受到别人的尊重。

(5)自我实现的需求是指人们希望最大化地体现自我能力的需求。

当消费者购买一种商品时,总是为了满足自己或亲友的需求。消费者的内心需求就构成了内在驱动力,这就是购物动机。购物动机主要有如下几种类型:①实用动机;②方便动机;③健康动机;④求名动机;⑤求美动机;⑥求廉动机;⑦安全动机;⑧求新动机等。消费者在购买某一具体商品的时候,可能会受多种动机的支配,但有主导的,也有次要的。要想把握消费者的主导动机,需要进行周密的市场调查。

一个优秀的文案撰稿人需要具有丰富的专业知识与生活阅历,使自己成为出色的消费者。时刻关注、熟悉自己所购买和使用的商品,从而切身体会作为一个普通消费者的心理状态。

五、确定目标

在完成对产品的理解与把握、对市场的认识与分析、对消费者心理的把握等一系列过程之后,接下来就需要确立宣传目标及营销策略。营销策略就是根据宣传目标所采取的与消费者沟通的手段与方法,它包括诉求策略、创意策略和媒体策略。

(一)诉求策略

诉求策略是文案写作的前提和基础,其需要回答以下三个问题。

(1)"对谁说"的问题。如,目标受众是谁?他们有什么喜好和习惯?他们会接触到哪些媒体?等。

(2)"说什么"的问题。如,诉求的重点是什么?需要让目标受众知道什么?等。

(3)"怎么说"的问题。如,用什么样的方式与消费者沟通?情感的、理智的,抑或是情理交融的?等。

(二)创意策略

创意策略是指宣传创作的核心概念与表现方式以及风格调性的设想。

(三)媒体策略

媒体策略旨在解决宣传推广的发布渠道问题,它同样会对文案写作产生制约和影响。

在实际的推广宣传中,文案有没有实际的成效,一开始的策略方向极为重要。如果将广告宣传比作帮助企业击中市场目标的火箭筒,那么营销策略就是它的瞄准仪。

技能三　新媒体文案创意思考及思维输出方法

在进行文案创意之前,需要将繁杂的市场、竞品、消费者及产品信息进行系统梳理,并将最适合的主题加以提炼升华,然后利用专业的方法激发大脑的想象力与创造力。

一、信息梳理

文案撰写者根据前期的市场调查资料，再结合营销策划的总体策略，从千头万绪的材料中整理出所要表达的宣传信息，这就是信息梳理。

例如，给空调做广告，首先从大量的资料中可以发现该空调有如下需要表现的信息：①较一般空调省电20%；②噪声小，安静；③价格居中；④服务相比同行业比较完善；⑤新品牌，但知名度提高较快；⑥拥有分销资源。再与竞争对手的宣传战略做比较，会发现大多数对手在价格上、促销上大做文章，而相对忽视了服务方面的宣传。反观自身产品定位（品质卓越，服务优越），便可以确定将①②④⑤作为主要的宣传信息，③⑥作为次要信息。

二、主题提炼

宣传主题就是所要表达的核心思想，它是一个宣传作品的统帅和灵魂。一则广告作品如果缺乏明确的主题，就如同一盘散沙，毫无诉求力可言。

宣传主题不同于前面所讲的主要信息，因为主要信息只包含“物性”因素，而宣传主题还应包含“人性”因素。换句话说，宣传主题应是人性化、目标化的产品个性信息或企业个性信息。

例如，某汽车的宣传主题为：“卓越美好的东西是消费者必然的选择，因为消费者是明智的”。这一主题不但包括了彰显产品个性的“物性”信息，还包括了人性化的目标信息。产品个性信息为“汽车的卓越品质”，消费心理为消费者对卓越美好的东西的追求以及消费者受到称赞和尊重的自豪感。宣传目标是促使消费者购买汽车。整体宣传的画面、标题和正文都是以此次宣传主题为起点展开的。

由此可以总结出，宣传主题的提炼需要符合以下三个基本要求。

1. 准确

主题需要准确反映产品信息与宣传目的，不能有失偏颇。徒有其表的华丽词语，只会遭人诟病；没有准确反映宣传目标的主题，也注定会失败。

2. 深刻

宣传主题要深刻揭示消费者的内心需求。如：过目不忘，靠噱头；打动人心，靠功夫。

3. 新颖

宣传主题要具有鲜明的个性，不从众、不跟风、独树一帜，从而给受众留下与众不同的印象。

三、思维激发

在整个文案撰写的过程中，文案撰写者要充分调动各种思维方式，写出成功有效的文案。尤其在文案构思过程中，思维的激发更是必不可少的。

（一）抽象思维

1. 概念

广义的抽象思维泛指逻辑思维，尤其是形式逻辑思维，其包括对思维形式（概念、判断、推理），思维基本规律（同一、矛盾、排中和充足理由律）和思维方法（分析、综合、抽象、概括、比较、分类、归纳、演绎等）的研究。狭义的抽象思维则是指从复杂事物中抽取本质属性，舍弃其它非本质属性的思维过程。这是数学中常用的、必不可少的思维方法，并且与概括相互联系、密不可分。综上所述，抽象思维是指运用概念、判断、推理等思维形式来反映客观对象的本质和规律性的思维形态。在新媒体文案写作过程中，文案撰写者对产品及市场需求的分析、对宣传信息的梳理、对宣传主题的提炼等，都需要运用抽象思维。

2. 方法

抽象思维的培养是指人们在工作、学习、生活中每遇到问题，总要想一想，这种“想”，就是思维。它是通过分析、综合、概括、抽象、比较、具体化和系统化等一系列过程，对感性材料进行加工使之转化为理性认识并最终解决问题的。

3. 实例

新媒体文案中所使用的概念应有明确的内涵和外延，如果为新产品（或新业务）做广告，需要考虑用明确易懂的语言把它们阐述清楚。比如爱奇艺专为 0~12 岁小朋友精心设计的儿童应用——奇巴布。新产品一经问世，初期的宣传主题聚焦于产品在教育部备案、界面精美、交互层级简单、更加适合小朋友操作等。但是由于消费者并不知道奇巴布为何物，所以效果平平。后期，公司对宣传主题进行了调整，着重于概念的阐释上，“奇巴布——儿童版爱奇艺”这一广告语（图 3.29）简单明了，利用抽象思维，在已有认知的基础上，嫁接上新产品的概念，让人很快对新产品形成认知，既形象又明确，可谓一矢中的。

图 3.29　奇巴布——儿童版爱奇艺

（二）形象思维

1. 概念

所谓“形象思维”主要是用直观形象和表象解决问题的思维。其特点是具体形象性、完整性和跳跃性。形象思维的基本单位是表象。它是用表象来进行分析、综合、抽象、概括的过程。当人利用它已有的表象解决问题时，或借助于表象进行联想、想象，通过抽象概括构成一幅新形象时，这种思维过程就是形象思维。所以，利用表象进行思维活动、解决问题的方法，就是形象思维法。

2. 方法

1）累积形象材料

在进行日常生活和娱乐活动、看电视、欣赏音乐、学习、参观、旅游、做家务和参与社会实践活动中，尽量扩大对自然和人类活动中事物形象的掌握，有意识地观察事物形象，广泛积累表象材料，丰富表象储备。头脑中的表象越多，不仅可以促进右半球的活动，也为形象思维提供了形象原料。1979 年诺贝尔物理学奖获得者格拉肖也指出："涉猎多方面的学问可以开阔思想，像抽时间读读小说、逛逛动物园都有益处，可以帮助提高想象力，这同理解力和记忆力一样重要。假如你从来没有见过大象，你能想象出这种奇形怪状的东西吗？有的人听到可能会感到奇怪，但是在我们研究物理问题的时候，往往会用到现实世界的各种形式。对世界或人类社会的事物形象掌握得越多，越有助于抽象思维。"

2）积极开展联想和想象活动

经常开展形象丰富生动的联想和想象活动。不要束缚自己的想象，要让想象展翅高飞，任其在广阔的宇宙中遨游。中国著名化学家侯德榜，曾于 1932 年因发明新的制碱法造出纯碱，从而在万国博览会上荣获金质奖章，他创办的企业称雄国际化工界近一个世纪。侯德榜小时候不但读书非常刻苦勤奋，严格要求自己，成绩优异，十门功课得了一千分，而且还喜欢想象，爱好形象思维。他十来岁的时候，在课余时间经常侧身躺在福建家乡的草坡上，望着滚滚的闽江水，让自己的想象纵情驰骋。

3. 实例

在新媒体文案创作中，文案撰写者也存在将表象转换为意象的思维境况。如麦斯威尔咖啡的广告语"滴滴香浓，意犹未尽"，它将味觉表象转换为形神兼备的意象。再如，金嗓子喉宝的系列广告文案，就是由嗓子不适的各种症状联想到不同乐器出现的各种音质问题，并以此为创意支点，用后者表现前者。

（三）灵感思维

1. 概念

"灵感"一词最早起源于希腊，它的原意是"神的气息"。诗人和艺术家在创作构思时，吸入了"神"的灵气，从而使他们的思维活动处于如醉如痴的迷狂状态中，产生了神奇的创作能力。

灵感之所以被认为是"神气"，是因为它具有突发性、偶然性和短暂性的特点，人们很难把握它。虽然灵感这种复杂的精神现象来无影去无踪，但实际上则是有迹可寻的。从反映论讲，灵感的出现是作者认识的飞跃；从心理学上讲，灵感则导源于特定神经联系的突然沟通。所以，灵感虽以偶然的形式出现，却体现了必然的内容和规律，是偶然与必然的辨证统一。

2. 方法

1）养成勤奋学习和善于思考的习惯

灵感不是唯心主义所说的"神灵"，而是人的大脑的一种思维活动，是以人的大脑中储存信息和经验为基础的。正如伟大的音乐家柴可夫斯基所说："毫无疑问，甚至最伟大的音乐天才，有时也会被缺乏灵感所苦。它是一个客人，不是一请就到的。在这当中，就必须要工作，一个诚实的艺术家决不能交叉着手坐在那里，必须抓得很紧，有信心，那么灵感一定会来。"这里说得很清楚，你要获得灵感就必须勤学苦练，绝对不能坐在那里消极等待。

2）抓住机遇不放，把灵感转化为成果

机遇偏爱有准备的头脑，这是大家公认的道理。因此每个人都要成为有心人，一旦机遇到来，就要抓住不放。

3）身心放松，充分发挥冥想的作用

心理学家和生理学家的研究表明，创造性的灵感偏爱民主自由和宽松的氛围，而在紧张、疲劳和感到压抑的情况下，大脑思维就会停止，灵感就会窒息。因此，学会身心放松，如参加旅行、登山、游泳和文娱活动，对于诱发灵感思维都是有益的。

冥想能够铺平杂乱的思绪，使人心境平和，促进呼吸系统的循环，因而被称作“内心之旅”。

4）养成记笔记的习惯，随时捕捉闪现的灵感

灵感的确有点儿奇怪，来之不易，去之无踪。既然灵感有这样的属性，为了它不期而至的时候捕捉它，就应该像狩猎者那样，时刻准备着。许多作家、画家和作曲家都有在“三边”放记事本的习惯，所谓“三边”就是书桌边、枕头边、手边，以便在灵感出现的时候立即把它记录下来。

三、实例

“今年20，明年18”是上海制皂厂生产的“白丽”美容香皂的经典广告语，它伴随着悠扬的乐曲，在电波中已传遍千家万户。“今年20，明年18”意味着青春常在，“白丽”美容香皂也逐步在那个年代成为年轻永驻、美好生活的代名词。而这句广告语正是在文案撰稿人与友人吃饭闲谈中完成的，因为灵感总是不期而至。

任务实施

本次任务主要通过技能的学习，加深对新媒体文案创作思路的认识，并培养创造性思维能力。

任务介绍

在新媒体文案写作中通常用创造性思维来构思方案。许多成功的广告创意、广告文案也都是集体智慧的结晶。大部分公司采用头脑风暴法来激发员工的想象力与创造力。头脑风暴法类似于一场小型研讨会，参会人员可以毫无顾忌地提出各种想法，彼此激励，相互启发，引起联想，最终形成创意设想的连锁反应，产生众多的创意。

步骤一：召集人员

召集4~15人（最佳构成为6~12人）的研讨性小型会议。

步骤二：会议主持

会议有1名主持人，1~2名记录员。会议开始，主持人简要说明会议议题、要解决的问题和目标；宣布会议遵循的原则和注意事项；鼓励人人发言和各种新构想；注意保持会议主题方向，发言简明，气氛活跃。记录员要记下所有方案、设想（包括平庸、荒唐、古怪的设想），不得遗漏。会后协助主持人分类整理。

步骤三:会议时间

会议一般不超过 1 小时,以半小时最佳。时间过长,头脑易疲劳。

步骤四:会议通知

会议要提前通知参会者,使他们明确主题,有所准备。

步骤五:会议原则

要求参会者自由畅谈。思维越狂放,构思越新奇越好。任意想象,尽情发挥,不受熟知的常识和已知的规律束缚。

步骤六:会议目标

会议鼓励参会者用别人的设想开拓自己的思路,提出更新、更奇、更妙的构想,或是补充他人的设想,或是将他人若干设想综合起来提出新的设想。

任务总结

本章介绍了新媒体文案创作思路的实施组织方案,分别从新媒体文案的创作原则、新媒体文案的创作准备、新媒体文案创意思考及思维输出方法等方面展开介绍,以逐条分步的形式帮助学生掌握新媒体文案创作思路的方法和流程,学习之后可以对新媒体文案的创作思路有更好的认识与了解。

英语角

掌上电脑 PDA(personal digital assistant)
个人信息管理 PIM(personal information management)
淫欲 lust
懒惰 sloth
贪婪 greed
饕餮 gluttony
傲慢 pride
暴怒 wrath
妒忌 envy

任务习题

1. 万宝路通过牛仔形象将粗犷帅气、桀骜不驯、自由潇洒的产品个性淋漓尽致地演绎了出来。这体现了在产品宣传中要提炼产品的(　　)。

A. 人性　　B. 物性　　C. 属性　　D. 个性

2.“沃尔沃—安全”“Jeep—征服”都体现了文案创作（　　）原则。

A. 真实性　　B. 关联性　　C. 简洁性　　D. 适应性

3.2017 年 6 月 6 日，芝麻信用在上海地铁投放了一组长广告，充满新意的形式很快在朋友圈刷屏。据网友推测，芝麻信用的这组地铁长文案“一定是文案压着键盘写出来的，脑洞之大，令人佩服！整个六月，仿佛全世界的文案都结巴了……”这个例子体现出文案写作（　　）要求。

A. 紧跟社会热点，凸显信息的时效性

B. 增强信息的娱乐性和互动性，产生病毒式传播效应

C. 突出利益点，文本要短小精悍且生动

D. 凸显公益性，弱化商业性，以情动人

4. 新媒体文案创作内在流程的第四阶段为（　　）。

A. 准备阶段　　B. 修改阶段　　C. 撰文阶段　　D. 构思阶段

5.“奇巴布——儿童版爱奇艺”这一广告语简单明了，在已有认知的基础上，嫁接上新产品的概念，让人很快对新产品形成认知，既形象又明确。此创意文案的构思方法利用的是（　　）。

A. 灵感思维　　B. 发散思维　　C. 形象思维　　D. 抽象思维

项目 04　新媒体文案写作技巧的实施组织方案

学习目标

本项目重点学习新媒体文案的写作技巧，了解基本的新媒体文案中关于标题和正文的种类、写作过程和表达技巧，培养学生具备新媒体文案的创作基础技能。在任务实现过程中：

- 掌握标题的种类、写作过程和表达技巧；
- 掌握正文的结构、写作过程和表达技巧。

职业素养

在新媒体文案创作指导过程中，一方面追求创造性、戏剧性的特质，强调求新、求异、原创性；另一方面，也要指导学生为社会为人民创作，只有从消费者及社会利益出发，才能创作出打动人心、受到大众认可的好作品来，这样的作品也才具有传播力。

学习路径

新媒体文案写作技巧的实施组织方案

任务实施：本次任务主要通过技能的学习，加深了解新媒体文案写作技巧的知识点，并掌握新媒体文案写作技巧的运用方法。

学习目标：1. 掌握标题的种类、写作过程和表达技巧；2. 掌握正文的结构、写作过程和表达技巧。

任务技能：1. 新媒体文案标题写作技巧；2. 新媒体文案正文写作技巧。

任务描述：【情境导入】同学们可以尝试为花生酱写一篇广告标题，以“早餐不妨尝尝花生酱”作为出发点，不断进行修改，不断探索新的表达方式。

任务描述

【情境导入】

同学们可以尝试为花生酱写一个广告标题，以“早餐不妨尝尝花生酱”作为出发点，不断进行修改，不断探索新的表达方式（图 4.1）。

花生酱——吃了不饿的粘性早餐食品。

吃午餐式的早餐。

为吐司涂上活力。

早餐吃花生酱——也许你的孩子对此情有独钟。

你曾经想过自己为什么能像孩子一样整天奔跑吗？

……

图 4.1　花生酱

大部分的标题都太平淡、太单调、太乏味，以致于不够抓人。因此文案撰稿人需要逐句进行审视，试图用更加新颖的方式加以表达，向侧面延伸，进行强化处理，用另一种方式表达同一个意思，尽量把思想表述清楚明白，使之突出。

本项目通过对新媒体文案中关于标题和正文的种类、结构、写作过程和表达技巧的学习，使学生掌握新媒体文案创作的基础技能。

任务技能

技能一　新媒体文案标题写作技巧

关于新媒体文案标题的讲解，将从标题的概念、标题的结构、标题的作用、标题的写作要求、标题的写作过程以及标题的写作技巧六个方面，逐层深入地进行学习。

一、概念

标题是新媒体文案中传达最为重要的或最能引起目标受众兴趣的商品诉求信息，位于文案非常重要的位置，对文案全文起统领作用，吸引受众阅读文案其它内容的简短语句。标题旨在传达最为重要的信息内容或激发读者的阅读兴趣。我国自古有“题为半边天”之说，可见标题在文案中的重要地位。

大卫•奥格威认为：“标题是大多数平面广告最重要的部分。它是决定读者要不要读正文的关键所在。读标题的人平均为读正文的人的 5 倍。换句话说，标题代表着一则广告所花费用的 80%。”

二、结构

关于新媒体文案的标题结构类型，有以下两种分类方法。

（一）以标题是否直接地表现宣传信息为分类标准

将标题结构分成直接标题、间接标题、复合标题三种标题的结构类型。

1. 直接标题

直接标题将所要宣传的事物或情况直接表达出来，特别是让人一眼就明白文案究竟要说什么（图 4.2）。

2. 间接标题

间接标题不直接揭示广告主题，常采用暗示或诱导的手法，特别是引导消费者进一步注意产品的功能和优势。

3. 复合标题

复合标题采取直接标题和间接标题混合运用的形式。其特点是兼取直接标题与间接标题两者之长，融为一体。

图 4.2　直接标题

（二）以标题句式结构的不同作为分类标准

标题可分成单词组、多词组、单句、多句、复合等五种结构类型，而复合结构类型又被分为三种表现结构：引题＋正题＋副题、引题＋正题、正题＋副题。这种结构类型的分类标准和分类类型的形成，是基于句子结构本身的分类。

1. 单词组结构标题

单词组结构标题即标题本身不是一个完整的句子，而只是由一个词组所构成的标题类型。这种结构类型的标题，有的只用品牌的名称来作标题，有的用一些成语或单个词组来描绘产品的特征。例如："丝丝入扣"（皮尔•卡丹西服系列）、"栩栩如生"（柯达软片）。

2. 多词组结构标题

多词组结构标题即标题由多个词组组合而成。这多个词组之间呈现并列、递进或转折等多种关系。例如，"金光灿烂，优雅迷人"（戴宝乐表）、"当代名表，名家鉴赏"（劳力士手表）。标题运用多种关系来表现商品或服务的特性或利益点。

多词组结构的标题一般在音韵上便于记忆、流传，在结构构成上较为均衡、美观。例如："心宽体帅，内外皆美"（裕隆汽车）；"直飞欧洲，畅行无阻"（国泰航空）；"系出名门，新潮品味"（司迪麦口香糖）。

3. 单句式结构标题

单句式标题即以一个独立完整的句子结构形成的标题。由于这种形式可以运用多种诉求方式来对受众进行简洁、明了的诉求，所以其是使用范围最广的标题结构形式。例如："穿着 LACOSTE 的总统先生"（鳄鱼牌服装）；"无限延伸您的视野"（捷安特汽车）；"谁说我跑不过乌龟"（大白兔奶糖）等。

单句式结构标题一般多采用陈述句形式，但在具体表现时，可以作创意性搭配。如在主谓搭配、谓宾搭配的基本构架基础上，运用前缀或后缀性的句式表现。例如：爸爸也有孤单的时候（新力牌电器）；拥有 PROTON 是一种无可取代的感觉（PROTON）。

4. 多句式结构标题

多句结构标题指有两个或两个以上的句子形成一种内在逻辑关系，而这种内在的逻辑关系和排列又不属于复合结构标题的标题形式。在这种标题形式中，各个句子之间的关系可以有多种可能：两个句子之间处于并列、递进或转折的状态。例如："代表身份和地位，象征成功与荣誉"（羚羊牌网球拍）；"爸爸有了另一'伴'，连妈妈都不吃醋"（艾德蒙电器）。

这种句式一般在字数和音韵上都一一对应，大多为对仗、对联等形式。有的运用前缀的句式，表现商品的利益和特点："有了它，小猫不会寂寞"（艾德蒙电器）；"世界杯热潮中，有一张时刻受人欢迎的黄牌"（立顿黄牌袋泡茶）。有的采用短句，表现递进的走向："身段小，震撼力十足，大自然的音乐大师"（新力牌小巨人音响）。有的甚至可以演绎一个情节，包容一段历史："独领风骚一百年，黛安芬的一百年，是一百年的魅力史"（黛安芬）。

5. 复合式结构标题

复合式结构标题又称为"多重标题"，它实际上是一个由引题、正题和副题三个标题组合而成的较为复杂的标题群。在这种标题群中，各个部分所起的作用是不尽相同的。

（1）引题是为说明信息意义或交待背景时所使用的；

（2）正题一般用来点明广告文案的主要事实；

（3）副题主要是对整体起补充说明的作用。

复合标题在具体运用时主要有以下三种组合方式。

第一种是引题、正题和副题齐全的组合方式。这是复合式标题中最完整的标题形式。它由三个单句构成，相互之间形成一种背景交代、主题诉求、指向性补充的内在关系。通过三层句式的结构布局，可以使标题中的宣传信息完整地表现出来。一方面，可以使无目的阅读者在浏览标题时就能大致了解广告的信息指向；另一方面，由副标题建立了标题和正文之间的桥梁。比如 1993 年 1 月 25 日西泠电器在《文汇报》发布的广告标题就属于这种组合方式。

引题　今年夏天最冷的热门新闻

正题　西泠冷气全面启动

副题　显示豪华气派、发动强力冷气、解放今年夏天

第二种是引题和正题组合方式。引题为正题信息作铺垫，营造一个特定的背景。比如格力太阳能空调的广告标题。

引题　哇，他们为什么要惊叫？

正题　全球首创的格力太阳能空调！

第三种是正题与副题的组合方式。这是复合标题中最常见的标题形式，一般是在正题直接将宣传信息进行展现，而副题的作用是将受众的视线从标题转向正文。

正题　伯乐万里觅良才

副题　2014 年 AT&T 亚太奖学金，留学生活更无忧！

三、作用

有效的标题创意能够起到引起注意、吸引受众、诠释图形含义，将目标受众引向文案正文的阅读及表现商品的诉求信息上。

可以将标题的作用归纳为以下三点。

（一）提示作用

标题可以提示正文的重要内容。市场经济的快速发展必然使人们工作节奏和生活节奏加快，读者很难对那些与己无关的信息产生兴趣，所以标题的作用之一就是为读者提供信息的精华，即使读者在无意间看到标题，也能马上判断出宣传内容是否与他有关。如乐百氏健康快车的标题文案。

让您的孩子肠胃健康，吸收更好！

——乐百氏健康快车，全速登场。

该标题提示了正文的两个主要信息：

（1）乐百氏健康快车新上市。

（2）该产品的最主要的功能。

这样的标题即使不阅读正文，也会抓住宣传的主要信息。

（二）诱导作用

标题可以用来抓住读者的注意力，激发读者的阅读兴趣，吊起他们阅读正文的胃口。如朵而胶囊的标题文案。

女人什么时候最美？

这样的标题有疑问、有悬念，能诱导读者去阅读正文。广告大师乔治•葛里宾为箭牌衬衫所写的标题文案如下。

我的朋友乔·霍姆斯

他现在是一匹马了

看到这个标题，读者自然要问为什么乔•霍姆斯成为马了呢？于是便对正文产生想读下去的冲动。葛里宾曾这样谈论文案写作："这个标题是否使你想去读文案的第一句话，而文案的第一句话是否能使得你想去读第二句话，使你看完整个文案。一定要做到使读者看完广告的最后一个字再想睡觉。"由此可见，标题的诱导作用是相当重要的。

（三）促动作用

标题可以煽起读者强烈的购买欲望，促成读者购买商品的行为。例如祈乐苑枫丹白露庭的标题文案。

投入自在空间

该标题对于厌烦了城市快节奏生活的买房者来说，具有很强的促动力。

四、写作要求

（一）突出产品个性或企业精神

标题可以说是产品个性或企业精神的高度浓缩，它能使受众在接触标语的一瞬间立即知道它是卖什么产品（或宣传什么样的企业精神）。台湾国际牌空调机的标语"小而冷，小而省"，短短六个字便突现了该空调的特点。有人分析说，面对台湾都市生活空间狭小与能源短缺，这句话深得人心。再如，上海手表厂 1988 年 2 月 7 日登报征集钻石表广告标题，共收到稿件 11 616 件，经反复遴选最终选出的广告标语是："出手不凡钻石表"。广告客户认为，这一口号既体现了上海钻石手表厂的"不凡形象"和永远"进取、追求"的时代精神，又体现了钻石表不同凡响的质量和神采，还体现了消费者自我形象的需要，等等。

（二）富有亲和力或感召力

标题要产生一定的效果，通常采用两种方法。

第一种方法是，让消费者融入标语的境界中，使他们感觉不到与产品和广告的距离，让他们觉得企业是那样的平易近人、容易亲近、容易沟通，这就是所谓的“亲和力”。如，美加净护手霜标题“放我的真心在你的手心”，就很有亲和力，读后让人感到亲切温馨，消费者会在不知不觉中把产品当作自己的朋友。

第二种方法是，让标题产生强大的驱动力，牵着消费者身不由己往前走，这就是所谓的“感召力”。如，可口可乐的标题“挡不住的感觉”就有一种很强的驱动力，使消费者不由自主地想尝一尝产品。

（三）语言简洁流畅，容易流传

语言简洁流畅可以说是标语在语言表达上的基本要求，标语字数宜控制在 4~14 个字。由于汉字是一种非常讲究声律的语言，因而每一种格式都非常注重节奏和音韵。当然少于 4 字或超过 14 字的标语也是有的，如史克肠虫清标题“两片”，只有两个字。

此外，若想使标题更易传播，最好多使用口语。某饼干标题“太松疏味，太想回味”中的“太想回味”的口语色彩很强，所以容易传播。

（四）契合公众心态，发掘文化内涵

对于公众心态的把握要比对消费者心理的把握难度更大，因为心态不但涉及消费心理，而且涉及社会生活的方方面面对公众内心的复杂影响。台湾意识形态广告公司曾为司迪麦口香糖创作了几个电视广告片，其中一个是《我有话要说》，广告大意是，一位高中男生，被划燃的火柴照着焦虑的面孔。他高声嚷道：“我有话要说！”这时候，画外传来父亲的呵斥声：“别说了，你的成绩单呢？”接着，母亲的声音从厨房传来：“求求你，考了再说吧！”男生揪着头上一簇烫过的卷发，露出烦恼的表情。这个广告片所出现的情景看似和产品无关（只是在结尾出现口香糖的样品），但由于表达了目标消费者（这里是中学生）受压抑的心态，说出了他们的心里话“我有话要说”，从而产生极大的反响，使司迪麦口香糖的销量骤增。而且“我有话要说”不仅引起了中学生的共鸣，还引起了整个社会的共鸣，因为多年来的政治禁锢使台湾公众感到十分压抑，“我有话要说”正道出了他们多年的心愿。

由此看来，一句简单的标题，如果能契合特定时期公众的普遍心态，可以收到意想不到的传播效果。

五、写作过程

（一）确定信息

标题写作的第一步就是要确定“说什么”，也就是确定最为重要的信息内容。什么样的信息才是最重要的呢？这里有两个条件：第一，必须代表了产品（服务）个性特征或企业个性特征；第二，目标消费者最为关心的内容。

（二）表达方式

确定了标题所要表达的内容之后，接下来的工作便是解决“怎么说”的问题，即寻找最能与消费者沟通的表达方式。试比较下面两句话。

(1)物美价廉。

(2)好而不贵,真的实惠。

这两句话的意思差不多,但(1)是从广告主的角度来标榜产品的,而(2)是从消费者使用产品的心理感受来写的,因而更容易与消费者沟通。

(三)提炼语言

这是对标题进行锤炼的过程,侧重于遣词造句方面的修饰和润色。那么,如何来判断一条标题在语言表达上是否精炼、到位。这里可以运用同义替换法来检测,即用原标题意思相同、但用词和句式不同的句子来替换原标题,再比较一下哪一个效果更好。

广告语的最高技巧是一种无技巧的境界,即不露痕迹地运用技巧。类似"让我们做得更好""四海一家的解决之道""电信沟通,心意互通"的广告语,表面看来没有什么语言技巧,但我们的确无法用同义句替代它们。这种超然的境界,应是文案创作者所追求的目标。

六、写作技巧

关于标题的表达技巧,本书尝试通过以下六个突破口进行解读。

(一)新闻报道法

新闻报道法就是将有关产品或企业的最新信息,或者将原先已有的但同类产品或同行未宣传过的信息在标题中表现出来。例如:

超静32分贝,冷静皇新上市。(华宝空调)

发现一瓶好水。(黑松天霖水)

这类标题类似报纸的新闻标题,信息性较强,但要注意广告内容的时效性和重要性。

(二)利益承诺法

利益承诺法即在标题中明确地向消费者作出承诺,表明产品或企业能给消费者带来什么样的利益和好处。例如:

以最简单的操作,完成最复杂的工作(电脑办公系统);

奔腾II处理器令画面清晰稳定(奔腾II处理器)。

看了这样的标题,消费者马上就会明白产品与自己的利益有何关系,从而迅速作出决定。

(三)悬念吸引法

以超出常规的表达引起受众的好奇,使他们产生追根求源、刨根问底的兴趣。例如获得1992年《广州日报》优秀广告奖的施贵宝广告,其标题为:

你能尝到的最好"食物",却不是食物。

"食物"不是食物,看起来自相矛盾,读者自然会追问:这是一种什么东西呢?于是便有了阅读正文的兴趣。

(四)问题引发法

问题引发法即设计一个与产品、企业或消费者有关的问题,来吸引消费者的关注。例如:

奎科减肥酥问世8年为什么经久畅销?(奎科减肥酥广告)

这是就产品销售设计的一个问题,其中隐含一个前提(预设):奎科减肥酥自问世以来经久不衰。标题意在让消费者在接受这一前提的情况下，去关注畅销的原因。又如：

感冒啦？请服用康泰克。

这是向消费者询问，显示了对消费者的关切之情。再如：

这么诱人的苹果，明天还能让人垂涎欲滴吗？（某冰箱广告）

这则标题是就消费者所关心的问题来提问的，让消费者思考一下这个问题如何解决，引导消费者关注正文的内容。

（五）品牌断定法

这类标题是给品牌作一个结论性的断定，使品牌的个性得以强调，例如：

奥琪没有忘记男士们。（奥琪男用化妆品广告）

品牌断定法的好处是在标题中就把品牌信息传递给受众，增加受众对品牌个性的记忆效率。

（六）效果感叹法

效果感叹法即用感叹句表达对产品使用效果的赞美，这种方法能产生很强的感染力，例如：

哇！小痘痘不见了！

这个标题是对使用效果的感叹，其喜悦惊叹之情溢于言表。

技能二　新媒体文案正文写作技巧

关于新媒体文案正文的写作技巧，将从正文基调、文章细节、文章主题、文章结构与文章风格五部分加以讲授。

一、基调

基调指写出来的东西自然、可信，没有陈词滥调。正文的基调应该出自整体战略，基调是用语言表现的品牌形象。如果标题的基调是充满智慧的，那么正文最好也能体现出聪明人的睿智；如果标题是自信、武断的，简明描述卖点的正文基调应该同样咄咄逼人。文案撰稿人需要对什么样的语言技巧，能产生怎样的效果有充分的敏感，努力做一个基调批评家。本章节尝试从四个维度探讨基调的涵盖内容。

（一）人称

文案撰稿人需要转换成另一个人的声音说话——你不再是实际生活中的你，你成了销售者、公司或在广告中对我们说话的人。如果文案撰稿人单凭逻辑写作，用单调重复的文字，七拼八凑地为一种产品写出文案，文字里面没有人，就没能抓住优秀文案写作的本质，它必须推出一个人，一个活的基调，这个人永远是“我”，不管你的文案中是否出现这个字眼。

因此，最好使用第一人称（“我”和“我们”）和第二人称（“你”和“你们”），避免使用第三人称（“它（们）”“他（们）”“她（们）”）。不要说“他们”在耐克公司为人们和“他们的”问题做什么。应该说“我们”在耐克公司为“你们”和“你们的”的问题做什么。“我们的”产品将如何为“你的”需要服务。能用这种方式把读者拉近的文案，比僵硬的第三人称文字要亲切、有效得多。

(二)态度

说话人与他或她的主题关系,我们称之为“态度”。你对你的产品是什么态度(更准确地说,对销售理由是什么态度)。例如,耐克的态度是:锻炼身体(穿他们的服装)是一个严肃的话题,他们真的是在讨论我们尚未发挥出来的潜能,我们应该如何对待自己。因此,尽管他们的广告往往风趣、时髦,但是他们最终的态度是严肃的。在文案正文中,对待产品的态度通常是很正面的,着力宣扬其优点和改善生活的作用。

(三)反语

反语是对待正文主题的一种态度,说的是一回事,实际要传达的意义是另一回事。我们看到迈克尔•乔丹 360 度转身扣篮时会说:“还不赖。”这种表述胜过一目了然、直抒胸臆的话语。为什么呢?从根本上说,是因为反语能产生一种对待主题和对待自己的更复杂的态度,可以同时创造出不止一种意义。

许多趣味横生的优秀正文,成功的关键在于运用反语对产品有意夸大或低调处理。这样的基调比对产品采取直白的肯定态度更加抓人。文案撰稿人对自己产品的态度永远不可能是否定的——产品不好,但可以通过改变自己的态度,避免直白的吹嘘。你可以有意夸大产品的优点,也可以低调处理。

(四)消费者的口气

文案正文中想表达的生活方式或态度往往不需要公司对待消费者的口气和态度说话,而是要用消费者自身的口气和态度说话。文案撰稿人需要洞察消费者的内心,站在消费者的立场上看问题,把自己当作消费者中的一员。消费者对自己周围的生活和其中的产品看法如何,有何评价、消费者处于什么状态、产品如何才能帮助消费者解决问题,同时帮助消费者表达怎样的内心情感。

二、细节

细节指写出来的东西十分具体,是确定的,不是含糊的。虽然写作没有绝对的、永远正确的“规则”,但是有一条是很接近这个标准的,好文章具体明确,坏文章抽象空泛。文案撰稿人需要确定具体事物,并把它们写进正文,从而让自己的思想有所依附。用具体细节支撑起概括性表述,一个精心挑选的细节比一大堆抽象宣传产品优越性的内容更具说服力。那细节从何而来,又如何体现。

(一)研究

文案撰稿人需要梳理在研究公司和产品时所发现的事实——获得哪些奖项和荣誉、机器中最复杂却最重要的部件、公司采购零件最远的地方或产品最远的用户、公司最高执行官何时何地如何爱上了公司的产品等,研究寻找可能用得着的各种信息。

使用哪些细节信息,取决于正文的用途和范围。但是文案撰稿人只能使用支持此次宣传目标的创意细节,并且观点保持始终如一。具体细节能提高文案的强度——重要性、真实性和读者的兴趣。细节可以令正文内容更加真实,更加可信。

(二)语言

细节意味着语言始终要保持具体,不能空泛,找出特定的动词、准确的形容词和副词。

总之，要找到最合适的字眼。如果“诱人”的巧克力效果更好，就不要用“好吃的”巧克力。如果是“羊毛”，就不要称之为“织物”。不要写“每一条拉链都做的很好”，而应该像廷伯兰德为一款上衣写的那样——“每条拉链都打磨得很光滑，不会伤到皮革”。

换句话说，不要浮在主题表面上，要深入到本质中去。

（三）内涵

微笑、咧嘴笑、傻笑，说的都是笑，但是每一个词的意义都有差别，各有不同内涵。没有意义完全相同的词。幼稚和单纯说的是一回事，但是你喜欢别人对你用哪个词。廷伯兰德的文案撰稿人本来可以说，他们的拉链是“制造”的，但是他们巧妙地添加了老古董的意义，用“打磨”这个词表明用的是小作坊的生产方法。他们本来可以说，是用“磨料”抛光的，但是“打磨得很光滑”让人感到特别美好。这两个选择为外延事实，同时也蕴含着相应的内涵。对词语的这种感觉，在使用它们之前反复进行考虑，对于写好文案是至关重要的。只要几个词使用不当，意图将被破坏殆尽。正文篇幅有限，精心选择词语的压力很大。

（四）形象

形象是能作用于消费者感官的东西，有视觉、触觉、味觉、听觉、嗅觉。好文案能让读者如临其境，而且主要是通过意象来取得这一效果。为什么“黄褐色”比“土豆”好（更具可视性）、“砂质”比“粗糙”强（更具可触摸性）、“文火慢炖”优于“煮”（更具可听和可嗅性），原因就在于此。对消费者感官所起的作用，同时也是通往消费者情感的渠道。消费者所见、所触的东西越多，消费者的感受就越多，形象也就进入了消费者的内心世界。

（五）比喻

每当你决定用不同的东西来谈论某一事物时，你用的是比喻手法，这往往是一个好办法，它能使文章更清晰更生动。例如，保时捷有一个文案：“想象一下，如果它是一匹比赛用马，我们能得到多少种马费？”文案在马与轿车相比较的基础上展开：“自 1974 年推出以来，保时捷 911 滑轮机轿车已经衍生出一整代颇有希望的仿造车型，但它们无一能望其项背。考虑到这种关系……”比喻已经变成了一种细节。文案撰稿人把轿车看成纯种马，这比“广泛被仿造”“优质工艺”或其它用作比喻的同义语更加生动。

三、主题

主题指文章有统一的中心思想，并且整体连贯。一篇文章只能有一个中心思想，称为“主题”。正文需要遵循此次宣传的角度或主题。营销战略以及战略背后的创意一旦形成，文案撰稿人就知道该写什么样的文案了。要把文案写好并非易事，但是文案撰稿人要知道该写哪些内容。例如，你要推销的儿童玩具能帮助儿童学习，文案就应该选取玩具的教育功能和想象功能做卖点。但是，如果你要突出玩具的耐用性，你可能会展示一头大象站在一辆卡车上，文案的内容则谈及坚固耐用的塑料和牢固的轮子。尽管文案是可以增添卖点的地方，这毕竟是它的功能，但是文案还是应该有一个主导思想贯穿始末，而这个思想就是主题。把句子全写在一条直线上，逐一进行检查，是否切合主题、是否与文案的中心思想紧密相关。如果不是如此，有充分的理由吗？或者是跑题了。

四、结构

结构指自中心思想有序展开，通篇正文一气呵成。正文的结构一般由三部分组成，分别是：开头、主体、收尾。在着手撰写正文之前，要对文案的结构有一个总体安排，考虑好开头、主体和收尾写些什么内容以及如何去写。有了一个整体的谋篇布局以后，运笔行文就会胸有成竹。

正文的段落之间要有内在的逻辑联系，可采用倒金字塔结构。即将最重要的内容放在第一段，次重要的内容放在第二段，不重要的内容放在最后一段；也可采用平行结构，每段前面加小标题；如果诉求内容单一，可以不分段落或少分段落。下面举例说明。

金色的刺激

到一个金色的国度，去度一个金色的假期，那刺激是黄金般的。

甘地和惠达多的祖国，庙宇、宫殿、土邦主和大象。喜马拉雅与恒河，古风和地毯，绿绸和宝石。

在印度，能够领略这一切，一种奇特的、神秘的文化，像黄金一样古老。

今年向您提供的不仅是旅行计划，而且是一个“金色刺激”。

印度国际旅游公司

这则广告的第一段为开头，第二、三段为主体，第四段为收尾。开头紧扣标题，以概括性的语言描述了到金色的国度去度假的金色感觉；第二段具体描述了印度风土人情；第三段又是较为概括的介绍；收尾部分的“金色刺激”与标题相呼应。整篇文案结构完整，风格谐调，其思路为先描绘印度的魅力，后劝说人们去印度旅行。

1. 开头

开头又称引子或开端，它是指标题之后的第一段文字，作用是为整篇文案起个“好调子”。俗话说“万事开头难”，写文章也是如此。有时苦思冥想，就是难以开头。要写好开头，可考虑从以下几方面入手。

（1）注意与标题的衔接（或与画面的呼应）。如《金色的刺激》这个文案的开头便是承接标题展开的。又如海尔一拖二空调广告文案：

（画面为一只机械手的两指顶住地面）

二指禅

海尔一拖二功到自然成！

独步武林的神功，不是轻易可见，然而海尔在技术上的领先一步，却实实在在感受得到。

（以下略）

这个文案的开头，既与标题相衔接，又与画面相呼应，并由画面上的武功转到技术上的功夫，过渡自然。

（2）从目标消费者遇到的难题或目标消费者的关注点来切入。例如，中国电信《一线通业务•鼠标篇》的开头：

或许，您曾为上网速度的缓慢而抱怨不已；或许，您也想办法改进了电脑配置，然而收效甚微……

（以下略）

这一开头便是从电脑用户所遇到的上网速度慢的难题来切入的，这样迅速抓住目标消费者的视线，吸引他们继续阅读下文的内容。

（3）以提问的方式引发受众的关注与思考。如中国电信《礼仪电报•手篇》的开头：

您的挚友是否不太顺心？

您的驻外员工是否很辛苦？

您的亲人是否需要您的问候？

（以下略）

这种以提问方式开头的文案，也能很快激起目标消费者的阅读兴趣。上述开头由于使用了第二人称，所以给人的感觉像一位久违的朋友在询问自己一样，亲切温和。

（4）通过具体情景的描绘，给整篇文案创造一种氛围，定下一个基调。如马爹利酒电视广告文案解说词的开头：

在法国近郊马爹利干邑世家一望无际的酒库上空，散发着一股醉人芳香，流传着一个动人故事。

这是一种充满抒情意味和怀旧意味的语气基调，给电视广告创造了一种诗情画意的气氛。有了这样的开头，后面的部分便易于展开了。

（5）以概括性的语言说明产品或企业的整体水平，先给受众以总体的印象。如联邦家私广告文案的开头：

联邦集团 14 年来，一直致力于改良自己的产品和服务，期望除了提供富于品位的设计、优良的品质和完善的服务外，还能给您更多的实惠。

（今天，我们终于可以自豪地推出“二万元家具套餐计划”）

这一开头阐明了联邦集团的企业理念，为下文具体推出“二万元家具套餐计划”提供一种行动依据，给人以高屋建瓴的感觉。

2. 主体

主体部分的展开方式也是千差万别的，但主要有如下几种方式。

（1）承接开头的内容作进一步延伸。例如，前面所举的海尔一拖二空调广告文案，其主体部分为：

十年磨一剑，海尔空调集多年一拖二空调制造经验于一身，尤其是组合一拖二与变频一拖二，厚积而薄发，出手便叱咤于空调领域，大小空间都能得到完善体验，种种设计均为此而生。

高手出招，谁与争锋，海尔志在让自己的功力化为您的生活享受，并带动空调技术的全面升级。

这是对开头部分“海尔在技术上的功力”的承接与延伸、具体化与深化。

（2）由回答开头所提出的问题展开。例如，前文中所举的中国电信《礼仪电报•手篇》的主体部分为：

4 月 10 日起，中国电信在原有礼仪电报：庆贺、请柬、吊唁三种业务之基础上，增开慰问礼仪电报新业务。如果您想表达一份关怀与鼓励，或是一份爱心与挚情，请使用慰问礼仪电报，详情可就近查询邮电部门。

这便是与开头部分所提出的几个问题相呼应的解决办法。

（3）笔锋一转，与开头的内容形成转折关系，给人以柳暗花明之感。例如，《一线通业务•鼠标篇》广告文案的主体部分为：

改变正是时候！

一线通（ISDN）为您提供高速率的上网选择。一线通可以在一根普通电话线上以至少64 K的传输速率接入Internet和视聆通，比传统电话线加Modem（调制解调器）的连接方式快4倍以上，并能一边上网，一边打电话、发传真，真正实现了“一线多能，万事皆通”。

在这篇文案的开头部分描绘了消费者可能遇到的尴尬处境，眼看是“山重水复疑无路”，但到了这里的主体部分却“柳暗花明又一村”；“改变正是时候！”简明扼要地道出转机的出现，接下来便详细介绍了一线通上网速度快的优点，使开头部分所描绘的难题迎刃而解。

（4）加小标题以平行叙述来展开。例如，景泰名苑的一篇广告文案就是分别以“超前设计意念”“北美建筑风格”“星级住宅会所”“成熟居住环境”“特有退层设计”“弧形阳台观景飘窗”为小标题展开的。

3. 结尾

结尾是正文的结束部分，可独立成段，也可与主体部分合在一起。结尾的形式可以千变万化，但万变不离其宗，就收尾的要求来说，有以下两点尤为重要。

（1）语句上要简短有力，用一两句话即可说明问题，切勿啰唆，可多用祈使句和反问句。

（2）内容要有鼓动性或煽动性。例如，“要成为信心十足的时代女性，您又怎可缺少全新的旁氏呢？”这是用反问句鼓动女性消费者购买全新的旁氏。又如，“现在就打电话订购吧！”这是用祈使句号召大家采取行动。

五、风格

风格是指形式与内容相适应，句子要清晰、有力，语言认真推敲。形式与内容要统一，语言和思想要一致。新媒体文案的风格可以遵循以下原则。

（一）简洁洗练

删去不必要的字眼，简明的文字充满活力。一个句子中不应该有不必要的字，一个段落里不应该有不必要的句子，这个道理同一幅画不应该有不必要的线条、一台机器不应该有不必要的零件一样。这并不是要求文案撰稿人把所有的句子都写得很短，或者避开一切细节，对主题只作提纲式的阐述；而是要求做到每个字都发挥作用，要把句子写得很简洁，一点都不拖泥带水。

优秀的文案犀利如箭，直接射向目标，不减弱不动摇。文案撰稿人必须遵循一个指导性原则，尽最大的努力写好正文，然后删掉一半。当把文字提炼到最简洁的时候，你会高兴地发现，文案的基调更尖锐、更睿智、更具说服力。

要使自己的文字精练，必须反复阅读，做到字斟句酌，检查每个字的必要性。

（1）内容重复。正文中其它地方是否写过同样的内容。

（2）表述重复。例如，“红的颜色”“用眼睛可以看得到的”“新的创新”“最后的结果”“完全彻底”等等。

（3）啰唆。能否用一个词代替一个短语。例如，“用不了多长时间”可以简化成“很快”。

（4）夸大。是否有意炫耀？所用的词不符合实际情况。

(5)冗长。有些文字表面上看似乎有用,实际上不起作用。如,“诚实是很少人拥有的一种罕见人类品格”,其意思不过是“诚实很罕见”。

炼字是一个奇妙的过程,句子的节奏加快了,作品的风格就挺拔了。

(二)多使用动词和名词

动词和名词是我们语言中的两大主导词类,它们可以构成句子。优秀的文案撰稿人主要用具体的名词和动词进行写作,他们的文案作品简练、通畅、意义明确。

感恩节前一天,时近黄昏,我开了一天车,回到家里,在起居室里生起了火。桦木欢快地烧起来。大约三分钟后,壁炉也不甘示弱,开始燃烧起来。

——E. B. 怀特

鼬是野生动物。谁知道它在想什么?它睡在地下洞穴里,尾巴垂在鼻子上。有时它在洞穴里待两天不出来。在外面,它悄悄追踪野兔、老鼠、麝鼠和鸟,捕猎的动物吃不完,常常把尸体拖回家去。

——安妮·迪拉德

你买轿车不用掏钱。银行为你付款。当然,如果你在两三年前已经买了一辆沃尔沃轿车,你现在就拥有一份资产了。你有了一辆两三岁的沃尔沃轿车。这是很不错的,因为有些车用三年已经快坏了,而对沃尔沃轿车来说一切才刚刚开始。

——埃德·麦凯布,沃尔沃轿车广告文案

加进形容词和副词把这些美文搞坏,是很容易的。请看:

到处飘着火鸡香味的又一个感恩节前那个严寒的下雪天,漫长的下午快到黄昏的时候,我高兴地开了一整天车后,终于回到了家里,在舒适的起居室里迅速生起了暖融融的火。十分干燥的桦木欢快地烧着了。大约三分钟后,红色石板砌成的壁炉不甘落后,轰然旺烧起来。

(三)句式简单

找到一个更好的动词或删去不必要的词很简单,但是改变惯用的语言结构方式却是一件很难的事。如果写好句子有第一原则的话,那就是:“句子的主语要说清楚谁在做什么,动词则要说清楚做的是什么。”混乱复杂的句子结构经常会把真正的行为主体放在语法主语以外的地方,把真正的行为放在主谓语以外的地方。换句话说,就是把句子实际要表达的内容藏起来了,最后以理解困难的模糊方式结束。

例如,诺思费斯把独特的方法用到户外服装上,结果作出了任何气候条件下都能穿的服装。“使用能产生结果吗?”“服装能穿吗?”这些是关键的内容吗?当然不是。较好的写法是:“诺思费斯设计的服装,能对付任何气候条件”。“诺思费斯设计”和“能对付”更直接地表达出文案撰稿人的意思。

任务实施

本次任务主要通过技能的学习,加深了解新媒体文案写作技巧的知识点,并掌握新媒体文案写作技巧的运用方法。

任务介绍

鲜活的文字是用汗水换来的。优秀的新媒体文案不是写出来的，而是改出来的。写作的过程就是不断修改的过程。文案撰稿人需要写大量的草稿，头几稿只是勾勒出内容范围；接着几稿的任务是使文字简洁，言之成理；再几稿就要讲究优美。因此，要把这种不断修改的过程视为理所当然。反复修改即写作之道，最终你会发现乐在其中。

步骤一：斟酌动词

把正文的动词圈起来。它们的表现力如何？

步骤二：提炼主干

检查主语和动词，并把它们与动作行为者和动作联系起来。

步骤三：斟酌连词

把转折语圈起来。其在语句中是否处于最突出的位置？是否用得太多？

步骤四：简化文字

精简文字，磨砺锋芒。在不伤害内容的前提下尽可能删去一切不必要的文字。

步骤五：斟酌开头

导语有充分的吸引力吗？能否迅速从标题中转换过来？

步骤六：斟酌主体

中间部分具体性如何？完整性如何？有细节和形象吗？

步骤七：斟酌结尾

结尾是否做了很好的概括，重新与广告创意联系起来？有行动号召吗？

步骤八：创意延续

是否保持正文中正在展开的创意不变？正文无论怎么写，都应该是广告创意的延续。

步骤九：词句优美

句子写得优美吗？句式是否多变？有节奏感吗？强有力吗？简单吗？朗读效果如何？不是一句一句的，而是作为一个整体？

步骤十：感召效力

正文是否具备说服功能，或者只是单纯描写？说服力和激发行为动机的力量有多大？

上面这些问题都很难回答，因此要读给别人听，征求意见，然后不可避免地再次进行修改。

任务总结

本项目介绍了新媒体文案写作技巧的实施组织方案，分别从新媒体文案标题和正文的写作技巧两方面展开介绍，以逐条分步的形式帮助学生掌握新媒体文案写作技巧的方法和流程，学习之后可以对新媒体文案的写作技巧有更好的认识与了解。

英语角

写作技巧 writing skills
标题 title
正文 text
基调 keynote
细节 detail
主题 theme
结构 structure
风格 style

任务习题

1. 大卫•奥格威认为："（　　）是大多数平面广告最重要的部分。它是决定读者是不是读正文的关键所在。读标题的人平均为读正文的人的 5 倍。换句话说，标题代表着为一则广告所花费用的 80%。"

A. 细节　　B. 主题　　C. 正文　　D. 标题

2. 直接将所要宣传的事物或情况表达出来，让人一眼就明白文案究竟要说什么，这种标题结构，属于（　　）。

A. 直接标题　　B. 间接标题　　C. 单句式标题　　D. 复合标题

3. 广告大师乔治•葛里宾为箭牌衬衫所写的标题文案为：

我的朋友乔·霍姆斯
他现在是一匹马了

这样的标题有疑问、有悬念，使得读者想去阅读正文。由此可见，标题的（　　）作用是相当重要的。

A. 提示　　B. 促动　　C. 诱导　　D. 宣传

4."感冒啦？请服用康泰克。"这则标题采用（　　）写作技巧，就消费者所关心的问题来提问，显示了对消费者的关切之情，并引导消费者关注正文的内容。

A. 利益承诺法　　B. 问题引发法　　C. 品牌断定法　　D. 效果感叹法

5."新的创新""最后的结果""完全彻底"……这类表述都不够简洁洗练，请问属于（　　）错误。

A. 表述重复　　B. 啰嗦　　C. 夸大　　D. 冗长

项目 05 电商文案写作的研究与实践

学习目标

重点学习电商文案的写作要领，了解主流电商平台的注册流程，熟悉电商平台文案的内容框架，具备在电商平台通过文案进行运营、推广的能力。在任务实现过程中：

- 了解电商平台的注册流程；
- 熟悉电商平台文案的内容框架；
- 掌握电商平台文案的写作要领。

职业素养

迈进新征程，中国正在走向世界舞台，必定会成为舆论焦点和中心。百年复兴之大业将在本世纪中叶变成现实，媒体人必将成为百年复兴舆论场的主角。作为新媒体行业的从业者，在今后的工作中，应当积极发挥专业优势，用好网络阵地，讲好中国故事，发出中国声音，画好网上最大同心圆，为营造良好网络环境、加快网络强国建设贡献智慧和力量。

学习路径

本次任务主要通过技能的学习，加深对电商文案的理解与认识，并培养电商文案写作的实践能力。	**任务实施**		**学习目标**	1. 了解电商平台的注册流程； 2. 熟悉电商平台文案的内容框架； 3. 掌握电商平台文案写作要领。
		电商文案写作的研究与实践		
1. 电商平台注册流程； 2. 电商平台文案内容框架； 3. 电商平台文案写作要领。	**任务技能**		**任务描述**	【情境导入】淘宝头条以图文结合的方式发布消费者感兴趣的帖子或视频，内容可以是产品上新、经验分享、使用体验、疑难问答等，向用户传递有价值的信息，从而实现营销目的。

任务描述

【情境导入】

淘宝头条是阿里巴巴集团旗下的生活消费资讯媒体聚拢平台，以内容化、社区化和本地生活服务三个方向为淘宝卖家提供了营销的空间。对于广大淘宝卖家来说，淘宝头条是他们更贴近消费者需求的营销方式，能够快速吸引具有潜在需求或感兴趣的用户；对于消费者来说，淘宝头条中推送的各种内容已经提前将他们需要考虑的问题提出并给出解决办法，无须再花费过多的心思，是一种省时省力的方式。

淘宝头条以图文结合的方式发布消费者感兴趣的帖子或视频，内容可以是产品上新、经验分享、使用体验、疑难问答等，向用户传递有价值的信息，从而实现营销的目的。这种新型的营销方式具有很高的转化效果，能够快速吸引在未来一段时间内可能产生这种需求的消费者，并快速形成品牌的印象，对产品与品牌的推广起到很好的作用。

类似淘宝头条这样的内容营销平台很多，如淘宝中的微淘、有好货、必买清单、每日新品，京东的京东快报、会买专辑、发现好货以及各种自媒体推送的文章等。随着电子商务发展的不断成熟，消费者能够自主获取信息的方式逐渐多样化，对信息的分辨能力越来越强，对广告信息越来越排斥，因此，内容就成为影响消费者购买决策的关键。它以更贴近用户消费需求的内容来引导消费者，激发他们潜在的购物欲望，增强其对产品或品牌的信心。因此，内容电商文案是否能够直击消费者需求和痛点非常重要。淘宝和京东的内容营销版块分别如图 5.1、图 5.2 所示。

图 5.1　淘宝内容营销版块

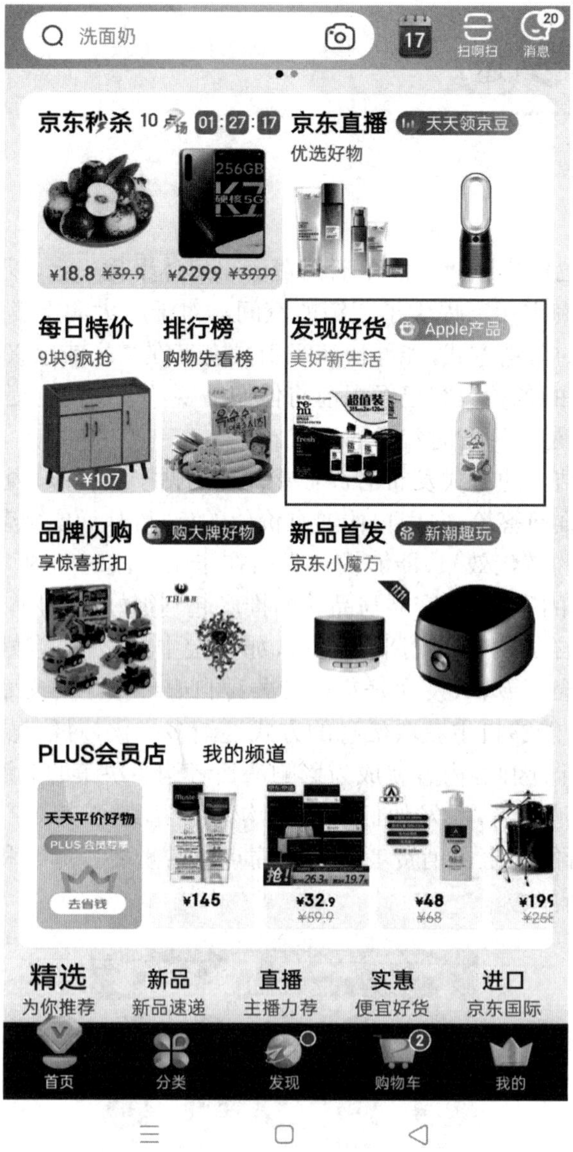

图 5.2　京东内容营销版块

本项目主要通过对电商平台注册流程与电商平台文案内容框架的了解学习，使学生掌握电商平台文案的写作要领，并且逐步练习写出能够直击消费者需求和痛点的文案。

任务技能

技能一　电商平台注册流程

内容电商的快速兴起，使各大电商平台纷纷开放了内容营销的入口，如淘宝、京东等。此外，为了给消费者提供更好的内容服务，一些内容创作网站也纷纷兴起，如小红书等。本章节将对主流电商平台——淘宝的注册流程进行简单介绍，为文案的写作和发布打下基础。

一、注册

首先，进入淘宝网的首页，打开网站后，点击“免费注册”，查看注册协议(《淘宝平台服务协议》《隐私权政策》《法律声明》《支付宝及客户端服务协议》)，点击“同意协议”按钮，输入手机号并进行验证，依次完成设置用户名、填写账号信息、设置支付方式等操作，并进行提交。如无意外的话，网站会提示注册成功(图 5.3—图 5.8)。

你如果原来已经在淘宝网买过东西，则不用重复注册。在淘宝网，你可以凭借一个账号同时拥有买家和卖家两个身份。

图 5.3　注册 1

图 5.4 注册 2

图 5.5 注册 3

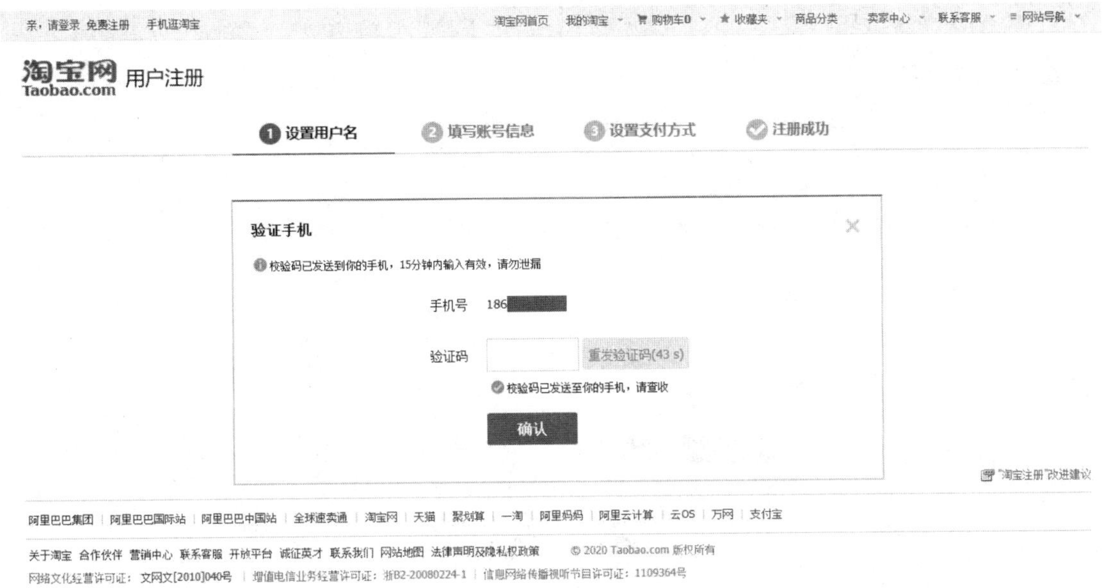

图 5.6　注册 4

图 5.7　注册 5

图 5.8　注册 6

二、认证

通过第一步，我们已经成功注册了淘宝网账户。接下来，你需要进行支付宝实名认证，这是必需的一步。登录淘宝账号，进入淘宝首页，点击“免费开店”按钮后，会自动跳转至淘宝免费开店的界面，点选“个人店铺入驻”选项，然后根据要求完善支付宝实名认证和淘宝实人认证的操作。其中，点击“支付宝实名认证”按钮，会跳转至支付宝身份认证界面。支付宝就相当于淘宝网用户的钱袋子，也是保证双方正常诚信交易的基础。支付宝实名认证用以确认你的真实身份。这从一定程度上，增加了网上开店的复杂程度，但同时也提高了淘宝网交易的安全性（图 5.9—图 5.12）。

图 5.9　认证 1

图 5.10　认证 2

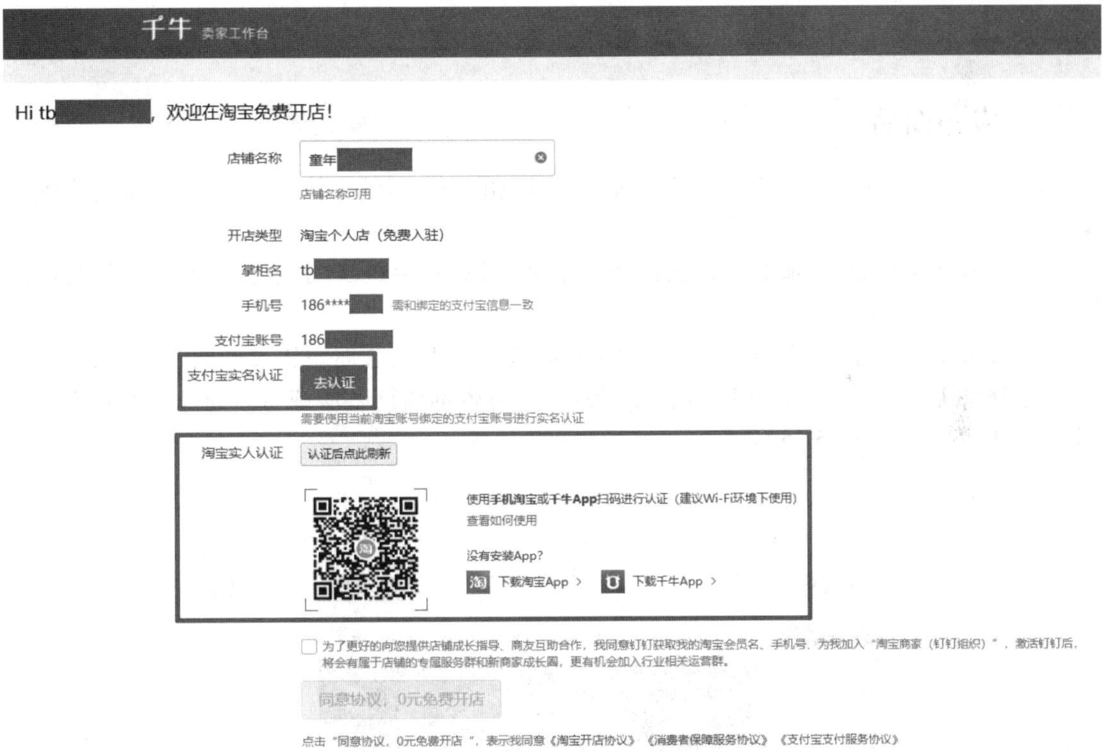

图 5.11　认证 3

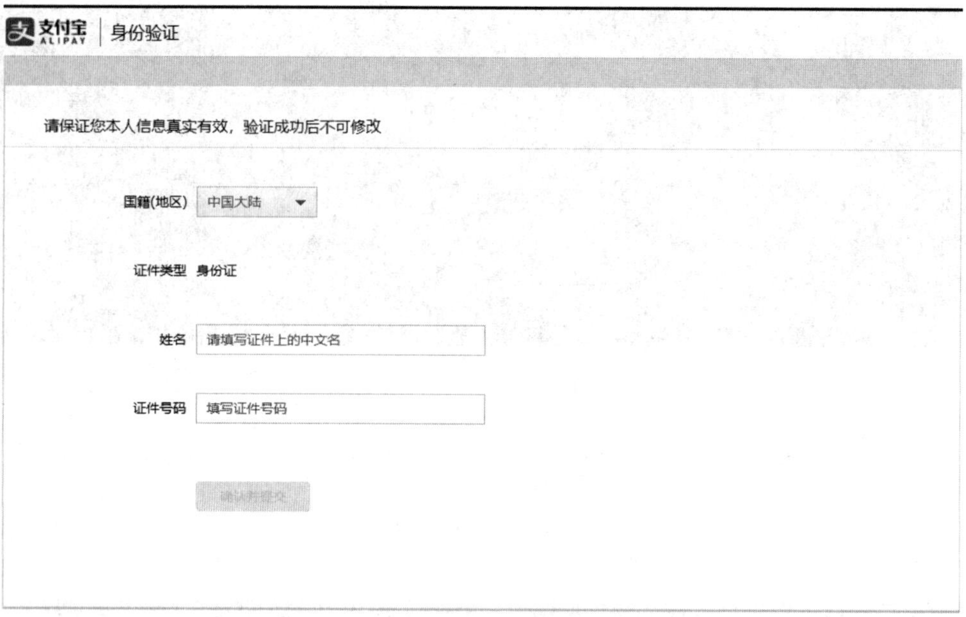

图 5.12 认证 4

三、发布商品

通过前两个步骤，你已经拥有了一家属于自己的淘宝店铺。接下来，我们需要为店铺上架商品。

如果你自身有货源，那么可以尝试为你的商品拍照，经过修图美化，将商品图片与产品信息一并上传至店铺中。

如果你没有货源，那么我们可以在 1688 进货平台上挑选你想售卖的商品。注意，我们合作的 1688 店铺需要开通一件代销的服务，具体可咨询店铺客服或查看商品页面是否有分销的选项（图 5.13—图 5.15）。

图 5.13 发布商品 1

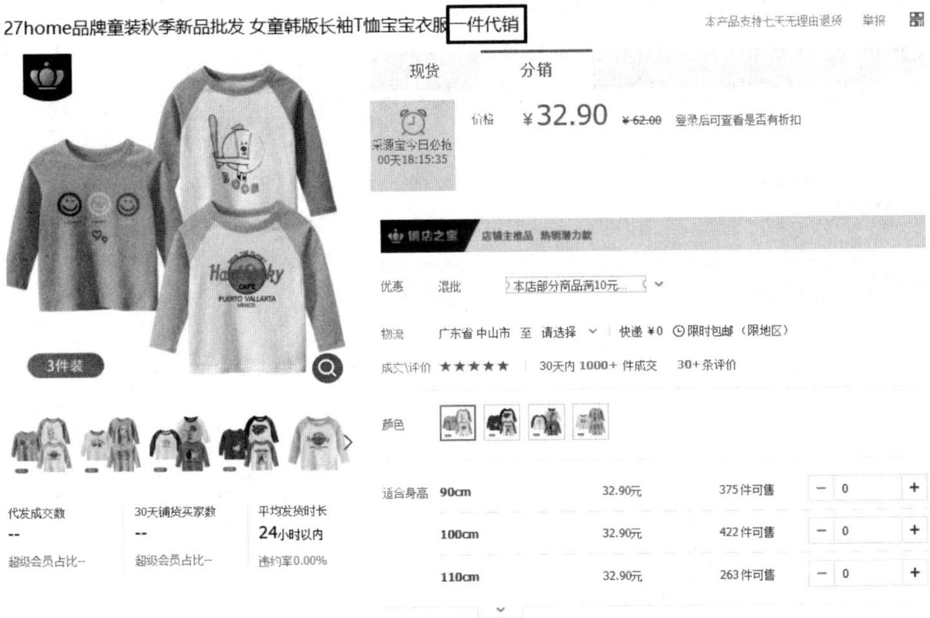

图 5.14　发布商品 2

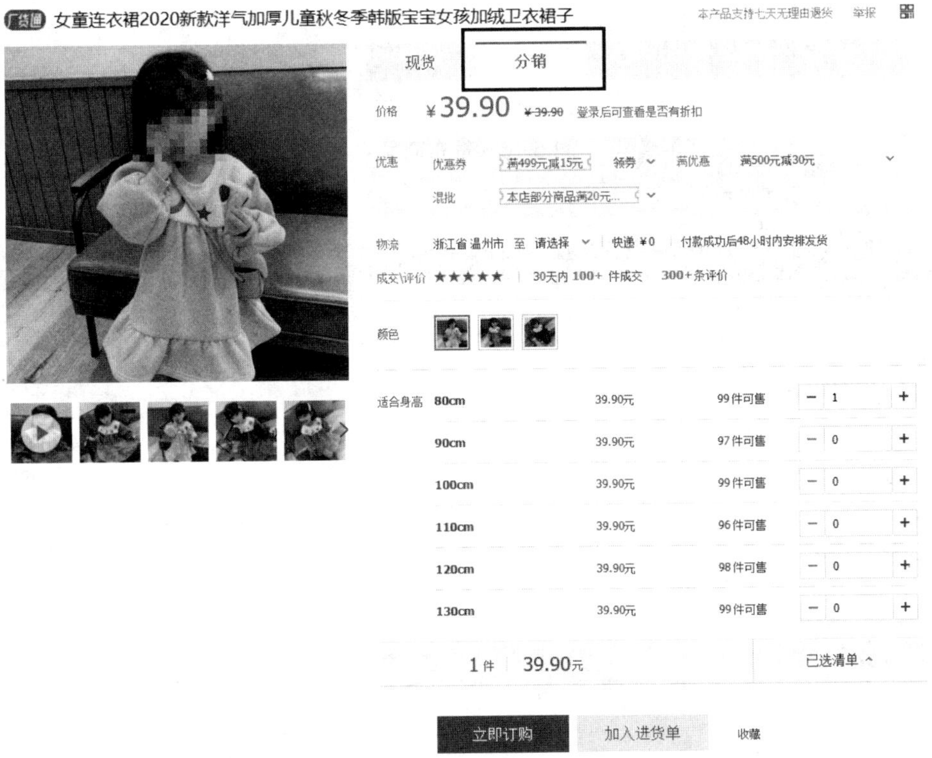

图 5.15　发布商品 3

选择好产品之后，我们需要将产品图片与产品信息进行整理，保留恰当的图文，删除不适合的内容，同时也可以将店铺的特色融入产品信息中，以彰显出店铺的与众不同。

下面进入发布商品的环节，首先选择适合的类目，然后按照发布商品的信息要求，依次完善内容与图片，最后提交商品信息，完成商品发布（图 5.16—图 5.18）。

图 5.16　发布商品 4

图 5.17　发布商品 5

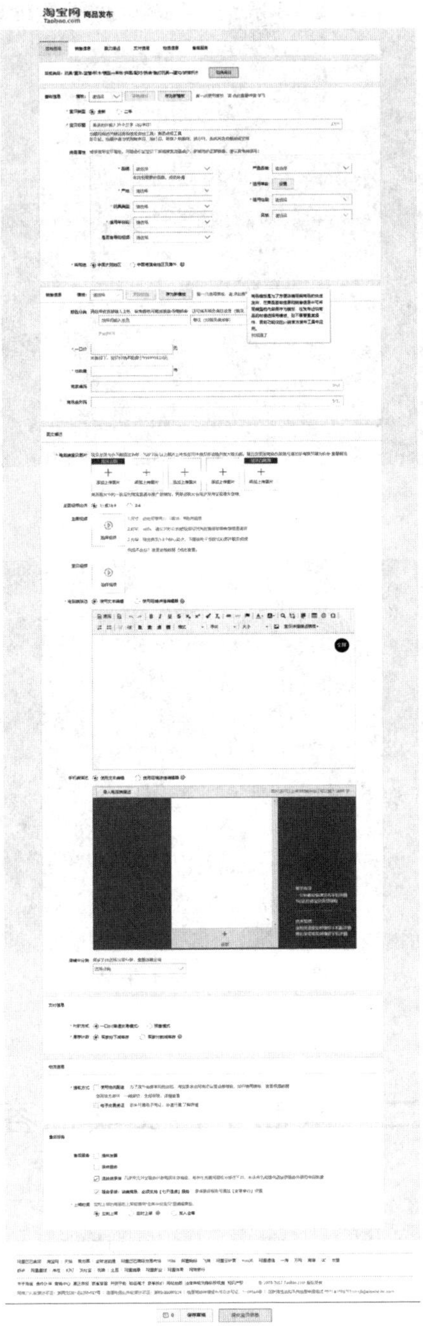

图 5.18　发布商品 6

四、安装千牛

在淘宝网上做生意，和买家沟通需要使用千牛（图 5.19）。千牛是淘宝网卖家和买家沟通的工具，拥有很多实用功能。当买卖双方产生交易纠纷时，千牛的聊天记录是处理纠纷的重要依据。千牛的下载地址为“https://wangwang.taobao.com/”（图 5.20）。

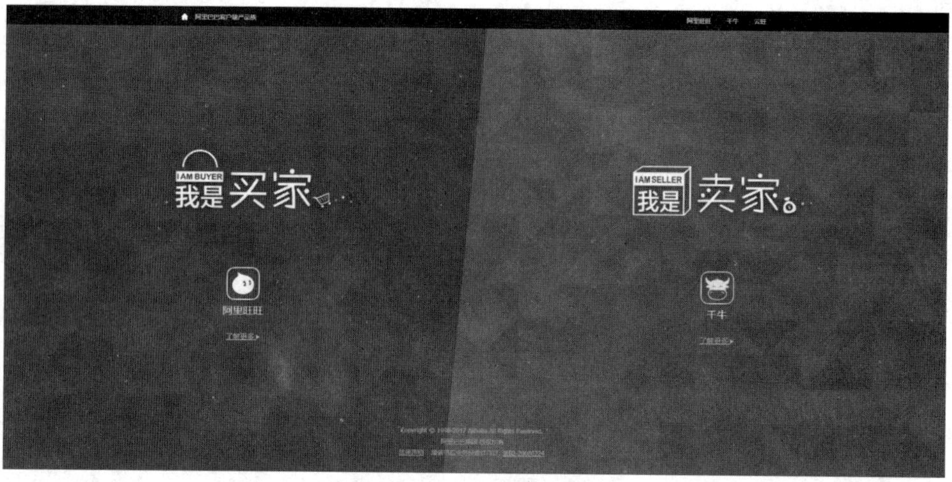

图 5.19 安装千牛 1

图 5.20 安装千牛 2

技能二 电商平台文案内容框架

随着电子商务的不断发展，消费者对产品的需求逐渐从价格转向质量、服务，消费者的购买行为更加理性。而网购行为与消费者生活节奏的变化，导致很多消费者在没有明确购物需求的时候也会在电商平台中闲逛，消耗时间。消费者浏览电商平台时，商家就能通过优质的内容来进行产品或形象的推广，树立品牌形象并刺激消费者的购物欲望。淘宝作为最典型的电商平台之一，很好地抓住了这个契机，加大了内容版块的投入，在淘宝首页的各大流量入口开设了内容频道。

一、模式

淘宝内容电商由内容生产者、平台、内容消费者三方面共同组成一条完整的内容供应链。其中内容生产者是指内容的创作者。由于电商带有很明确的销售性质，很难站在用户的角度来客观、公正地推荐行业内的优质产品，其生产的内容很容易受到消费者的质疑。因此，淘宝主张将内容和电商分开，由独立的内容生产者来创作内容，如淘宝达人（自媒体、淘宝红人、领域专家等）。同时，淘宝并未限制商家进行内容营销，商家也可申请账号开展内容创作，以促进品牌的宣传推广。淘宝中的各种内容频道包括淘宝头条、必买清单、淘宝直播（图 5.21、图 5.22）等。内容消费者，即消费者，通过在淘宝的各个内容入口中查看内容并被内容激发而产生消费行为。

图 5.21　手机端淘宝直播版块

图 5.22　电脑端淘宝直播版块

文案撰稿人要在淘宝平台开展内容创作，可通过阿里创作平台（图 5.23—图 5.25）申请。阿里创作平台的网址为“https://we.taobao.com/”。

图 5.23　阿里创作平台 1

图 5.24　阿里创作平台 2

图 5.25　阿里创作平台 3

阿里创作平台主要可申请微淘号和品牌号两种类型的账号。

1. 微淘号

微淘号是“达人平台 2.0”的重大升级，以优质原创内容创作者为主体，重新对淘宝内容生态体系的账号进行了定义和分类，涵盖原达人体系（微淘号•达人）、商家体系各类内容的生态角色（微淘号•商家）。

2. 品牌号

品牌号是以知名品牌商为主体，提供内容生产、内容管理、内容投放的平台以及品牌全链内容交易服务。它适用于天猫品牌号，需要通过天猫品牌入驻。

商家在阿里创作平台申请账号后即可进行内容的自创作，也可以与其他创作者合作，招募创作者进行内容创作，并支付佣金。在创作了一定数量的内容后，内容创作者可以对自己的账号进行认证，以获取所发表内容相关领域的权威认证，增强自身的辨识度与消费者的信任感。目前，淘宝面向 7 个社会属性（102 个角色）的行业精英或知名企业开放自主申请认证，主要包括媒体、网站 App、自媒体、淘女郎、红人、垂直领域专家等社会属性；科技媒体、美食小程序、家居自媒体、时尚编辑、造型师、专业教练等众多角色。

1）媒体

媒体是指具有信息传播等许可证的媒体。传统媒体主要有电视、广播、报纸、杂志；新媒体主要为新闻网站等。需要具备“互联网新闻信息服务许可证”“广播电视播出机构许可证”“中华人民共和国期刊出版许可证”“网络文化经营许可证”等，具有一定资质的媒体机构才能认证成功。

2）网站 APP

网站 APP 是指拥有一定量级的用户量和日活量，且偏向生活消费类的独立网站或 APP；网站要求有合法备案，APP 要求在应用市场有效上线。网站或 APP 要偏生活消费类方向、有一定活跃用户基础、资质真实有效、无违规等才能认证成功。

3）自媒体

自媒体是指外部社交平台（微信公众号、新浪微博等）的使用人数达到一定规模，且不符合媒体机构、网站 APP 或社区的非艺人个人媒体。自媒体要有优质原创的生活消费类内容创作能力；有粉丝追随，微信公众号粉丝数大于 5 万或新浪微博粉丝数大于 10 万或其它平台粉丝数大于 10 万，才能认证成功。

4）淘女郎

淘女郎是指能为全网商家提供全链路的商品平面拍摄、视频拍摄、商家直播、线下活动参与、内容包装推广等服务，为消费者提供年轻、时尚以及极具人格化的生活消费内容的年轻女性。有态度，有颜值，有内容创作能力的年轻女性，才能认证成功。

5）红人

红人是指在社交平台拥有粉丝号召力，且具备较强电商推广能力的网络红人。其要求先通过淘宝红人店铺认证。

6）垂直领域专家

在垂直领域具有较强专业技能，有一定的话语权和影响力，且已经积累了一定的粉丝，属于垂直领域专家。要求在垂直领域有资质证明、证书、奖杯等；在垂直领域内，有一定的相关内容制造能力；站外微博、微信等粉丝数达 5 000 以上，或站内创作号粉丝数达 1 000 以上，才能认证成功。

成功认证的创作者，根据细分角色及能力，享有相应渠道的快速入驻权。且在阿里 V 任务场景下，商家能够通过角色更精准地找到达人，更清晰地了解达人领域的属性及能力，提高合作机会。

二、布局

淘宝近几年对内容电商给予了大量的支持。经过一段时间的发展和沉淀后，用户对于优质内容的诉求越来越多。淘宝达人在淘宝平台上开展内容创作时，要了解淘宝的内容布局，确定自己的角色并选择对应的版块进行内容设计。淘宝不同于一些垂直内容平台，它为用户提供了一个形式丰富多样的生态型内容平台，无论是个人、商家、自媒体还是淘宝达人都可以通过淘宝内容平台吸引消费者，提高自己的销售额。由于移动电子商务的普及与应用，目前的内容电商更注重移动端的发展。这里以手机淘宝为例来分析淘宝的内容布局，主要包括 3 大类，共 9 个频道，每个频道都能满足不同用户的需求。

（一）图文类

与单纯的直接展示商品信息相比，通过图文内容创作并在其中穿插推荐商品及其购买链接的方式，会让消费者更容易接受推广的信息。在淘宝平台中，图文类内容主要包括短图文和长图文两种类型。

1. 短图文

“有好货”是淘宝内容电商的典型代表。它是一个精品导购平台，以千人千面个性化算法模型为中高端用户提供高品质的选品及导购介绍（图 5.26、图 5.27）。在手机淘宝首页点击“有好货”按钮，即可进入“有好货”页面。“有好货”注重对单品进行内容营销，要求内容标题清晰，能表达推荐产品的名称、品牌、品类、产地、功能等元素；正文则主要侧重于对产品功能、特点、品牌、产地、质量、优缺点、使用经验等的介绍。要求描述客观，与商品实际相符。正文内容可搭配产品图片，要求图片清晰，最好为白底图、浅色背景图或场景图，能够体现出商品的功能，方便读者查看。

图 5.26 有好货 1

图 5.27 有好货 2

2. 长图文

淘宝头条和必买清单是长图文内容的典型代表。淘宝头条是达人或自媒体开展创作的有利平台，它的结构与新闻 App 类似，划分有头条、视频、手机、旅行、汽车、运动等多个模块。在每个模块下都可以进行相应主题的文章创作，文章内容主要以资讯和知识为主，导购性弱，可读性强，便于创作者累积人气和树立形象。

必买清单是以一个场景或主题为单位，围绕该场景或主题介绍相应的技巧、攻略，并通过在文章中穿插商品图片和链接来吸引消费者购买的一种内容创作方式（图 5.28）。必买清单介于有好货与淘宝头条之间，很好地平衡了导购与资讯之间的内容，利用消费者的潜在购物需求来对应创作的场景或主题，更好地刺激消费者的购物欲望。必买清单在满足消费者购物需求的同时，还提供了解决的方法，是一种信息价值较高的内容提供方式。

必买清单场景或主题预览要求商品图片为正方形，不能添加水印、标识和其他多余的文字。另外，在描述清单内容时，不要写无意义的空泛内容，要以用户需求为切入点，将产品卖点与用户需求结合起来，增加内容的可读性与文章的通过率。

图 5.28　必买清单

(二)视频类

视频能够更加直观地展示商品，消除消费者对商品认知上的疑虑。淘宝平台提供了短视频和长视频两种不同类型的视频内容展示方式，下面对其进行简单介绍。

1. 短视频

爱逛街是淘宝短视频内容的主要入口，其内容需要由经过认证的淘宝达人输出（图 5.29、图 5.30）。输出视频长度为 15 秒至 5 分钟，视频内容主要围绕一个场景，由达人展示商品的使用过程或效果，其间穿插少量的商品宣传广告视频。

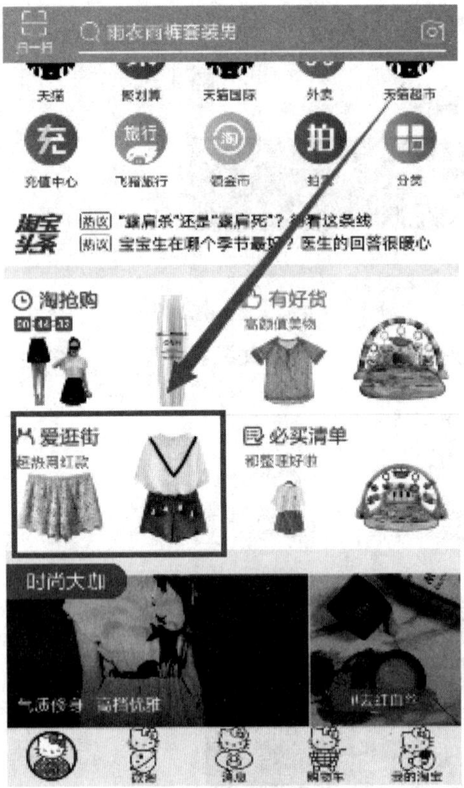

图 5.29　爱逛街 1

图 5.30　爱逛街 2

2. 长视频

淘宝直播是淘宝长视频内容的主要入口，它是一种以主播为导向的内容输出方式（图 5.31、图 5.32）。其播出时间在几十分钟到几个小时不等，根据主播的需要可以导购几个到几十个，甚至上百个不同的商品，其内容主要是商品试用和讲解。在播出过程中，主播需要通过与观众的互动来让消费者更全面地了解商品，推动购买进程；并且可通过发放优惠券或抽奖等方式，吸引消费者参与互动。

图 5.31　淘宝直播 1

图 5.32　淘宝直播 2

(三)综合类

时尚大咖、潮流酷玩、我淘我家、生活研究所等是不同场景、主题的综合内容频道。其内容展现方式多样，既可以是图文，又可以是视频，并通过千人千面的方式推送给消费者。每个频道下都包含不同的场景或主题，可以将其看作专栏信息。用户可以通过这些专栏快速找到自己需要的内容，获得有价值的信息。

而微淘位于手机淘宝底部导航的第二位，这个位置可以带去大量移动流量（图 5.33、图 5.34）。对于淘宝卖家而言，微淘是淘宝营销的一个重要武器。卖家通过微淘后台发布各类产品及店铺信息，可以让粉丝及时了解店铺动态，实现精准互动，提高客户黏性，并进行品牌宣传，直至成交转化。

签到
炫龙a41l
搜索
天猫新品
今日爆款
飞猪旅行
芭芭农场
天猫超市
充值中心
淘鲜达
领淘金币
阿里拍卖
分类
方少潮牌男装无分店
冬装专区 买一送衣
点击抢购 >>>
优惠 满598减50
淘宝直播 直播中
火爆开抢
聚划算 00:41:30
天天红包
百亿补贴 品牌正品
爆款低价
补贴价¥15.9
补贴价¥31
有好货 全民口碑
品质好物
微淘
消息
购物车
我的淘宝

图 5.33 微淘 1

图 5.34　微淘 2

技能三　电商平台文案写作要领

电商平台产品页面内容丰富、卖点突出，需要文案撰稿人在掌握消费者痛点的前提下，熟悉商品基本信息并组织语言，书写具有卖点的文案，并加以精心设计和展示才能刺激消费者产生购物欲望。同时，仔细观察不同销售平台的不同商品可以发现，虽然电子商务平台众多，但网店内页包含的内容都较为类似，有一定的逻辑和思维方式可以供文案撰稿人借鉴。

下面以淘宝电子商务平台为例，详细讲解网店内页文案的写作要领。

一、商品标题

标题是商品详情页的入口，消费者搜索关键词，在搜索结果页中点击标题或主图可直接进入商品详情页。可以说，标题的好坏直接决定了商品标题是否会在搜索结果里展示，也决定了消费者是否会在看到商品标题时产生点击行为。而决定标题搜索结果展示的关键性因素就是关键词。关键词是包含在标题中的用于描述商品信息的关键性词语，在不考虑其他因素的前提下，该词语与用户搜索的关键词匹配度越高，标题在页面前列展示的机会越大。

（一）标题属性

商品标题的基本属性主要包括商品规格、名称、材质、类别和颜色等信息，它要求信息完整、正确和真实。商品的基本属性信息有很多，在撰写商品标题时，应该将这些属性关键词融合进去，以提高店铺的流量（图 5.35）。

商品详情　累计评价 7559　家装服务详情　手机购买

品牌名称：[redacted]

产品参数：

品牌：[redacted]	型号：MCW1-073	材质：天然乳胶、高回弹海绵、防螨面...
尺寸：1500mm*1900mm 1500mm*200...	厚度：240mm	颜色分类：3重防螨深睡系统（静音独袋...
面料分类：功能面料	是否可定制：否	棕榈类型：无（不含棕）
海绵类型：其他海绵类型	适用对象：成人	弹簧类型：独立袋装弹簧
可送货/安装：其他 北京 南昌市 哈尔滨...	产地：广东省	地市：东莞市
包装体积：1	是否可预售：是	出租车是否可运输：否
床垫尺寸：1800x2000mm	床垫软硬度：软硬适中	床垫厚度：240mm
海绵厚度：20mm	床垫主要材质：乳胶 弹簧 海绵	乳胶厚度：30mm
棕的厚度：0mm		

图 5.35　商品属性

一个好的标题需包含的属性内容为商品名称、商品所属店铺名称或品牌名称、同一商品的别称、商品价格和商品必要的说明。

1. *商品名称*

商品名称是商品标题的基本要素。如果没有商品名称，买家就无从知道卖的是什么。

2. *店铺名称或品牌名称*

在商品前加上店铺名称或品牌名称，有利于宣传自己的店铺。特别是对于一些已经在买家心中留下良好印象或有一定名气的店铺和品牌，加上这些信息后，能够使买家一目了然地找到他们所需要的商品。

3. *别称*

有时同一个商品可能会有不同的名称，为了让买家尽可能地找到商品，应该尽可能将别称写上去。

4. 商品价格

对于特卖型商品，在标题中加上商品价格可以快速吸引买家眼球，如"×× 元！特价大甩卖！"可以让买家感受到优惠。

5. 说明信息

某些特殊类型的商品需要在标题中加一些必要的说明信息（商品的形式和数量），比如虚拟货币等就需要表明商品的具体实现方式。

（二）标题模板

观察并分析一些销量较高的店铺，可以发现他们的商品标题有一定的规则，即：品牌名（可以省略）＋名称＋叫卖＋属性。

1. 品牌名

不推荐一些新手卖家将自己的自创品牌名称放入标题，因为此时品牌几乎没有人知道，没有名气，搜索的人自然就少。而品牌名字会占据标题字数，减少其他关键词在标题中的展示机会。

2. 名称

讲解商品属性时说过，标题中一定要包含商品的名称，否则没有人知道你在卖什么。

3. 叫卖

多用"特价""促销""包邮""超值"或"新品上市"等具有叫卖属性的词语来吸引消费者眼球。这和我们在实体店铺买东西一样，当你听到或看到低价促销等消息时，总会想去看看。

4. 属性

在网店中购买商品时，买家一般都是在搜索框中输入描述宝贝属性的词语来查找需要的商品。因此，对买家来说，他最关注的是商品的属性特征。如一款女士服装，就可以在标题中添加风格、材质和款式细节等属性信息。

这些词语的顺序并不是一成不变的，卖家可以自由组合这些词语，使标题更具吸引力。

（三）标题组合

确定好关键词和相关的属性词，并选择好一种标题模板后，即可组合成完整的商品标题。

1. 确定主要关键词

淘宝的商品标题不能超过 30 个汉字，卖家必须在 30 个汉字以内对商品进行描述，这就意味着标题中的每一个关键词都必须有效，才能实现标题的最优化。主要关键词一般是商品标题中的主要引流词，对于卖家而言，原则上是选择搜索量比较大、热度比较高的关键词。

2. 组合关键词

在组合关键词前，可以先对当前商品不同类型的关键词进行排序和选择。比如搜索关于商品属性、特征、功能、材质的关键词，筛选排序靠前或搜索量大的词语，再去除重复的关键词，然后对筛选出的词语进行组合。通常情况下，商品标题中关键词的种类越多，商品被搜索到的概率越大。

二、详情页文案

由于消费者不能通过电子商务平台触摸到商品实物，因此出现了商品详情页这种用于展示商品信息的表现方式。在商品详情页中，商家可以通过文字、图片、视频等各种不同的文案形式来尽可能详尽地展示商品信息，以介绍商品、树立店铺形象、激发消费者购物欲望、提高转化率。

（一）确定框架

商品详情页是商品信息的主要展示页面。构思出对消费者具有吸引力的商品详情页是激发消费者产生购物行为的主要手段。在电子商务平台的长期引导下，消费者对商品详情页形成了一定的固定印象，其页面框架内容的规划有一定的规律可循。简单来说，可按照激发消费者兴趣、展示商品卖点、展示商品品质、打消消费者疑虑、营造购物紧迫感的思路来进行商品详情页框架内容的构建。

1. 激发消费者兴趣

激发消费者购物兴趣最简单的方法就是塑造商品的实用价值，即让消费者看到商品能够带给他们的利益或好处。这个利益或好处应该是消费者最关心的、最需要的，即消费者的痛点。商家需要站在消费者的角度去思考痛点，通过深入分析消费者的购物行为，从中提炼出消费者最关心的问题，从而找出打动消费者的“点”，最后再将这个“点”以醒目的形式（如焦点图、海报图、视频等形式）展示在商品详情页的最上方。

2. 展示商品卖点

卖点是促使消费者产生购物行为的主要因素。卖点越符合消费者的购物需求，就越能激发消费者的购物欲望。一般来说，卖点要体现出独特性和差异性。所谓“独特性”就是指商品具有独一无二、不可复制的特点；“差异性”是指商品与同类商品之间的区别。最好的展示商品卖点的方法就是先通过一句精练的话形成主打广告语，再通过文案内容来进行展示。

卖点的提炼方法很多，根据完整的商品概念来看，一个完整的商品应该包括核心商品、形式商品、延伸商品三个层次。核心商品即商品的使用价值；形式商品是指商品的外在表现，如外观、质量、重量、规格、视觉、手感、包装等；延伸商品是指商品的附加价值，如服务、承诺、荣誉等可以提升商品内涵的元素。商家将这些信息全部收集起来，再通过前面介绍的卖点提炼方法，找到与消费者需求最匹配的人无我有、人有我优的卖点，才能增加自身竞争力，实现对消费者的吸引。如果商品没有较为突出的卖点，就需要文案人员充分发挥自己的创造力来创造卖点。同时还要注意卖点不宜过多，1~2 个即可，否则容易让消费者对商品认知产生混乱，不利于消费者理解和接受。

3. 展示商品品质

商品品质是对商品信息的详细展示。功能、性能、工艺、参数、材质、细节、性价比等内容都是商品品质的展示途径。优质的商品品质可以提升消费者的购买欲望和访问深度，最终提高商品转化率。在展示商品质量时，应该注意方法，如在展示参数、性能、工艺等数据时，不要直接使用烦琐的文字和数据，最好使用简单直白的图片搭配文案进行展示，让消费者能够一目了然。在展示功能、细节、性价比等信息时，通常使用图片搭配简单文案，即以图片为主、文案为辅，注意详情页的整体视觉效果，突出商品本身。

4. 打消消费者顾虑

打消消费者顾虑其实是为了增强消费者对商品的信任度，以进一步激发消费者的购物欲望。商品资质证书、品牌实力、防伪查询、售后服务、消费者评价、消费保障等都是打消消费者顾虑的有效方式。

对于知名品牌来说，品牌实力展示也是一种很好的打消消费者顾虑的方式，可通过实体店铺展示、获奖证书、工艺生产流程、明星代言等方式进行展示。此外，对售后服务、消费者保障等消费者普遍比较关心的内容也要进行展示，如 7 天无理由退换货、购买运费险等内容。对于消费者感到困惑的内容或容易产生疑虑的内容，要提供解答，以完全打消消费者的疑虑。

5. 营造购物紧迫感

营造购物紧迫感是指通过营造一种迫不及待、供不应求的假象来刺激消费者，将消费者的心动彻底转化为行动，从而促使消费者产生最终的购物行为。营造紧迫感的方法很多，商家可通过限时促销、限量供应、限时秒杀、限量优惠等手段使消费者产生紧迫感。

按照以上思路来进行商品详情页内容的构思后，即可搭建起商品详情页的基本框架，主要围绕商品的某些主题从不同的角度切入来展开描述。文案撰稿人在写文案前可以收集一些同行业销售量前几名的商品详情页，分析他们的详情页布局和内容展现方式，在此基础上加以优化调整，创作出符合商品自身特点的详情页内容。

（二）写作原则

商品详情页是综合文字、图片、视频等多种表现形式的页面，文案撰稿人不能只考虑文字写作，而忽略图片、视频等表现形式。总的来说，商品详情页的写作要遵循以下几点原则。

1. 图文搭配

在商品详情页中，消费者痛点、商品卖点、商品特点、商品材质、商品细节描述等内容需要用文字来描述。在文字中搭配精心拍摄和设计的图片，一方面可以减少大篇幅文字所带来的枯燥感，提升消费者的阅读体验；另一方面还能更加完整、明确、真实地呈现商品的这些信息，增加消费者对商品的信任。在商品的描述内容中，文字主要起辅助说明的作用，图片则用以增强视觉感官刺激，体现商品的真实性与美观性。

文案撰稿人在进行图文搭配的过程中，要首先明确商品详情页的核心，即商品信息的主要表述中心。可按照核心来划分详情页中的内容，然后根据核心来展开商品信息的描述，突出商品的优势。在写作这些内容时，要从文字和图片两个方面来进行规范，以提升商品详情页的质量。

1）文字写作原则

（1）统一风格。商品详情页中的核心版块内容不止一处，写作时要先统一文案的用语风格，尽量保证前后内容的用语风格一致，以体现详情页内容的规范性与高品质。

（2）通俗易懂。用语要通俗易懂，浅显明了，让消费者能够直观明白所看到的内容，不需要再花费时间去解读，减少其阅读时可能遇到的障碍。

（3）符合定位。内容要符合店铺定位，且拥有自己的特色和亮点。如同样是服装店铺，民族服装店铺的文案用语较深沉，有文化底蕴；时尚服装店铺的文案用语较轻快、简练；森女系服装店铺的文案用语较轻柔、有个性。

（4）先点后面。写作时还要注意商品展示的先后顺序，一般来说，应该先向消费者展示商品的特定部分或特点，再向消费者介绍商品的基本性能与作用。

⑤由浅入深

描述的语言也应该由浅入深，不能一开始就写一些深奥的专业术语或自卖自夸，做一些自以为能够宣传商品的“专业”描述，而不从消费者的实际需求出发，这样会引起消费者的反感，进而导致客户流失。

总的来说，优秀的文案应该在紧贴店铺和消费群体定位的基础上，用语浅显，生动易懂，由浅入深地介绍商品，达到突出卖点、引人购买的效果。

2）图片搭配原则

促销海报、商品卖点图、商品实拍图、商品场景图、商品细节图等图片是消费者了解商品信息的主要途径，因此，要注意图片在商品详情页中呈现的效果。一般来说，商品详情页中的内容应该以图片内容为中心，辅以文字说明，达到二者相辅相成、相得益彰的效果。商品详情页中的图片应该遵循以下原则。

（1）清晰。清晰直观的图片可以明确地展现商品的特点，是商品详情页中至关重要的元素，它和文字一起构成了商品详情页的主要内容。文案中着重表现商品材质、质感、工艺等的图片，一定要做到细节清晰。

（2）贴合。高度匹配的图片能表现画面与文字描述的内容，可以带给消费者更加强烈的视觉刺激，是增强详情页吸引力、刺激消费者产生购物欲望的主要方式。

（3）美观。商品评情页中的图片要与店铺的整体装修风格、商品颜色相匹配，颜色搭配要符合 70∶25∶5 的黄金比例原则。即主色色域应该占总版面的 70%，辅助色色域所占比例为 25%，其他点缀色色域所占比例为 5%，保证整个商品详情页的画面重点突出、视觉平衡。

2. 多元呈现

枯燥的文字说明和单一的描述方法会让消费者产生视觉疲劳。可以通过对比、实物参照等方法来增加商品信息的展示途径，提高页面内容的可读性，提升消费者的阅读体验。

1）对比

商品质量、材质和服务等都可以作为对比的对象。卖家应该从消费者关心的角度出发，对可能引起消费者关注的问题进行对比分析，从侧面突出自身商品的优点。如食品类的商品，可从产地、包装、密封性、新鲜程度、加工、储存等方面进行比较；服装类的商品可从做工、面料、厚薄、质地等方面来进行对比。

使用对比描述方法时，切忌通过贬低竞争对手来强调自身的实力；可通过对普通现象、普遍认知的对比，来彰显自身的优势。

2）参照

对于一些需要明确尺寸、容量的商品，文案撰稿人不仅需要通过文字来说明，还要在画面中标注出商品的实际尺寸。文案撰稿人也可以把消费者日常生活中常见的事物作为参照物，通过与参照物的搭配、组合或对比，来体现商品的实际大小。

任务实施

本次任务主要通过对技能的学习，加深对电商详情页文案的理解与认识，并培养电商文案写作的实践能力。

任务介绍

为了帮助同学们进一步掌握商品详情文案的写作方法，下面以沙发商品为例展开详情文案的写作实训。

步骤一：确定思路

详情页文案按照“激发消费者兴趣→展示商品卖点→展示商品品质→打消消费者疑虑→营造购物紧迫感”的思路来搭建详情页的框架，并贴合目标消费群体追求生活品质的特点。

步骤二：促销文案

策划并写作商品促销宣传文案。为了快速吸引消费者眼球，在商品详情页展示商品促销宣传内容。

步骤三：情景文案

策划并写作商品情景展示文案。通过沙发商品图片搭配简单的尺寸与文案描述，体现不同规格商品的特点。

步骤四：实拍文案

策划并写作商品实拍文案。在贴合目标消费群体追求生活品质的需求基础上，确定文案写作风格，通过“造型美观”“舒适度”等关键词，搭配轻松、舒适的行文风格，让消费者感受到放松与享受。

步骤五：卖点文案

策划并写作商品卖点文案。根据对商品基本信息的充分了解，通过 FAB 法确定商品的卖点。

F：商品有什么特点，特色是什么？

A：商品的特点、特色所呈现出来的作用是怎么样的？

B：具体能给消费者带来什么利益？

最终得到商品的卖点主要有 3 点，即耐用不易塌陷、透气性强、回弹性好。再对这些卖点展开文案策划与写作。

步骤六：说明文案

策划并写作商品说明性文案。说明性文案可从商品功能、材质、细节、尺寸等维度进行剖析，并搭配场景图片进行策划和写作。

步骤七：保障文案

策划并写作商品包装、品质等保障文案。

步骤八:品牌文案

策划并写作品牌文案,可从品牌的创建时间、商品品质、设计理念等入手。

步骤九:免责文案

策划并写作免责说明文案,主要包括物流、色差、运费、签收、售后、退换货等相关问题的说明。

任务总结

本章介绍了电商文案写作的研究与实践的相关知识点,分别从电商平台注册流程、电商平台文案内容框架及电商平台文案写作要领等方面展开介绍,以逐条分步的形式帮助学生掌握电商文案写作的方法和流程,学生学习之后可以对电商文案有更好的认识与了解。

英语角

电商 online retailers
注册 register
图文 image & text
写作 writing
标题 title
详情页 details page

任务习题

1. 以下电商平台的注册流程,哪一步需要跳转至支付宝完成?(　　)

A. 注册　　B. 认证　　C. 发布商品　　D. 安装千牛

2. 淘宝内容电商由三方共同组成一条完整的内容供应链,以下哪项不属于这三方?(　　)

A. 内容生产者　　B. 平台　　C. 内容消费者　　D. 商家

3. 有好货是淘宝内容电商的典型代表,其属于淘宝内容布局的(　　)。

A. 图文类　　B. 视频类　　C. 综合类　　D. 专题类

4. 商品标题模板为(　　)。

A. 品牌名 + 名称 + 叫卖 + 属性　　B. 名称 + 品牌名 + 叫卖 + 属性

C. 叫卖 + 名称 + 品牌名 + 属性　　D. 属性 + 名称 + 叫卖 + 品牌名

5. 详情页文案中关于图文搭配的写作原则之一,即“用语要通俗易懂,浅显明了,让消费者能够直观明白所看到的内容，不需要再花费时间去解读，降低其阅读时可能遇到的障碍”指的是（　　）。

A. 由浅入深　　B. 符合定位　　C. 通俗易懂　　D. 统一风格

项目 06　视频直播文案写作的研究与实践

学习目标

重点学习视频直播文案的写作要领，了解主流视频直播平台的注册流程，熟悉视频直播平台文案的内容框架，具备在视频直播平台通过文案进行运营、推广的能力。在任务实现过程中：

- 了解视频直播平台的注册流程；
- 熟悉视频直播平台文案的内容框架；
- 掌握视频直播平台文案的写作要领。

职业素养

通过视频直播平台文案的创作，深刻把握并运用好党的创新理论。整合优质新媒体资源，提炼经典案例，并结合案例本身的故事性、趣味性、互动性开展思政教育，引导学生沉浸式理解，从而增强政治认同、思想认同、理论认同、情感认同，坚定道路自信、理论自信、制度自信、文化自信，激发爱国情怀和使命担当，自觉成为社会主义建设者和接班人。

学习路径

视频直播文案写作的研究与实践

任务实施	本次任务主要通过技能的学习，加深对视频直播文案写作的理解与认识，并培养脚本策划撰写的实践能力。
学习目标	1. 了解视频直播平台的注册流程； 2. 熟悉视频直播平台文案的内容框架； 3. 掌握视频直播平台文案的写作要领。
任务技能	1. 视频直播平台注册流程； 2. 视频直播文案内容框架； 3. 视频直播文案写作要领。
任务描述	【情境导入】在2020年的天猫“双11”活动中，商家在淘宝直播间里实现了成交额大爆发。淘宝直播成为商家的标配和爆发新引擎，商家直播已经成为品牌扩大销量并进行消费者运营的重要手段。

任务描述

【情境导入】

在 2020 年的天猫“双 11”（图 6.1）活动中，商家在淘宝直播间里实现了成交额大爆发。天猫“双 11”成交额达到 4 982 亿元，比去年增长了 1 032 亿元，同比增速达到 26%，是三年来的最高水平。其中，淘宝直播引导成交的 GMV 同比翻番，商家自播带来的 GMV 同比增长超过了 500%，直播商家覆盖数增长 220%，淘宝直播带动就业超 400 万个，“双 11”直播累计时长达 1 660 年。从 2020 年 11 月 1 日至 11 日，33 个淘宝直播间成交超过 1 亿元，近 500 个直播间成交超过 1 000 万元。

图 6.1　“双 11”

此前，很多商家对自己开淘宝直播还是抱着“试试看”的心态，2020 年“双 11”商家在对品牌直播间的打造、带货主播的专业度、内容策略落地等方面都做得更加专业。在天猫上成长起来的新锐品牌，超过 70% 都做起了淘宝直播，淘宝直播已经成为商家的标配和爆发新引擎。专业主播、国际品牌、新品牌以及中小商家都通过淘宝直播获得销量增长，直播生态正在变得更加多元，商家直播已经成为品牌扩大销量并进行消费者运营的重要手段。

本章节主要通过对视频直播平台注册流程、视频直播文案内容框架、视频直播文案写作要领等技能点的学习，加深对视频直播文案写作的理解与认识，并培养脚本策划撰写的实践能力。

技能一　视频直播平台注册流程

淘宝直播是一个社交电商平台，它通过场景式的方式，对商品和品牌进行营销，实现商家边直播边卖、消费者边看边买的营销目的。在直播中，消费者可以提出自己的疑问和要求，播主可以现场解答疑问。信息的展示更加直观、真实，互动更加紧密，是目前十分流行的电商营销方式。下面主要讲解淘宝商家直播的注册流程及使用方法。

一、注册流程

之前，淘宝网卖家须同时满足以下条件，才可申请开通直播权限：①淘宝店铺信誉度达到一钻及以上（企业店不受限）；②主营类目在线商品数≥ 5，且近 30 天店铺销量≥ 3，且近 90 天店铺成交金额≥ 1 000 元；③卖家须符合《淘宝网营销活动规则》；④本自然年度内不存在出售假冒商品的违规行为；⑤本自然年度内未因发布违禁信息或假冒材质成份的严重违规行为扣分满 6 分及以上；⑥卖家具有一定的客户运营能力。另外，天猫商家须符合《天猫营销活动基准规则》。由于现阶段直播行业的成熟以及直播卖货行为的普及，淘宝将商家直播权限开通条件放宽，具体方法如下。

第一步：下载

在手机软件商城搜索“淘宝主播”APP 并下载安装（图 6.2、图 6.3）。

图 6.2　淘宝主播 1

图 6.3　淘宝主播 2

第二步：入驻

打开淘宝主播 APP，选择手机淘宝快捷登录，点击“立即入驻，即可开启直播”按钮（图 6.4）。

图 6.4　淘宝主播 3

第三步：认证

点击“去认证”按钮，按要求进行实人认证。勾选“同意以下协议”，点击“完成”按钮（图 6.5—图 6.7）。

图 6.5　淘宝主播 4

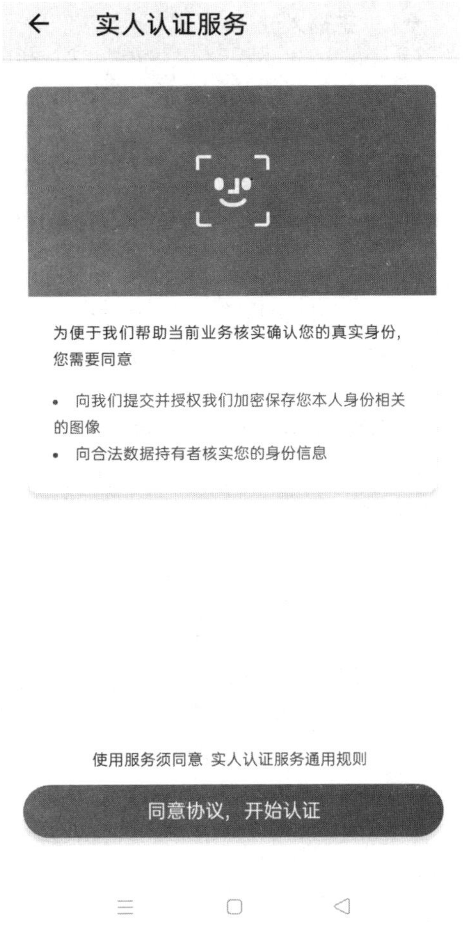

图 6.6　淘宝主播 5

第四步：开播

入驻成功，可以立即开启直播（图 6.8）。

二、使用方法

淘宝商家要通过淘宝直播来进行内容推广，有两种模式可以选择：一是商家自播，二是商家聘请职业主播。

（一）商家自播

商家自播是指商家自己开通直播权限进行商品的推广直播。

（二）聘请职业主播

商家聘请职业主播、达人或机构来进行直播推广。

图 6.7　淘宝主播 6

图 6.8　淘宝主播 7

技能二　视频直播文案内容框架

淘宝直播是基于淘宝电商平台的一个可以直接变现的直播内容平台，它依托于淘宝系统的智能推荐，向消费者推荐符合他们需求的内容和感兴趣的主播。淘宝直播向消费者推荐的内容是分批次的，一般先在小范围内进行测试或推荐给 100 个人观看，如果观看视频人数很多，就会持续加大推荐范围，推荐到拥有更多消费者的淘宝直播平台。反之，则停止推荐。直播展现效果的好坏，主要通过淘宝直播的成交转化率、点赞数、评论数、用户观看时长等要素来判断。一般来说，成交转化率越高、点赞数和评论数越多、观看时长越长，能够获得的推荐量就越大。因此，淘宝直播要注重直播内容的质量，只有具有吸引力的优质直播内容，才能吸引更多的消费者。

一、组成

对于淘宝平台来说，一个完整的淘宝直播主要由直播主播、商品描述、观看时长和评论互动四部分组成。

（一）直播主播

淘宝直播的范围较为广泛，包括美食美味、潮搭攻略、珠宝、美妆、亲子乐园、生活家居、全球购等类目。不管是什么类目的主播，在进行直播时都必须遵守淘宝直播平台对主播的要求，从着装、言论、动作行为和直播间环境四个方面约束自己。如着装整齐、干净、落落大方，不穿过于低俗暴露的服装；不谈论政治话题，不传播色情、敏感及不实信息；不攻击、诋毁或谩骂他人；不泄露他人隐私；直播间环境简洁、大方、明亮，不能过于花哨等。

（二）商品描述

不同于其他的直播营销平台，淘宝、京东等交易型电商中的直播平台最重要的内容就是展示商品。主播在直播的过程中要清楚地向消费者展示商品的特点，解答消费者对商品的疑惑。

（三）观看时长

淘宝直播的时间一般较长，建议一天直播两场，每场不少于 4 小时。如果是新手主播，建议避开上午 7：00—12：00、下午 2：00—5：00、晚上 7：00—11：00 三个高峰时段，进行差异化竞争。

（四）评论互动

直播是一个双向互动的过程，直播时可使用一些技巧，如制造冲突、设置悬念来引导用户咨询商品或进行评论。也可以通过强烈的个人风格来提高观众的留存率和转化率，如讲幽默笑话等。

二、内容

主播首先要选择淘宝直播的类型，包括竖屏直播间和横屏直播间（手机端不支持横屏直播间），然后填写直播信息，包括直播开始时间、直播标题、本场直播的内容简介、直播封面图、直播位置、内容标签等信息，之后即可进行淘宝直播的发布（图 6.9）。

（一）直播时间

若不在当前时间开始直播，则需要发布一条直播预告。

（二）直播标题

标题需要控制在 12 个汉字以内，应该包含必要的内容亮点，如“带你发现 ××”“××全攻略”“今夏最 ××”等。

图 6.9 直播内容 1

（三）直播内容

内容简介是对标题的解释或对直播内容的概括，建议在 140 个字以内，内容要简单、不拖沓，可以是直播嘉宾、观众福利、特色场景、主播介绍、主打商品故事等，要从能够吸引消费者的角度来写作。

（四）直播封面

封面图首先要清晰、易懂，其次要保证画面完整、主题突出。

（五）直播位置

直播位置即直播的地点，可根据实际直播位置进行填写。

（六）内容标签

直播所对应的淘宝直通站内频道（图 6.10）。

图 6.10　直播内容 2

在正式直播前，建议主播发布直播预告（图 6.11）。通过预告先对直播内容进行清晰的描述和介绍，让消费者提前了解直播内容。同时，预告需要上传直播分享的商品，这样可以更好地通过大数据匹配到对商品感兴趣的消费者，获得更加精准的流量，提升转化率。

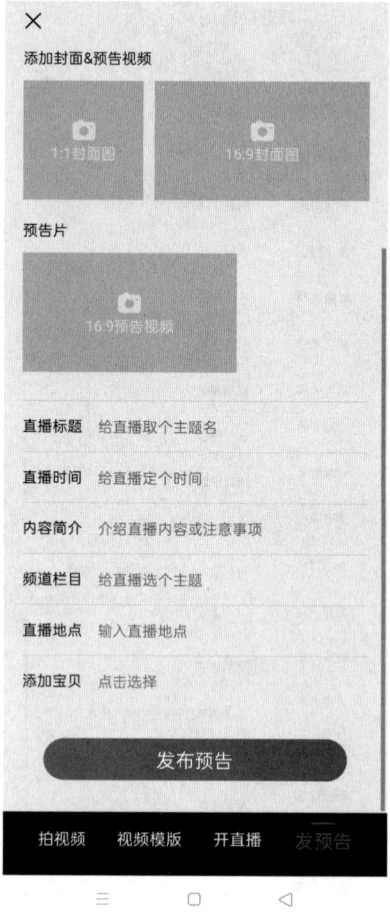

图 6.11　直播内容 3

技能三　视频直播文案写作要领

商品宣传视频可以更加直观、真实地展示商家需要宣传的内容，这个内容可以是商品信息的介绍，也可以是企业宣传、商品宣传广告。

一、分类

按照内容呈现方式的不同，视频直播中的视频类型可以分为以下两种。

（一）商品演示视频

商品演示视频主要是通过视频的方式全方位且立体地展示商品的功能、设计理念、制作工艺、操作方法等内容。视频能够将商品最具有特色的内容在最短时间内展示给消费者，让消费者对商品有一个清楚的认识，增加消费者对商品的信任感。

（二）企业宣传视频

企业宣传视频主要是通过对企业历史、企业文化、企业形象、企业服务的展示，让消费者快速真实地了解企业的起步、发展和现今的状态以及企业经营理念和商品信息，以彰显企业的强大实力，在消费者心中留下深刻的印象，进而达到树立企业形象、推广企业品牌、促进销售的目的。

不管选择哪种类型的视频形式，都需要先进行视频脚本的策划与写作，以方便工作人员拍摄与编辑视频，呈现出效果完美的商品视频内容。

二、视频脚本

短视频虽然只有 60 秒，但是在优秀的短视频里，每一个镜头都是精心设计过的，就像导演要拍一部电影，每一个镜头都是有设计的。对于镜头的设计，利用的就是镜头脚本。

（一）概念

简单地说，脚本就是拍摄视频的依据。一切参与视频拍摄、剪辑的人员，包括摄影师、演员、服装化妆道具的准备、剪辑师等，他们的一切行为和动作都是服从于脚本的。什么时间、地点，画面中出现什么，镜头应该怎么运用，景别是什么样的，服装、化妆、道具的准备等都是根据脚本来创作的。可以这么说，脚本的最大作用，就是提前统筹安排好每一个人每一步要做的事情。一张表格让你事半功倍。简而言之，脚本是为效率和结果服务的。

（二）作用

对于直播带货的视频来说，脚本最主要的作用有两个。

1. 提高视频拍摄效率

脚本就是短视频的拍摄提纲与拍摄框架。有了提纲和框架，后续的拍摄、剪辑、道具准备等就有了一个流程指导。就像写文章一样，老师都会建议学生在写文章之前先列一个提纲，然后根据提纲去拓展，这样写起来思路更清晰，效率也更高。

2. 提高视频拍摄质量

虽然带货短视频大多是在 15 秒左右，最长也不会超过 30 秒。但是，如果想要基础流量高、转化率高，必须精雕细琢每一个在视频里面出现的细节。包括景别、场景布置、演员、服装、化妆、道具准备、台词设计、表情等，还有音乐的配合，最后剪辑效果的呈现等等，这些都是需要在脚本中设计并体现出来的。

（三）策划与写作

1. 前期准备

在编写短视频拍摄脚本前，需要确定好短视频整体内容的思路和流程。它主要包括以下几个方面。

1）拍摄定位

在拍摄前期，需要定位内容的表达形式。比如，是做短视频、美食制作、服装穿搭还是小剧情等。

2）拍摄主题

主题是通过内容定义的。比如服装穿搭系列，拍摄一个连衣裙的单色搭配，这就是具体的拍摄主题。

3）拍摄时间

确定拍摄时间有两个目的：一是提前和摄影师约定时间，不然会影响拍摄进度；二是确定好拍摄时间，可以做成可落地的拍摄方案。

4）拍摄地点

拍摄地点非常重要，比如野生美食就要选择在青山绿水的地方，拍室内场景还是室外场景，选择普通的家庭厨房还是选择开放式的厨房等，这些都需要提前确定好。

5）拍摄参照

有时候想要的拍摄效果和最终出来的效果是存在差异的，这就需要在拍摄前与摄影师进行沟通，从而确定哪些场景和镜头的表达是想要的，以便摄影师根据具体需求进行内容制作。

6）背景音乐

背景音乐是短视频必要的构成部分。配合场景选择合适的音乐非常关键。比如拍摄帅哥美女，就要选择流行或嘻哈等快节奏的音乐；拍摄中国风类型则要选择节奏偏慢的唯美的音乐；拍摄运动风格的视频就要选择节奏鼓点清晰的动感音乐；拍摄育儿和家庭剧，可以选择轻音乐等。

2. 脚本要素

在拍摄脚本中，需要对每一个镜头进行细致的设计，下面主要从镜头景别、内容、台词、时长、运镜、道具6个要素进行讲解。

1）镜头景别

镜头景别是指摄影师利用复杂多变的场面调度和镜头调度，交替地使用各种不同的景别，以期使视频剧情的叙述、人物思想感情的表达、人物关系的处理更具有表现力，从而增强视频的艺术感染力。镜头景别具体是指在拍摄的时候，是使用远景、全景、中景、近景还是特写。拿拍摄人物来说，远景就是把整个人和环境拍摄在画面里，常用来展示事件发生的时间、环境、规模和气氛，比如一些战争的场景；全景就是比远景更近一点，把人物的身体整个展示在画面里面，用来表现人物的全身动作，或者是人物之间的关系；中景就是指拍摄人物膝盖至头顶的部分，不仅能够使观众看清人物的表情，而且有利于显示人物的形体动作；近景也就是拍摄人物胸部以上至头部的部位，非常有利于表现人物的面部表情、神态，甚至是细微的动作；特写就是对人物的眼睛、鼻子、嘴、手指、脚趾等这样的细节进行拍摄，适合用来表现需要突出的细节。

2）内容

内容就是把想要表达的东西通过各种场景进行呈现。具体来讲就是拆分剧本，把内容拆分到每一个镜头里面。

3）台词

台词是为了镜头表达准备的，起到画龙点睛的作用。

4）时长

时长指的是单个镜头的时长。时长提前标注清楚，以方便在剪辑的时候，找到重点，提高剪辑的效率。

5）运镜

运镜指的就是镜头的运动方式。短视频拍摄中经常用到的运镜技巧如下。

（1）前推后拉。前推后拉指的是将镜头匀速移近或者远离被摄体。向前推进镜头是通过从远到近的运镜，使景别逐渐从远景、中景到近景，甚至是特写，这种运镜方法容易突出主体，能够让观众的视觉逐步集中。

（2）环绕运镜。拍摄环绕镜头需要保持相机位置不变，通过以被摄者为中心手持稳定器进行旋转移动。环绕运镜就犹如巡视一般的视角，能够突出主体、渲染情绪，让整个画面更有张力。

（3）低角度运镜。低角度运镜是通过模拟宠物视角，使镜头以低角度甚至是贴近地面的角度进行拍摄，越贴近地面，所呈现的空间感越强烈。低角度拍摄也能够更加聚焦于某一部位，最常见的是腿部行走。

其实运镜方法有许多，当你能够熟练地使用稳定器的时候，就可以在基础的运镜动作上加入其他元素，使镜头看起来更加酷炫，更具有动感。

6）道具

道具种类繁多，玩法也多样。但是需要注意的是，道具应起到画龙点睛的作用，莫让它抢了主体的风采。

3. 脚本撰写

视频拍摄人员在拍摄视频前，需要先根据视频拍摄脚本的内容来规划拍摄的进度及画面，然后根据画面内容进行分段拍摄，最后再对拍摄好的内容进行后期编辑，添加文字、声音和特效，以更好地表达出宣传视频的中心思想，完成短视频的制作。因此，完整且有计划的视频脚本是相当重要的，这要求文案撰稿人对商品和视频拍摄相当熟悉，且具备较强的方案策划与文字写作能力。

一般来说，视频拍摄脚本可以根据分镜内容来进行组合。文案撰稿人要对每个分镜的画面、长度、配音、字幕、景别等内容进行策划，并制定具体的执行方案。现以一款男士西服为例，策划并撰写其宣传视频脚本。

镜头	画面内容	长度	配音		字幕	景别	备注
			旁白	音乐			
分镜 1	一双手轻轻拂过裁剪得体、面料舒适的定制西服，当手移出镜头后，在西服右侧显示品牌名称	8 秒		轻音乐	因为专注，所以成就	特写	
分镜 2	一位穿着考究的男士从街头信步走来，推开街角的西装店门，走进西装店内，看到技艺精湛的技师正在制衣	14 秒				远景到近景	
分镜 3	男士脱外套，由店内员工为其测量服装尺寸，并特写裁剪工具和面料，最后展示男士穿上西服的效果	25 秒				中景到特写	抓取整理西服的细节
分镜 4	男士穿着定制的西服与女朋友约会的场景，可选取就餐、散步等日常生活画面	15 秒				中景	

续表

镜头	画面内容	长度	配音		字幕	景别	备注
			旁白	音乐			
分镜 5	品牌介绍，以旁白和字幕为主	12 秒	源自法国的优雅，为爱而生		品牌名 + 创建时间		

根据脚本拍摄并剪辑后的视频成品，其效果与文案内容对应，层次分明，主题突出。商品宣传视频可以起到总览与说明的作用，让消费者对商品有一个基本的认知。

任务实施

本次任务主要通过技能的学习，加深对视频直播文案写作的理解与认识，并培养脚本策划撰写的实践能力。

任务介绍

为了帮助消费者直观地了解商品信息，可拍摄用于品牌宣传及商品介绍的短视频，为此需要策划并撰写视频脚本。本次任务为自行拟定商品，策划并写作商品视频脚本。现以沙发商品为例，构思并撰写的视频脚本如下。

镜头	画面内容	长度	配音		字幕	景别	备注
			旁白	音乐			
分镜 1：沙发使用场景展示	拍摄模特使用沙发的日常场景，如坐在沙发上看书、吃零食、听音乐等	20 秒		轻音乐	无	中景	
分镜 2：沙发细节展示	特写沙发的面料、弹性、做工	20 秒		轻音乐	优质舒适面料、舒适座套、高密度海绵	中景到特写	拍摄模特站在沙发上跳起并落回沙发上的画面，给沙发弹性特写
分镜 3：沙发安装	拍摄安装沙发的过程	20 秒		轻音乐	安装简易	中景到特写	

任务总结

本章课程介绍了视频直播文案写作的研究与实践的相关知识点，分别从视频直播平台注册流程、视频直播文案内容框架及视频直播文案写作要领等方面展开介绍，以逐条分步的形式帮助学生掌握视频直播文案写作的方法和流程，学生学习之后可以对视频直播文案有更好的认识与了解。

英语角

视频 video
直播 live broadcast
宣传 propaganda
演示 demonstration
策划 plan
脚本 script

任务习题

1. 开通淘宝商家直播权限的第三步为（　　）。

A. 下载　　B. 入驻　　C. 认证　　D. 开播

2. 在进行直播时，必须遵守淘宝直播平台对主播的要求，从着装、（　　）、动作行为和直播间环境四个方面约束自己。

A. 言论　　B. 隐私　　C. 货源　　D. 品质

3. 直播标题需要控制在（　　）个汉字以内，应该包含必要的内容亮点。

A.8　　B.36　　C.140　　D.12

4. 背景音乐是短视频必要的构成部分。配合场景选择合适的音乐非常关键。比如拍摄运动风格的视频，就要选择（　　）。

A. 流行音乐　　B. 唯美音乐　　C. 动感音乐　　D. 轻音乐

5.（　　）是拍摄人物胸部以上至头部的部位，非常有利于表现人物的面部表情、神态，甚至是细微的动作。

A. 特写　　B. 近景　　C. 中景　　D. 全景

项目 07　微信文案写作的研究与实践

学习目标

重点学习微信文案的写作要领，了解微信平台的注册流程，熟悉微信文案的内容框架，具备在微信平台通过文案进行运营、推广的能力。在任务实现过程中：

- 了解微信平台的注册流程；
- 熟悉微信平台文案的内容框架；
- 掌握微信平台文案的写作要领。

职业素养

注重培养学生的批判性思维和辩证思维，特别是讨论网络谣言的成因和传播时，引入马克思主义新闻观中坚持新闻真实的原则。通过对网络社会的反思，培养学生理性讨论和在众声喧哗时代不被科技绑架的人文情怀。

学习路径

本次任务主要通过技能的学习，加深对微信文案写作的理解与认识，并培养微信文案撰写的实践能力。	**任务实施**		**学习目标**	1. 了解微信平台的注册流程； 2. 熟悉微信平台文案的内容框架； 3. 掌握微信平台文案的写作要领。
		微信文案写作的研究与实践		
1. 微信平台注册流程； 2. 微信文案内容框架； 3. 微信文案写作要领。	**任务技能**		**任务描述**	【情境导入】随着Nike Free的新品上市，AKQA与Nike合作，利用微信平台推出“自由起动”活动。这种基于微信的互动营销颇具人气：活动开始一个月，已经积累上传了33 090张照片。

任务描述

【情境导入】

作为最受耐克迷们喜爱的跑鞋之一，Nike Free 一直以来都是自我表达、灵活运动和创造力的象征。随着 Nike Free 的新品上市，AKQA 与 Nike 合作，利用微信平台推出“自由起动”活动，试图让消费者真实体验这种灵动，并激发他们去自由表达。每个人都可以成为一名设计师，设计一双专属于自己的鞋子（图 7.1）。

图 7.1　耐克微信活动

参与方式简单，进入 Nike 的微信号，随意上传一张照片，就能即刻收到一张根据照片量身打造的 FreeID 设计图，上传的照片越是颜色亮丽、对比度高，Free ID 设计图的色彩也就越丰富。将设计图和起动故事分享到微博，还有可能获得一双真正的跑鞋。

这种基于微信的互动营销颇具人气，活动开始一个月，已经积累上传了 33 090 张照片。

本章节主要通过对微信平台注册流程、微信文案内容框架、微信文案写作要领等技能点的学习，加深对微信文案写作的理解与认识，并培养微信文案撰写的实践能力。

任务技能

技能一　微信平台注册流程

智能手机的出现加速了移动终端的进程，而微信以手机为媒介，是一款与个人信息紧密相关的手机软件。一个微信账号对应一个鲜明的个体，文案撰稿人在进行微信文案创作前，要充分融入品牌的特点，形成风格鲜明、有强烈个人色彩的账号，这样才能使人有一种眼前一亮的感觉。下面将以注册为切入点，讲授创建微信公众号的第一步。

一、定位

一个优秀的微信公众账号需要有一个明确的定位，大而全并不可取，账号定位应为有价值的垂直内容，以有价值的内容为出发点，以垂直内容为账号增加内容深度、专业度及识别度。

下面从六个维度谈一谈微信公众号的定位。

（一）人群定位

物以类聚，人以群分。公众号无论要推荐什么商品或服务，都离不开找到与其相匹配的人群，任何微信公众号的商业模式最终都是针对人而来的。在定位时，一定要先明确自己的产品，并以此为基点，去分析其准客户的人群结构，并从中找出最有可能是这些产品或服务的受众群体。

微信公众号的人群定位，就是找某一类型的人群，并把自己的公众号推送的内容方向锁定在这类人群喜闻乐见的资讯上来。总之，微信公众号的人群定位，就是以自己已有或可能有的产品或服务，去找与之相匹配的人群，并以此去组织公众号推送内容的技巧。

（二）行业定位

与人群定位相比，行业定位无须分析与自己的产品或服务对应的精准人群，只要比对一下自己的产品或服务是针对哪一行业，就可以很简单地为自己的微信公众号定位。

（三）地域定位

进行地域性定位的微信公众号属于地方性的区域自媒体，其有以下优势。

（1）本地人对内容的把握相对精准、深入，发展空间大。

（2）地域性公众号对一些广告商家来说，更具价值。

（3）地域性公众号有线上、线下联动营销的优势。

（四）产品定位

产品定位就是以产品或品牌作为公众号的定位基础。如果产品、品牌的知名度不够大，建议不要把公众号定位于产品之上；相反，如果产品有一定的知名度，这样做就会收到意想不到的结果。

（五）功能定位

功能定位就是微信公众号的内容是围绕某种功能展开的，比如养生号、股票交流号等等。它具有如下特点。

（1）便于聚集有共同喜好或需求的人群。

（2）因为粉丝都是为解决某一“功能”而来的，只要设计一款适合的产品，总能引起粉丝的共鸣，甚至产生购买欲望，所以商业价值较大。

（3）粉丝忠诚度高。

（六）内容定位

内容定位指微信公众号的定位，都是围绕着“内容”在作文章。此类公众号会有一套系统的选材标准，以形成特定的内容风格。

二、注册

注册步骤如下。

（1）打开微信公众平台官网“https：//mp.weixin.qq.com/”，点击右上角的“立即注册”按钮（图 7.2）。

图 7.2　注册公众号 1

（2）选择账号类型（图 7.3）。

图 7.3　注册公众号 2

（3）填写邮箱地址，登录邮箱，查看激活邮件，填写邮箱验证码激活（图 7.4、图 7.5）。

图 7.4 注册公众号 3

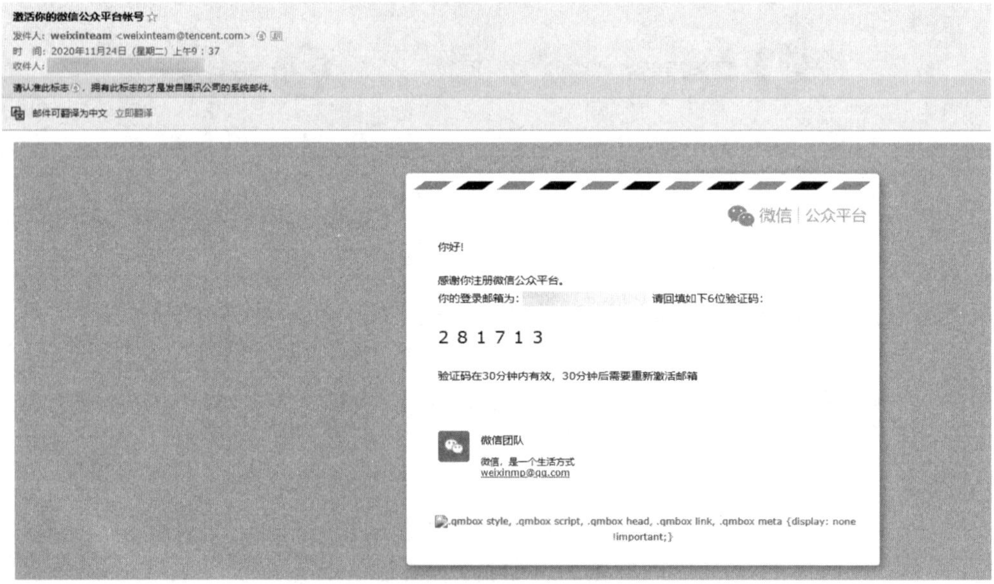

图 7.5 注册公众号 4

（4）选择注册地；了解订阅号、服务号和企业微信的区别后，选择想要的账号类型（图 7.6、图 7.7）。

图 7.6　注册公众号 5

图 7.7　注册公众号 6

（5）信息登记，选择个人类型之后，填写身份证信息（图 7.8、图 7.9）。

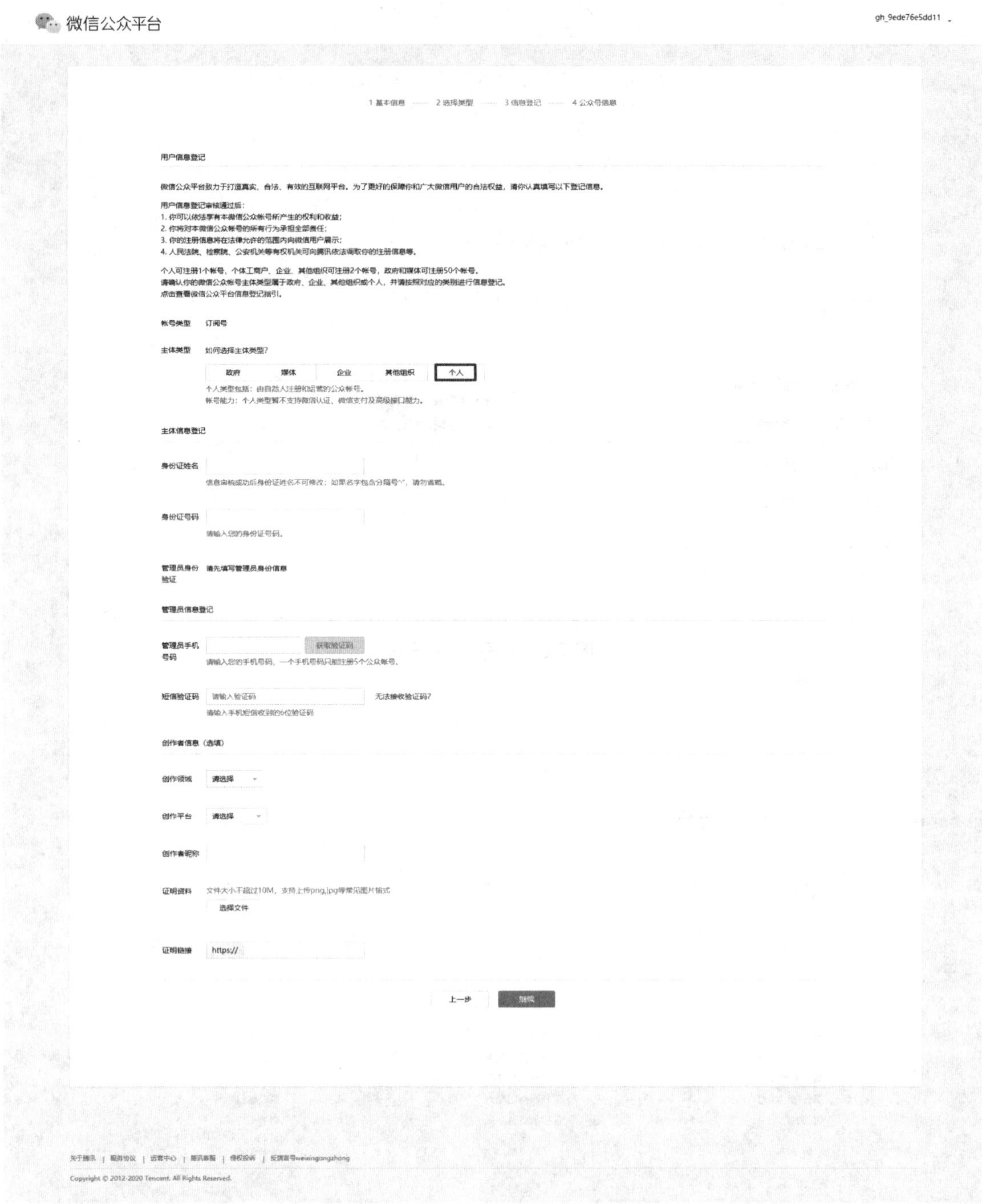
微信公众平台
gh_9ede76e5dd11
1 基本信息 2 选择类型 3 信息登记 4 公众号信息
用户信息登记
微信公众平台致力于打造真实、合法、有效的互联网平台。为了更好的保障你和广大微信用户的合法权益，请你认真填写以下登记信息。
用户信息登记审核通过后：
1. 你可以依法享有本微信公众帐号所产生的权利和收益；
2. 你将对本微信公众帐号的所有行为承担全部责任；
3. 你的注册信息将在法律允许的范围内向微信用户展示；
4. 人民法院、检察院、公安机关等有权机关可向腾讯依法调取你的注册信息等。
个人可注册1个帐号，个体工商户、企业、其他组织可注册2个帐号，政府和媒体可注册50个帐号。
请确认你的微信公众帐号主体类型属于政府、企业、其他组织或个人，并请按照对应的类别进行信息登记。
点击查看微信公众平台信息登记指引。
帐号类型 订阅号
主体类型 如何选择主体类型？
政府 媒体 企业 其他组织 个人
个人类型包括：由自然人注册和运营的公众帐号。
帐号能力：个人类型暂不支持微信认证、微信支付及高级接口能力。
主体信息登记
身份证姓名
身份证号码
请输入您的身份证号码。
管理员身份验证 请先填写管理员身份信息
管理员信息登记
管理员手机号码
获取验证码
请输入您的手机号码，一个手机号码只能注册5个公众帐号。
短信验证码 请输入验证码
无法接收验证码？
请输入手机短信收到的6位验证码
创作者信息（选填）
创作领域 请选择
创作平台 请选择
创作者昵称
证明资料
选择文件
证明链接 https://
上一步

图 7.8　注册公众号 7

图 7.9　注册公众号 8

（6）填写账号信息，包括公众号名称、功能介绍等（图 7.10）。

图 7.10　注册公众号 9

（7）注册成功（图 7.11）。

图 7.11　注册公众号 10

关于公众平台身份证、手机号、企业信息登记次数说明如下。

（1）同一个邮箱只能申请 1 个公众号。

（2）同一个手机号码可绑定 5 个公众号。

（3）同一身份证注册个人类型公众号数量上限为 1 个。

（4）同一企业、个体工商户、其他组织注册公众号数量上限为 2 个。

（5）同一政府、媒体类型可注册和认证 50 个公众号。

三、起名

由于微信是半封闭的社交平台，名称最好与产品有必然联系。用具有吸引力的词语将用途和服务直接展现出来，使受众看见公众号的名字就能联想到是做什么的、内容是什么调性的。下面介绍三种取名方法。

1. 形象取名法

形象取名法，即把具体的事情抽象化或把抽象的事物具体化，可以用拟人、比喻等修辞手法来实现。如微生活会员卡、酒店助手等。

2. 领域取名法

专注垂直领域内容的微信公众号，其名称可以使用“行业＋用途”模板。微信里面有一个搜索功能，可以让潜在的顾客通过关键词找到自己感兴趣的微信公众号。如一起记单词等。

3. 用途取名法

清晰的功能介绍、有理有据的说明、适宜的文字风格、有针对性的解决方案，会让受众更加认同公众号的特点与价值。如电影商学院等。

技能二　微信文案内容框架

公众号是微信营销的主战场，其中服务号和订阅号是目前微信营销使用最频繁的公众号类型，为它服务的文案撰稿人一般是企业专职聘用的文案人员，他们需要具有专业的文案策划与撰写能力。微信公众号的文案主要是向已关注公众号的粉丝推送文章，通过文章内容来吸引用户互动，以巩固用户对品牌的忠诚度，不断扩大影响力，让老用户带来新用户，提升整体营销效果。

根据发布数量的不同，微信文章分为单图文文章（图 7.12）和多图文文章（图 7.13）。不论是单图文文章还是多图文文章，它们都是由封面图、标题、摘要和正文组成的。微信公众号文案人员要写一篇完整的公众号推广文章，需要同时掌握这些内容的创作方法。

图 7.12　单图文文章

图 7.13　多图文文章

一、封面图

微信公众号文章封面图是对文章内容的简要说明和体现，用以快速吸引用户眼球，并引发他们的潜在阅读欲望。微信公众号文章的封面图有两种尺寸，第一种是单图文封面图和多图文首篇封面图，它们的长宽比为16∶9，图片像素建议为900 px×500 px，支持的图片格式有JPG、PNG和GIF，图片大小不超过5 MB；第二种是多图文次篇封面图，其长宽比为1∶1，图片像素建议为200 px×200 px。

（一）首篇封面图

微信公众号文章的封面图一般都使用与推送内容相关的图片，或与商品相关的图片。单图文封面图和多图文首篇封面图的尺寸较大，展示的图片内容较为丰富，可着重进行设计，结合重要文字、商品图片及主题诉求等内容，加强图片对用户的吸引力，使主题更加突出。

（二）次篇封面图

次篇封面图的构图思路如下。

1. 简单直观

多图文次篇封面图一般每篇文章对应一张封面图，其封面图由于尺寸较小，不建议添加太多内容，应尽量保持简单、直观。

2. 系列主题

若多图文推送的内容分为不同系列，还可以为每个系列设计对应风格的图片，通过不同的文字图片，标识出每篇文章所对应的主题，这种方式可以快速让用户对多图文的每篇文章有一个大概的了解，增强信息的识别度。

3. 个性趣味

为了表达个性，封面图也可以使用一些带有趣味性或独特标志的图片，如个人独特的形象图或公众号特有的标签图等。

二、标题

好的标题能够直接引起用户对文案的阅读兴趣。为了使微信公众号的标题更具有辨识度，可在标题前使用竖线“|”或中括号“【】”将关键词或不同类型的文章分隔开，以对文章内容进行区分，更好地打造公众号自己的风格。提炼关键性词语的思路有以下两个。

（一）围绕文章内容

将文章内容提炼成关键词，让用户在看到文章标题时就能快速分辨出文章属于哪个公众号，分享的内容是什么，从而进一步加深用户对公众号的印象。

（二）突出品牌个性

在强化品牌时，还可在标题中加入个人或企业的品牌名称或具有强烈品牌辨识度的词语。例如，一个分享个性旅途的微信公众号，在其文案标题前均添加有“独特旅行 |”的标识，以此标识来代表公众号的形象，能加深用户对企业和品牌的印象。

三、摘要

摘要是微信公众号文章封面图下面的一段引导性文字。在手机屏幕范围内可以快速引导用户了解文章的主要内容，或提出具有吸引力的问题，吸引用户点击，增加阅读量（图 7.14）。

图 7.14　摘要

（一）显示位置

一般情况下，摘要会显示在单图文列表页面。虽然多图文文案在页面上并不显示摘要，但当某篇多图文文案被单独分享出去后，也会显示摘要，所以文案人员还是要对摘要进行认真撰写。

（二）内容设置

单图文的显示区域大小约为 4 篇图文的大小，从上到下的结构包括封面图、标题、摘要，具有一目了然的效果。摘要的字数约为 50 字，应根据标题和正文内容来写。若是有关推广活动的文章，可将优惠活动作为摘要来吸引用户；若是有关书籍的微信文章，可将书中名句、作者的话、别人的评价等设为摘要。

（三）默认模式

如果选择单图文模式发表文案却不添加摘要，微信会默认将正文的前面几句文字显示为摘要，这样就浪费了大好位置。多图文文案也是如此（只是作用没有单图文文案明显）。

微信公众号文章的摘要与导语有异曲同工之处，因此建议文案人员认真写摘要，最好在写完正文后仔细阅读，并将文章内容和自己的看法见解作为摘要进行展示。不要出现表意不清的情况，这会影响用户对文章的第一印象。

四、正文

微信公众号文章是以内容质量取胜的，虽然优秀的文章标题可以吸引用户点击阅读，但还需要配合翔实且富有内涵的内容，才会让读者真正记住文章所表达的诉求。在信息碎片化的时代，人们不会花费太多的精力来思考文章的层次与结构。因此，从读者的角度去思考，写出让他们读起来更轻松、看起来更舒服的文章才是重点。下面分别对微信正文的布局和写作方法进行介绍。

（一）布局

基于手机屏幕的大小，微信文案一屏不能展示太多的内容，因此要好好地规划文章的布局，思考如何缩短读者对文章层次的理解时间，让文章层次清晰、表达清楚，从而提高阅读量。一般来说，微信正文的内容最好不要超过 3 屏，太长会让读者产生阅读疲劳。下面从正文与标题的搭配、段落的设置、图片和段落的排版、视觉统一等角度出发，探讨让文章看起来更舒适的布局方法。

1. 正文和标题的搭配

当微信文案需要表达的内容较多时，经常会采用小标题的形式来概括重点，以明确文章各部分的内容，并让读者对文章所表达的主要观点一目了然。这些小标题要比正文更加醒目，才能让读者一眼就注意到它们。

1）小标题与正文文字的设置

小标题是正文某一部分的开始，是这段话的主题要点。它的字体要尽量区别于文章的正文，且要比正文更加醒目。因此，可对小标题的字体进行加粗、更改颜色等设置，使其突出显示。微信公众号文章正文的文字默认大小为 16 px，小标题可以在 18~20 px，根据实际需要可进行适当调整（图 7.15）。

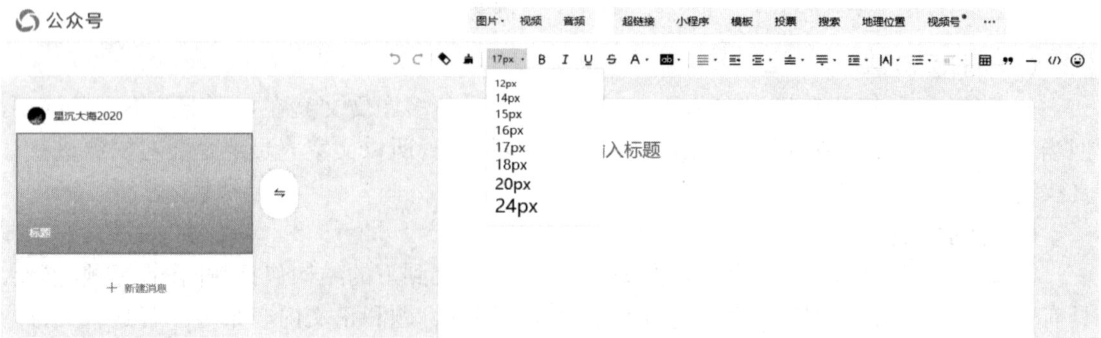

图 7.15　微信公众号后台编辑器中的文字字号设置界面

2）多级标题的设置

当文章中出现多个级别的标题时，大标题可以用“一、二、三、……”的样式并加粗显示，下一级标题可以使用“1、2、3……”的样式并加粗显示。切忌为了区别不同的标题，将标题字体设置得过大或太花哨。

标题与正文的字体大小和颜色设置要遵循和谐、美观的原则，对于没有需要特别说明或突出的内容，可以不进行其他的格式设计。

2. 段落的设置

文案人员进行微信公众号文章的正文设置时，要注意行与行之间的间距、段落与段落之间的间距。行与段落之间的距离不能一致，应该有明显的区别；标题与段落之间也要有明显的差异，能够让用户明显区分出行与段落、段落与段落、标题与段落，让读者阅读起来更加容易。

1）行间距的设置

行与行之间的距离叫作“行间距”，是每两行文字之间的纵向间距。行间距的大小可以直接影响文章的篇幅长短。由于默认设置的文字在手机上显示得都较为拥挤，因此为了提高用户的阅读体验，需要进行手动设置。在微信公众号后台编辑器中设置行间距时，可先选择所有文本再点击“行间距”按钮，在打开的下拉列表中选择需要的行间距选项即可，建议设置为 1.5~2 倍行间距为最佳（图 7.16）。

图 7.16　行间距

2）段间距的设置

（1）段间距。段间距是指段落与段落之间的距离，可根据段落方向分为段前距和段后距。在微信公众号后台编辑器中，点击“段前距”按钮可设置段前间距（图 7.17）；点击“段后距”按钮可设置段后间距（图 7.18）。

图 7.17　段前距

图 7.18　段后距

（2）字间距。文案人员还要注意文字与文字之间的距离，即字间距。不同的字间距下，内容所呈现的视觉效果是存在差异的。微信公众号文章的字间距一般设置为 1 px 或 2 px，才能够带来较为舒适的阅读体验（图 7.19）。

图 7.19　字间距

（3）首行缩进。微信公众号文章主要在手机、平板电脑等移动端上阅读，而这些设备的屏幕尺寸不一，如果在段首空两格容易导致整段文字比例失调。因此，微信公众号文章的段首都是顶格的。但如果在纸质媒体或计算机端上写作文案，则要首行缩进两个字符，这样可以让段落更加明显。

通过正确的段落设置，不仅将每个段落都分割开来，且段间距、段前距和段后距都保持一致，使文章结构清晰、排列整齐、阅读方便。

3. 图片和段落的排版

文字和图片是微信文案中最常出现的两种元素。文字可以组成段落，图片可以存在于段落之间，起到承上启下或补充说明的作用。

1）图文位置

一般来说，图片与段落之间的位置关系有三种。一是位于段落的上方，二是位于段落的下方，三是位于段落与段落之间。

2）作用及意义

图片与段落之间不同的位置关系，表现出来的含义也不尽相同，具体如下。

（1）承上启下。如果图片比较重要，表明下文要讲述的内容，用以引导读者，可以将图片放在段落上方，起到启下的作用。

（2）辅助插图。如果图片只是作为辅助的文字插图，可以放在最后，或根据需要调整位置。它们之间的位置关系要以读者的阅读感受是否舒服作为衡量标准。

（3）图片为主。在一些以图片为主的文案中，文字主要起到说明解释的作用。此时图片和说明文字之间尽量不要留空行，以保证两者之间的整体性。

3）文字颜色

建议对说明文字的字体颜色进行设置，以区别于正文文字。但整篇文章的颜色不要太多，最好控制在 3 种以内，且保证文章整体颜色的色调协调。

4. 视觉统一

微信公众号文章的整体视觉效果要在配色和排版两个方面达到统一后，才能增加文章对用户的吸引力，使用户对文章留下良好的第一印象，增加文章的可读性。公众号应逐步建立自己的风格，与其他竞争者产生区别，形成差异化竞争优势。

1）配色

公众号推送文章的配色一般使用与企业或品牌相关的颜色，如果没有品牌色，也建议使用比较统一的色调，作为公众号的代表色，从而提高辨识度。

在选择颜色时，尽量使用温和的颜色，否则很容易影响阅读，降低用户的阅读体验。如果文章中需要插入图片，文字颜色也应该与图片相匹配，这样整体会比较协调。

2）排版

为了保证推送文章整体的美观和易读性，在进行排版时可以遵循对齐、对比、统一的原则。

（1）对齐。对齐主要包括左对齐、右对齐、居中对齐、两端对齐 4 种形式，默认一般为左对齐，可以根据内容需要选择合适的对齐方式，也可混合使用（图 7.20）。

图 7.20 对齐

（2）对比。对比主要是指标题与正文的对比、重点内容与普通内容的对比，体现出标题、正文、重点内容的差异性，可以使文章更加有条理。

（3）统一。统一是指排版样式统一，包括正文字体样式一致、重点内容字体样式一致、行距一致、风格一致等。

（二）写法

微信公众号文章是通过巧妙的组织结构、图文并茂的文案描述来一步步引导用户的思维，令用户接纳与信赖，从而达到营销推广的目的，所以文案的具体内容十分重要。下面介绍几种微信公众号文章正文的写法。

1. 以商品为核心

以商品为核心进行正文写作是一种常用的微信公众号文章写作方法，其以商品作为贯穿全文的思路。在文章开头用一段话引出商品或直接介绍商品，再对商品的功能或核心卖点展开写作，其写作方法主要有各个击破法和核心拓展法两种。

1）各个击破法

各个击破法是指根据要推广的内容，单独介绍商品或服务的特点，这种写作方法的优势在于以期通过一个点来打动用户。文案人员在写作过程中要注意文字与图片的配合，通过详细的说明、亮眼的词汇以及直观有趣的图片充分展示商品、服务和卖点，以吸引用户的注意。

比如，一篇推广口红的微信公众号文章，在文章开头通过十一小长假引入商品口红，然后以每天一支口红的方式介绍其主推商品，并从商品色号、性质等方面进行介绍，同时搭配人物上色效果图，直观而清晰地展示商品的特点。文章最后以一段优惠促销信息激发用户的购买热情。

2）核心扩展法

核心扩展法是指在文章开头先将核心观点单独列出来，再从不同维度加以佐证，使文章始终围绕一个中心点来表述的叙述方式。采用核心扩展法的文章一般不会出现偏题或杂乱无章的情况，对用户的引导作用也更强。

比如，一篇关于丝绒商品的微信公众号文章，在开头直接点明其观点，丝绒能够衬托女人的气质，然后通过丝绒材质、丝绒搭配、丝绒单品挑选等维度展开叙述，加强用户对丝绒的了解并推广商品。

2. 借故事来引导

故事引导法是指通过讲述感人的、有趣的、悲惨的或八卦的故事，让用户融入故事情节中，被故事的思路所引导，最后在故事的结尾处提出商品的价值或相应的解决方案。采用这种写作方法一定要保证故事的特色和情节的合理性，要使故事有看点，同时还要便于植入推广对象。

3. 借兴趣来引出

借兴趣来引出，即以用户感兴趣的事物作为开场进行文案写作。干货、盘点、分享、时事热点、攻略、游戏、健康、猎奇事件等都是用户感兴趣的话题。文案人员要根据公众平台的定位，结合当前网络流行趋势以及所推广商品的特征和用户的喜好，在其中选出适合的主题，来进行商品或品牌植入。

例如，某游戏平台微信公众号的推广软文就是将游戏的背景故事作为兴趣点来展开宣传，提炼出的兴趣点只要与商品有关联、内容有趣或是让用户觉得有价值、实用性强等，都会引起受众的关注甚至喜爱。

技能三　微信文案写作要领

微信朋友圈是一个个人化的平台，也是微信文案的主体或主要形式。文案人员可在朋友圈中通过分享趣味性的内容、社会热点、个人感悟、咨询求助或专业知识等内容来进行营销。

一、发布时间

因为朋友圈基本上是自己的好友，刷屏不仅会造成好友的反感，还容易被拉黑。所以文案要尽量短，最好控制在 6 行以内，100 个字左右最佳。朋友圈一天分享文案 5~8 条为最佳，合适的时间点是：10:00—12:00、12:00—14:00、16:00—17:00、20:00—23:00。

二、写作原则

微信公众号代表着个人的风格，人们通常通过公众号所发布的内容来认识、了解账号持有人，从而建立彼此信任、欣赏的模式。文案人员在微信朋友圈进行文案营销时，除了直接推广商品外，还可以通过良好的个人形象的树立，为自己的品牌提高信任度，为商品的推广减少阻力。所以，朋友圈不要发消极的、关于宗教或政治的、低俗的等触碰红线的内容，也少发抱怨的、心灵鸡汤之类的内容。

三、写作内容

1. 直接推广

直接在朋友圈中进行商品或品牌推广是非常常见的一种写作方法，不需要太多复杂的写作技巧，只要让用户知道你是关于某商品或品牌的推广人员即可。最佳的状态是用户想起某商品或品牌时，就会想起你。这种文案的作用主要是刷存在感，加深用户对商品或品牌的印象。

2. 生活分享

朋友圈是一个分享个人信息的平台，硬推广方式虽然可以直观地推广自己的商品，但也很可能引起朋友圈好友的反感。特别是对于电商推广人员来说，好友的数量非常多，有些可能根本就不认识，采用生活分享的方式来进行商品或品牌的推广，会给朋友圈用户一种亲切、自然的感受，让他们在不知不觉中认可你所分享的信息，达到软推广的目的。

生活分享文案的写作方法很简单，只要写出自己生活中的趣事，然后将需要推广的信息自然而然地融入其中，让朋友圈用户在真实的生活场景中感受和了解到推广信息即可。当然，文案推广人员也可单纯地分享生活趣事，而不植入推广信息，这种纯分享式推广看似毫无价值，实际上是有利于推广的。一方面有利于树立推广人员的形象，让朋友圈里的人觉得你是个鲜明的、活生生的、有情调的人；另一方面还可以在潜在用户面前刷存在感又不惹人厌烦。

比如，一篇由微信代理商发布的融合商品的朋友圈文案，说是朋友聚会，并晒美景和自拍，实则分享的是自家的手机商品，这种表达方式比较倾向于软推广，文案人员可以借鉴。

3. 商品信息分享

对于微商来说，最重要的还是推销商品，所以可以适当地在朋友圈中晒一晒自己的商品上新信息、详情信息、促销活动、发货情况等内容。但是不能太过频繁，一天一到两次或两天一次最佳，这样的分享也会刺激一些潜在用户产生购买的冲动。

4. 融合热点

热点包括当下热门话题、新闻、节假日等，这些流行的东西都能满足人们的好奇心，赢得用户的关注。如果文案撰稿人多花一点儿心思去收集并整理好这些内容，再分享到朋友圈中，就容易引起用户的新鲜感，同时他们也更容易关注到你的商品和品牌。比如，借助大暑节气发布推广文案，就是利用节日的热度来聚集人气。

在融合热点写作朋友圈文案时，要注意不要盲目跟风热点中的某个观点，要善于总结热点事件，并发表自己的观点，将观点与营销推广信息结合起来，通过自己的观点来吸引潜在消费者，以期产生共鸣并引起关注。

5. 介绍专业知识

作为一个在朋友圈进行商品营销的电商推广人员，需要具备以下两个基本素养。

（1）具备专业的商品知识。只有工作人员足够了解商品，其才能打动消费者。

（2）善于专业知识的分享。类似使用方法、使用技巧或商品功用等信息的分享，能帮助用户了解商品功能、特点，解决用户使用过程中的一些实际问题，让用户感受到推广人员的专业，为以后的商品销售打下坚实的基础。

例如，某品牌润肤霜的朋友圈文案，先提出用户可能存在的疑虑，再引出自己推广的商品，然后告诉用户如何使用这款商品。通过专业的商品使用方法介绍来解决用户可能存在的问题，并搭配上使用商品的过程图，增加用户对商品的信心。同时，还可以在评论中留言解决用户提出的问题。

6. 展示消费评价

消费者购买商品后常常会对商品的使用心得、购物体验等进行评价，这些评价的内容也可以作为文案人员的推广信息来进行展示。消费评价是商品质量、商家服务、品牌形象等的真实体现，是体现消费者对商家服务是否满意的一种很直观的途径。文案人员可将这些反馈信息整理出来，以文案或图片的方式发布在朋友圈中，让更多的潜在消费者了解商品和品牌的正面形象，吸引更多人成为自己的消费者。

当然，商家也可以鼓励消费者自己发布对商品或品牌的使用感受，这样由消费者自己写出的消费评价内容会更加真实。为了调动消费者发布评价内容，文案人员可表达出评价即获赠品等福利信息。

7. 互动文案

互动也是朋友圈里增加用户的一种方式，文案人员通常可以直接在朋友圈中发表一些互动性比较强的话题，让用户参与讨论。话题最好比较新奇，能够制造出热点，有一定的宣传性与实用价值，也可适当以利相诱。

1）互动方式

（1）让用户按照要求在下面留言，提供一些建议或评价，再从中抽取一位或几位用户赠送礼品。

（2）发表一些趣味话题，如猜谜、竞拍等。

（3）在朋友圈发布点赞、评论抽奖或送礼的文案。

（4）将宣传活动在朋友圈分享。不少用户对这种内容的文案很有兴趣，能够积极互动参与。

2）实操要求

（1）对参与者给予奖励，会激发参与热情。

（2）互动文案一定要写清楚用户参与互动以及兑换奖品的方式。

（3）对朋友圈用户评论的内容进行回复，可挑选一些具有代表性的评论进行互动，如有趣的评论、支持和赞扬的话语、质疑的言论等。

（4）要注意回复时的语气和用词，尽量以亲切、简明、直观的方式回复，不要含糊其辞。

四、写作规则

在朋友圈写作文案也有一定的规则和技巧，如果在撰写微信朋友圈文案时，能遵循以下几方面的写作注意事项，则能让文案呈现的效果更加完美。

1. 满足需求

朋友圈中的用户一般是具有较为明确的需求才会成为你的好友，因此在写作文案时要以用户需求为前提来进行思考，思考他们喜欢什么、反感什么，什么内容最能引起他们的兴趣。

2. 内容精简

朋友圈文案一般比较简短，太长会被自动折叠，并显示“全文”字样，需要用户自己点击“全文”字样才能查看完整的文案信息，而很多人会因嫌麻烦而直接忽略。这不仅会让用户忽略掉一些重要的信息，也会使推广效果大打折扣。因此，建议朋友圈文案内容尽量保持在100 字左右。

3. 适量配图

图文配合可以增加文案的可读性、丰富文案的内容并增添趣味性。但配图时要注意尽量不要使用商品的直销图，最好上传自己拍摄的实拍图，增加图片的真实性。配一张图片时最好用全景图，可完整显示整张图片的内容；若配两张及两张以上的图片则图片会被自动压缩成正方形，需要点击才能查看完整大图。文案人员可在满足多角度展示需求的基础上，挑选合适数量的图片进行搭配，以完整展现文案信息。

4. 用语生动

朋友圈文案的用语要尽量生动形象，可以使用一些当下流行的词语或表情包。这些内容会提升文案的趣味性，让用户更容易关注你的文案并留下深刻印象。

任务实施

本次任务主要通过技能的学习，加深对微信文案写作的理解与认识，并培养微信文案撰写的实践能力。

任务介绍

微信公众号推广文案需要建立在对目标用户了解的前提下，展开设计与写作。其目的是吸引用户阅读文章，通过文章使用户保持对公众号的长期关注，或令用户产生购买行为。请同学们策划并写作一篇包含热点的微信公众号推广文案，并在文案中植入商品信息，吸引用户阅读文案内容并对商品留下印象。

步骤一：网罗热点

网罗近期的热点事件，并查看相关信息资料。

步骤二：确定热点

热点信息需具有及时性、可读性、教育性、娱乐性或互动性的特征，最终确定一个能够与推广产品有契合点的热点，并收集整合相关信息资料。

步骤三：撰写文案

以热点事件作为切入点展开商品宣传描述，做好热点事件与推广商品信息的衔接和过渡，保证 80% 的内容是读者感兴趣的，20% 的内容是商品推广。这样的文章既借用了热点，带来了一定的关注度，又推销了自己的商品。

步骤四：注意事项

（1）文案结构清晰明了。

（2）可尝试通过语言风格、描述方式和充满创意的图片来吸引用户。

（3）可将当下流行的表情包穿插于正文中，增添文案的趣味性。

任务总结

本项目介绍了微信文案写作的研究与实践的相关知识点，分别从微信平台注册流程、微信文案的内容框架及微信文案写作要领等方面展开介绍，以逐条分步的形式帮助学生掌握微信文案写作的方法和流程，学生学习之后可以对微信文案有更好的认识与了解。

英语角

微信 WeChat
封面 cover
摘要 abstracts
正文 text
段落 paragraph
排版 typesetting
热点 hotspot

任务习题

1. 一个优秀的微信公众账号需要有一个明确的定位，把自己的公众号推送内容锁定在某一类人群喜闻乐见的资讯上来。这种定位方式属于(　　)。

A. 内容定位　　B. 人群定位　　C. 地域定位　　D. 功能定位

2.(　　)可以一天发一次群发消息，但是没有高级接口与支付功能。

A. 订阅号　　B. 服务号　　C. 企业微信　　D. 小程序

3. 微信公众号文章封面图下面有一段引导性文字，请问这段文字是(　　)。

A. 封面介绍　　B. 标题　　C. 摘要　　D. 正文

4. 微信公众号文章的段首都是顶格的，相较于纸质媒体的文案，无须操作(　　)。

A. 行间距　　B. 段间距　　C. 字间距　　D. 首行缩进

5.(　　)是指标题与正文的对比、重点内容与普通内容的对比，体现出标题、正文、重点内容的差异，可以使文章更加有条理。

A. 对齐　　B. 对比　　C. 统一　　D. 配色

项目 08　微博文案写作的研究与实践

学习目标

重点学习微博文案的写作要领，了解微博平台的注册流程，熟悉微博文案的内容框架，具备在微博平台通过文案进行运营、推广的能力。在任务实现过程中：

- 了解微博平台的注册流程；
- 熟悉微博平台文案的内容框架；
- 掌握微博平台文案的写作要领。

职业素养

习近平总书记指出，要“运用网络传播规律，弘扬主旋律，激发正能量，大力培育和践行社会主义核心价值观，把握好网上舆论引导的时、度、效，使网络空间清朗起来”。面对复杂的网络舆论环境，新闻工作者必须坚持马克思主义新闻观以及习近平新时代新闻舆论思想。

学习路径

微博文案写作的研究与实践

任务实施：本次任务主要通过技能的学习，加深对微博文案写作的理解与认识，并培养微博文案撰写的实践能力。

学习目标：
1. 了解微博平台的注册流程；
2. 熟悉微博平台文案的内容框架；
3. 掌握微博平台文案的写作要领。

任务技能：
1. 微博平台注册流程；
2. 微博文案内容框架；
3. 微博文案写作要领。

任务描述：【情境导入】36氪是第一个由微博传播开来的IT类媒体。微博出现之后，用户更加在意如何以最快的速度获得他们想要的资讯内容，并期望和作者有进一步的互动。

任务描述

【情境导入】

36 氪是第一个由微博传播开来的 IT 类媒体。36 氪之后，又陆续出现了雷锋网、虎嗅网、Social Beta，还有最新的 Pingwest 中文网、钛媒体等类似网站。

36 氪（图 8.1）和后面这些网站都能找到生存空间，这充分说明了用户的需求在分化，而微博是最好的能抓住细分人群的渠道。36 氪初期以翻译 Techcrunch 的美国科技资讯文章为主，成功地找到了一个市场空白点。在当时美国一篇科技文章，等有心之人翻译好，并在国内的 IT 媒体如新浪科技、Donews 等出现，至少需要三四天时间。36 氪成功地把这个时间缩短到了一天，用户可以第一时间获得好的资讯。36 氪也成功地成为 IT 科技品牌的新贵。

图 8.1　36 氪

与 36 氪定位互联网创业不同的是：雷锋网偏技术和产品；虎嗅网偏商业和公司，而且虎嗅网重评论；Social Beta 偏重社会化媒体；PingWest 认为他们和硅谷更接地气，资讯更加第一手；钛媒体注重深度报道。这些自媒体的不同定位其实都是和创始人相关。36 氪算学生创业，所以关注创业；虎嗅李岷是原中国企业家执行主编；PingWest 骆轶航在硅谷常驻过；钛媒体创始人赵何娟是以深度财经报道著名的财新主编胡舒立的旗下干将。

如果将互联网媒体分为两个时代，那么在微博出现之前叫“传统时代”，微博之后叫“新时代”。传统互联网吸引流量的办法主要靠百度收录，因此网站需要海量内容。在传统时代，原创并不被鼓励。这是因为在收录后，如果你的内容快速地被权重更高的网站收录，那么在搜索中就会处于不利的地位。所以当时市场上一度充斥着大量一模一样内容的文学站。而在新时代，内容为王，用户更加在意以最快的速度获得他们想要的资讯内容，并期望和作者有进一步的互动。虽然复制者依旧存在，但微博用户总能找到内容的源头。

本项目主要通过对微博平台注册流程、微博文案内容框架、微博文案写作要领等技能的学习，加深对微博文案写作的理解与认识，并培养微博文案撰写的实践能力。

任务技能

技能一　微博平台注册流程

微博是微型博客（MicroBlog）的简称，是一个基于社交关系进行简短信息的获取、分享与传播的广播式社交网络平台，属于博客的一种。新浪微博作为当今最受欢迎的社交平台之一，在线注册的用户类型非常广泛。包括个人微博用户、企业微博用户、政务微博用户、组织机构微博用户和临时微博用户等。不管哪种类型的微博，微博主都可以通过写作文案来进行营销推广。微博文案注重价值的传递、内容的互动、系统的布局和准确的定位。本章节将从注册流程与运营思路两方面搭建起对微博从初步向整体过渡的认知。

一、注册流程

首先进入新浪微博官方网站“https: //weibo.com/”，注册方式有两种。一种为手机注册，另一种为快捷注册（图 8.2）。

图 8.2　微博注册 1

(一)手机注册

点击“立即注册”按钮跳转至注册页面。

可选择个人注册或官方注册，由于浏览器不同，注册流程也会稍有不同。

1. 个人注册

第一种情况：在注册页面的第一个框里输入你的手机号，在第二个框里设置密码，填写出生日期（注意：需年满 14 周岁才可注册），最后点击下面的“立即注册”按钮（图 8.3、图 8.4）。

图 8.3　微博注册 2

图 8.4　微博注册 3

第二种情况：在注册页面填写好手机号、密码与生日后，点击“立即注册”按钮，弹出编辑短信发送至指定号码的验证弹窗（图 8.5）。

图 8.5 微博注册 4

2. 官方注册

官方认证类型包括：政府、企业、媒体、网站、应用、机构、公益、校园组织等（图 8.6）。

图 8.6 微博注册 5

按要求完善信息后，点击“立即注册”按钮即可跳转下一步。

(二)快捷注册

如果追求便捷的注册流程，还可以选择第三方快捷注册(图 8.7)。

图 8.7　微博注册 6

另外，可使用 QQ 账户作为登录账号，点击登录下面的 QQ 图标，就会跳转至合作号登录页面了(图 8.8)。

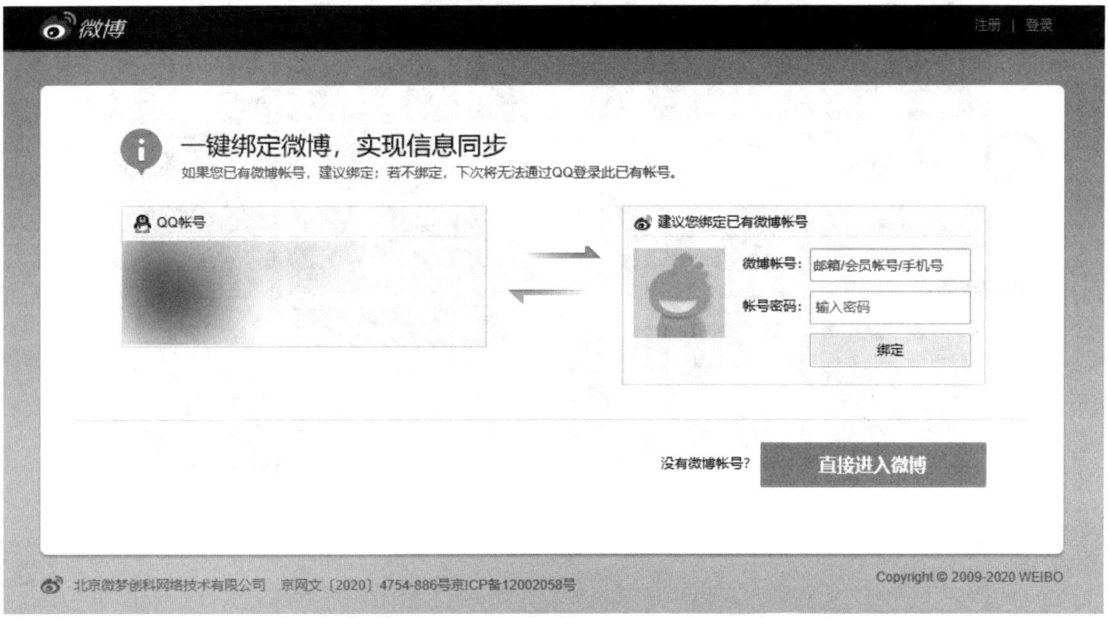

图 8.8　微博注册 7

继续下一步完善资料，设置昵称等基础信息（图 8.9）。

图 8.9 微博注册 8

选择好感兴趣的主题后，即可进入微博（图 8.10、图 8.11）。

图 8.10 微博注册 9

图 8.11　微博注册 10

二、运营思路

微博是一个“社交 + 搜索 + 媒体”的平台，传播性与互动性都很强。其运营思路与其他平台一样，要先定位，按照定位策略输出内容，然后对内容输出后的反馈数据进行分析，进而不断调整优化，形成闭环。下面从内容、形式与优化三方面对微博内容的运营思路进行初步探讨。

（一）内容

1. 方向

微博文章的排名主要由关键词、账号权重、内容质量（点赞、评论、转发）、发布时间等综合因素决定。要想提高排名，首先要提高内容质量。文章内容需要先确定内容领域，明确输出方向。目前来讲，具有以下特点的内容受关注程度较高。

（1）有趣。微博主要还是偏向娱乐性，不过这方面的用户黏性不高，也不够精准。

（2）有用。干货类的内容不管在哪个平台都是关注度最高的。

（3）有利。有利是指内容包含利益，比如转发抽奖、分享有礼等。

2. 准备

1）选题库

制定好内容定位，需要围绕目标定位进行主题策划与内容编排。每个选题都需要围绕主题，不能重复，不可断更。只有建立好选题库，才能更好地为每日更新做好前提工作。

2）素材库

有了主题，还需要准备很多素材，比如干货、金句、故事、图片、视频等。文案撰稿人需要在平日多留意，做个有心人，日积月累，才能把有价值的内容收集起来，使素材库不断丰富。

（二）形式

1. 正文

微博的正文不要过长，百余字足矣，格式随意，无须排版。

2. 话题

话题作为微博的一大特色，也是主要的流量来源之一。可以说发微博必加话题，但是所加话题最好要和内容相关。

3. 图片或视频

图片或视频也是必备的，精美的图片更容易传播。

4.@ 某个人以及相关链接

这条仅仅是在某些时候必要，比如说内容和某个名人相关，可以 @ 一下蹭蹭热度；或者说帮别人做广告，发博文时 @ 他一下。相关链接则是当内容不够完善时添加的。

5. 互动

微博也是一个社交平台，想成功地运营一个微博账号，互动是必不可少的。

1）和粉丝互动

当粉丝数量众多时，可以挑选部分来进行回复，尽量做到回复的粉丝范围大，不要只是局限回复固定的几个粉丝。

2）和大 V 互动

通过预先策划，提前关注一些大 V 及他们发的博文，然后去抢热评。长期在一个博主下占领热评，可以为你带来大量的流量，吸引到不少粉丝。

（三）优化

1. 数据分析

曝光率、点赞率、转发率、评论率、收藏率等这些数据越高，代表大众对微博内容的认可度越高；相反如果这些比率比较低，那可能是“粉丝”数量的原因，也有可能是微博内容的原因。

2. 数据优化

数据分析的目的之一就是优化内容。比如说某篇博文有十万曝光，其中有 2 000 的点赞，但是转发和评论却寥寥无几，这是什么原因导致的呢？主要原因是微博内容未涉及引导用户评论转发。其实，与“粉丝”互动是可以增加“粉丝”黏性及信任感的，评论是和“粉丝”互动效果非常好的方法之一。在博文中可以引导用户进行评论，当然也可以通过活动引导用户进行转发、点赞等，这是微博上常用的一种方式。

技能二 微博文案内容框架

微博长文章即头条文章，位于输入框下方的“头条文章”超链接处。微博长文章支持发布包含大量文字和图片的长文，囊括了封面图、标题、导语、正文等诸多元素（图 8.12、图 8.13）。

图 8.12　头条文章 1

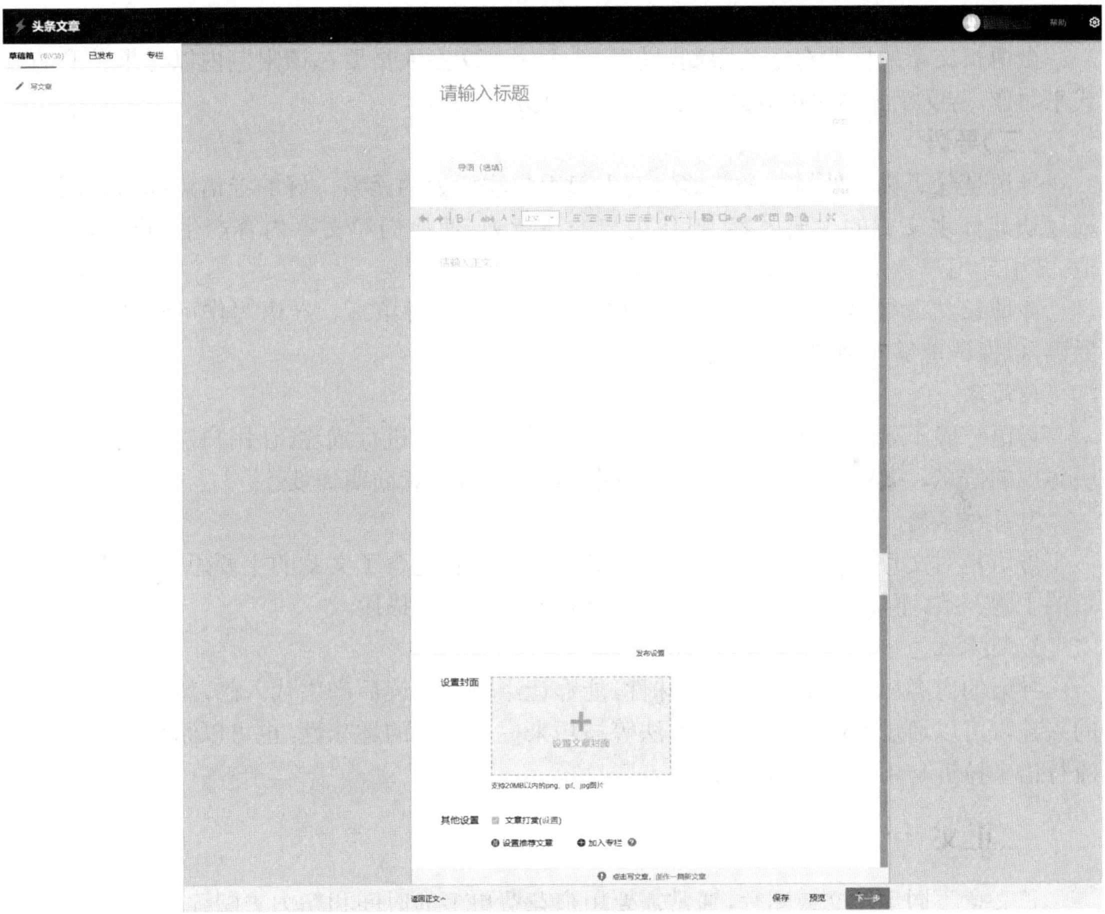

图 8.13　头条文章 2

一、封面图

在微博长文章的编辑页面可以看到，封面图的推荐尺寸为 1 000 px×400 px，可上传大小不超过 5 MB，格式为 JPG、GIF 或 PNG 的图片。封面图是对微博长文章的内容的一个简要说明和体现。有创意和视觉冲击力强的图片可以快速吸引用户的眼球，让用户的注意力暂时停留在封面上，并产生进一步阅读的欲望。同时，封面图也要体现出文章的主题，不能出现图片与文字不符或为了博眼球而故意夸张的情况。

二、标题和导语

标题和导语是除封面图外，影响用户对长文章形成直观印象的又一因素。一般来说，导语会显示在封面图底端，而标题则加粗显示在导语的下方。用户只有对标题和导语感兴趣，才会继续阅读正文内容，所以一个好的标题和导语是非常重要的。

（一）标题

微博长文章的标题应该尽量简练，最好能够快速勾起用户的好奇心和阅读欲望，将能够提供给用户的价值直接通过标题表达出来，让用户可以快速确定自己对这篇长文章的内容是否感兴趣。

微博长文章的标题有字数限制，最多 32 个字。文案人员要在该限制内以尽量精简的方式来写作，若文字太多可能导致无法完全显示标题内容。

（二）导语

导语是除了标题外另一个能够快速引起用户注意力的元素。好的导语可以通过简短的描述快速体现文章的主要内容，抓住用户的注意力，使他们对文章内容产生强烈的阅读欲望，并引导用户点击文章，阅读正文内容。

微博长文章导语属于选填内容，可根据实际需要进行填写。导语写作可参考下面几点原则，以保证能够对用户产生吸引力。

1. 简洁

导语一般不要太长，应该尽量使用简单明了的话语来进行描述，让用户能够快速理解其所体现的信息。微博长文章对导语的限制是 44 个字，注意简明扼要。

2. 符合主题

导语是对文章正文内容的一个引导和抽象概括，它包含了文章的主要思想，因此要与文章的主题一致，不能为了吸引用户而进行夸张或者扭曲的描述。

3. 趣味性

导语的内容应该充满一定的趣味性，能够让用户在阅读后产生代入感，激发起阅读正文的兴趣。可以通过修辞手法、故事手法等技巧来提升导语的趣味性，也可以添加一些时下的流行语来拉近与用户之间的距离。

三、正文

长文章不同于短文或图片，通常需要用户花费更多的时间和精力去阅读，而支持用户坚持阅读下去的动力，就是长文章的内容价值。文案人员在写作微博长文章时需要针对目标人群的特点和喜好来进行选题和写作，才能激发大家阅读和讨论的热情，达到真正的营销效果。长文章的内容可以是自己所在领域或行业的相关知识，可以是对时下热点、话题等进行的评价，也可以是一篇有阅读价值的软文。

在写作微博长文章的正文时要注意以下几点。

(一)与标题匹配

正文内容应该与标题相匹配,也就是说,正文内容必须有价值,要保证被标题吸引进来的用户不会产生被标题"欺骗"的感觉。

(二)表达风格

不同的微博账号发表的文章风格不同,可以是严谨的、精准的,也可以是幽默的、有趣的,这主要与账号定位及文案人员的个人写作风格有关。当然,文章风格也应该呼应用户的特点,根据目标用户喜欢的风格来调整自己的表达方式,才可以获得更大的阅读量。

同时,文案人员还要注意,一旦确定了自己文章的写作风格,就要尽量按照这种风格来写作,不要频繁更换不同的文风来彰显自己的写作能力,否则反而会显得不够专业,流失原有的用户。

(三)文章排版

长文章一般内容较多,要注意文章的排版,以给用户提供更加良好的阅读体验。微博长文章的正文内容字号是固定的,不需要文案人员再进行设置,其字号大小是经过多次试验后的最适合阅读的。而正文内容中的内文标题、重要句子和词语,则可以通过设置标题样式、加粗、倾斜、颜色等,使其凸显出来,与正文内容产生对比和差异。也可以添加一些图片、表情等元素,起到对照与解释说明的作用,让文章整体结构看起来清晰、整洁,增加排版的美观性,提升用户的阅读体验。

微博长文章的排版可通过正文编辑器来优化。文案人员要熟悉编辑器中每个按钮的作用,并熟练应用到写作中。微博长文章正文编辑器中各按钮的含义分别如下。

1."加粗"按钮

"加粗"按钮用于对正文内容进行加粗操作。当正文格式设置为"大标题"或"小标题"时,该按钮处于灰色状态,不能操作(图 8.14)。

图 8.14　加粗

2."斜体"按钮

"斜体"钮按用于对正文内容进行倾斜操作。当正文格式设置为"大标题"或"小标题"时,该按钮处于灰色状态,不能操作(图 8.15)。

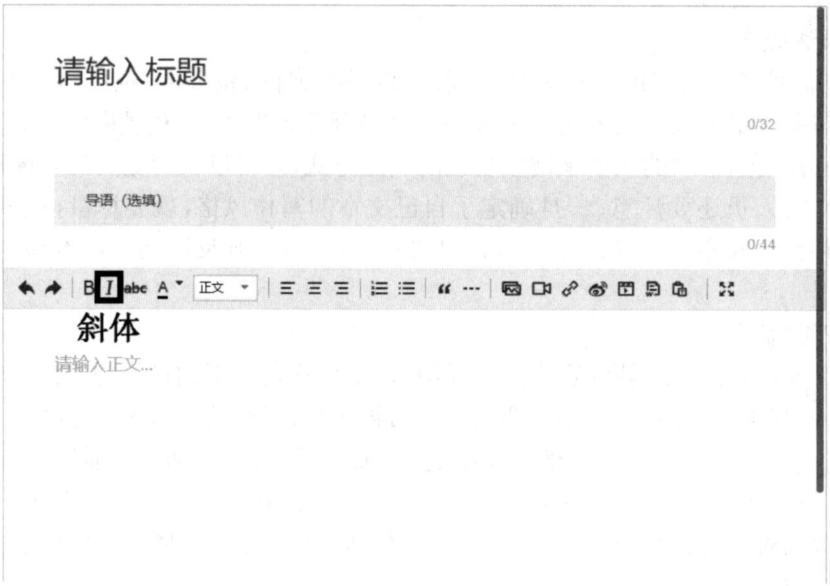

图 8.15　斜体

3."删除线"按钮

"删除线"按钮用于为正文内容添加删除线。当正文格式设置为"大标题"或"小标题"时,该按钮处于灰色状态,不能操作(图 8.16)。

图 8.16　删除线

4.“颜色”按钮

将鼠标指针移动到该按钮上，在弹出的下拉列表中可设置正文内容的颜色，当正文格式设置为“大标题”或“小标题”时，该按钮处于灰色状态，不能操作（图 8.17）。

图 8.17　颜色

5.“格式”按钮

将鼠标指针移动至该按钮上，在弹出的下拉列表中可设置正文格式为“大标题”“小标题”或“正文”，以区分文章中的正文内容级别（图 8.18）。

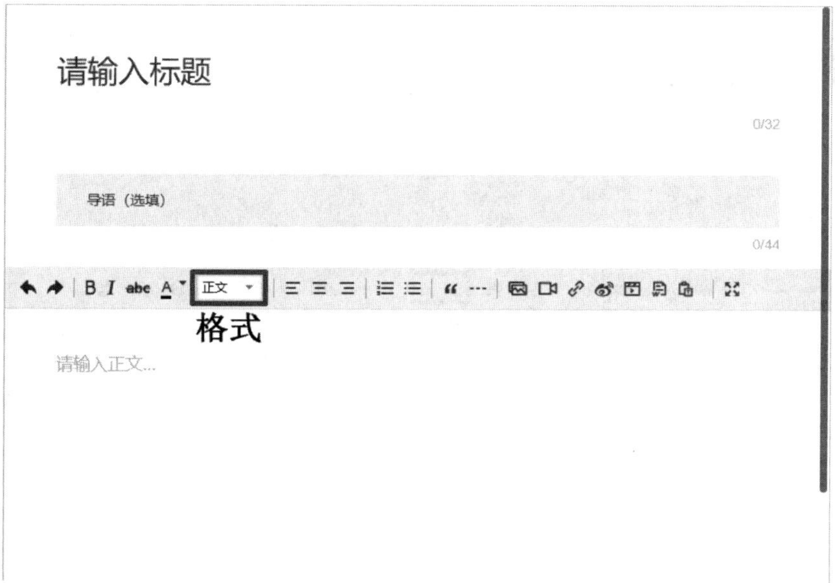

图 8.18　格式

6.“对齐”按钮

“对齐”按钮包括“居左”按钮、“居中”按钮和“居右”按钮，点击对应的按钮可设置正文的对齐方式（图 8.19）。

图 8.19 对齐

7.“列表”按钮

“列表”按钮包括“有序列表”按钮和“无序列表”按钮，点击对应的按钮可设置正文为对应的列表格式（图 8.20）。

图 8.20 列表

8.“引用”按钮

点击“引用”按钮可插入引用格式，用于对摘取的文章或名言警句等进行突出显示(图8.21)。

图 8.21　引用

9.“分割线”按钮

点击“分割线”按钮可为上下文之间添加分割线，用以对内容进行分割(图 8.22)。

图 8.22　分割线

10.“插入”按钮

“插入”按钮包括“插入图片”按钮、“插入视频”按钮、“插入链接”按钮、“插入微博”按钮、插入“电影”按钮和插入“文件”按钮。点击对应的按钮可插入对应的元素。插入图片时，可在图片下方的输入框中输入图片说明文字；插入视频时需要在打开的输入框中输入视频播放页面的地址；插入链接同样需要提供链接地址，以方便读者单击后进行跳转；插入微博时需要提供微博链接地址；插入电影时可直接在搜索输入框中搜索，点击搜索结果即可成功插入；插入文件需导入文档，目前仅支持 docx 格式（图 8.23）。

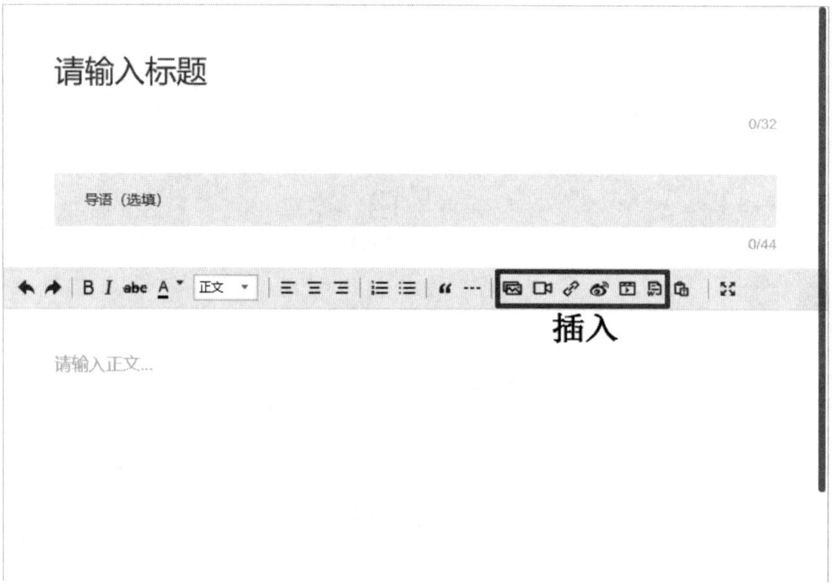

图 8.23　插入

技能三　微博文案写作要领

微博是一个实时资讯平台。微博文案人员需要在满足用户需求的前提下，结合潮流来写文案。微博文案并没有严格的内容和形式要求，但是要想使信息得到关注和传播，还需要进行有针对性的设计。一般来说，有价值的、发人深省的、容易让人共情的、有趣的、有名的、有创意的或真实的内容更受用户的欢迎，也更容易获得评论和转发。微博文案的内容常包含以下几种写作形式。

一、故事

不同寻常和不可思议的事情往往能够引发人们的好奇心，特别是故事这种真实、新鲜、又有话题性的内容，非常具有可读性，能够快速吸引读者的注意力。文案人员可以通过将需要营销的商品包装成吸引人眼球的故事，采用对话、描写和场景设置等方式，在展现事件情节和细节的同时，凸显事件隐含的目标来推广商品。采用这种方法来写微博文案时需要注意以下三点。

（一）可读性

采用故事的写作手法能够更好地传播消息，让人们快速查看到已发布的消息，并极大地丰富消息的背景，增加人们谈论的资本。采用这种方法要特别注意语言，尽量采用积极、主动并具有闪光点的语言来进行描述，这样才能让读者在环环相扣的故事讲述过程中产生新鲜感与好奇心，增加文章的趣味性与可读性。

（二）亲近性

几乎所有的用户都不喜欢直接、宣传味太重的广告，因此文案人员要尽量通过较为日常与生活化的方式来进行描述，增加文案的生活气息，让人们有一种身临其境的感觉，减少与用户之间的距离。

（三）叙述角度

故事的主体是人，因此要从人的角度来进行写作。可以从人的性格、生存环境等角度出发，抓住人物有特色的细节、语言特征，以人物细节为突破口，这样才能达到意想不到的效果，使描写具有感染力。

故事可以营造一种非常生活化的情景，让用户更有代入感，从而让用户更容易接受文案人员所传递的信息。文案人员在采用故事写作手法时，还可以从我们熟悉的人物或故事情节入手展开故事内容，通过用户熟悉的角色来引起他们的好奇和回忆，加深用户对文案的印象。

二、借势

借势是指通过顺势、造势、借势等方法来提高企业或商品的知名度、美誉度，树立良好的品牌形象，并最终促成商品或服务销售的营销策略。“势”本身就是微博用户关注的焦点，所以，文案人员可以通过借势的方法来编写微博文案，凭借“势”的高关注度来进行商品或服务的宣传，以快速获得用户的关注。

借势是微博营销中非常重要的一种方法。文案人员要在借势的过程中把握好最佳的借势时机，通过将营销的目的以文案的形式隐藏在借助的“势”中来潜移默化地引导市场消费。一次成功的借势营销可以让企业花费最少的人力、物力成本，成功将商品或品牌推入目标用户的视野，甚至达到裂变式的病毒传播效果。

“势”的范围比较广泛，其素材可以是网络流行事物、娱乐新闻、社会事件等，也可以是文化、节日等。通常来说，借势要快速引发热度和关注，借势名人或借势热门事件是最简单的途径。借势名人是指利用广受用户关注的名人达到引人注意、强化事物、扩大影响的效应，名人如明星、高管、网络红人以及各行业、各领域的能人等。社会上一些关注度比较高、讨论度比较高的事件也是营销的天然素材，借势热门事件是很多品牌的常用营销手段。几乎每一次社会热门事件都能引起各大企业的营销热潮。越是有创意的借势，越能为品牌带来不俗的营销效果。

比如王老吉的借势文案“多一点儿伙伴，少一点儿‘火’伴”。通过世界杯球赛的火热将“火”与自身商品的特点联系起来，既指世界杯赛事火热、球迷情绪激动容易上火，又暗示喝王老吉来降火，保持情绪的稳定（图 8.24）。

图 8.24　王老吉广告

在借势时，要注意借势热点的时效性和文案的措辞，不能使用生硬、低俗的话语进行牵强的关联，一定要保证与话题之间的自然与协调，否则会引起受众的反感。文案人员写好借势文案的关键有以下三点。

（一）把握时机

找准营销内容与借势事件的关联点，快速以此切入商品或品牌进行关联营销。要将事件的核心点、商品或品牌的诉求点、用户的关注点三者结合起来，让借助的"势"与商品或品牌所倡导的价值导向和文化相融合。得到用户的认可，才能引发用户的自主传播行为，为营销信息的广泛传播提供基础与前提。

（二）打破防线

此类文案即让用户的心理需求、认知，与借势内容产生共鸣，给用户一个产生购买行为的理由，并诱发其购买而产生直接利润。借势营销的一大优势就是人力、物力成本低廉，通过低成本的营销方式来引导用户自发、自主、自愿产生购买行为，能够快速提升商品的整体销量并提高企业的品牌形象。

（三）营销创意

借势营销活动文案要避免与竞争对手同质化，要打造自身商品或品牌的特色。比如，美团外卖的世界杯借势海报，通过文案"食客准备，开启感官盛宴"，将"食客"与"时刻"谐音化，在一语双关的同时也暗示用户，看球时不要忘了点外卖，然后在海报画面中通过巧妙地将美团外卖员比作守门员，将射向门框的订单比作足球来暗示"每单都不会遗漏"的信息（图 8.25）。

图 8.25　美团广告

三、关联营销

关联营销就是品牌不单为自己撰写宣传或推广文案，还与微博上的其他品牌账号进行关联合作，以此产生一个话题，这样的关联微博文案发出之后经常会引起用户的关注与兴趣。要注意的是，关联营销时要通过@功能告知被关联的对象，以更好地与关联对象进行互动和联合营销。

在写关联营销型的文案时，要注意关联对象与文案之间的匹配度，可以通过描述关联对象的特点来进行联合；也可以通过修辞手法（比喻、夸张、拟人等）将某一事物的特点与另一事物关联起来，以达到意想不到的效果。但需要注意，不同事物之间的联想一定不能生硬，必须确实存在某些共同的特征，这样才能引起用户阅读的兴趣，并博得用户的好感。

四、疑难解答

此类文案即选取与人们工作、生活息息相关的话题或普遍面临的问题、疑惑来作为选题，并针对这些问题给出良好的解决办法。这类内容很容易引起人们的关注，若方法行之有效，就可以得到用户的认可。比如，一个微博文案，通过标题“有哪些堪称‘神器’，却鲜为人知的网站”来表达文案的主题，再通过图片的形式将这些网站信息展示出来，直截了当地为用户提供了解决工作、生活中难题的技巧。如文件转换器、在线制图工具、网址换表情等网站。这种关于解答疑难问题的微博文案，一方面站在为用户着想的角度，增加了用户的好感；另一方面如能将推广信息巧妙地融合其中，也可以达到良好的推广目的。

五、其他内容

上新预告、内容分享、第三方反馈等文案也是微博内容的常见表现形式，其写法比较简单。上新预告的微博内容要尽量直接，说清楚上新的时间、购买方式及互动方式等内容。内容分享文案一般通过总结需分享内容的优点来进行写作，文案表现方式要直接，不能拐弯抹角。第三方反馈文案要站在用户角度以消费者的身份来体现商品的使用效果，切忌自卖自夸。

为了提升微博的阅读性，可以为微博搭配合适的图片、视频等表现元素。图片和视频可以是对微博内容的补充，也可以是对微博文案的强调和说明。但要注意图片和视频要与微博内容相匹配，让用户可以通过微博内容、微博图片与视频品出深意，给用户带来惊喜，进而促使微博内容的点赞、转发和讨论。

任务实施

本次任务主要通过技能的学习，加深对微博文案写作的理解与认识，并培养微博文案撰写的实践能力。

任务介绍

为了帮助同学们进一步掌握微博文案的写作方法，本次任务的实训项目为策划并写作“双 11”微博推广文案。为了迎接“双 11”购物狂欢，现要求文案人员利用微博为某服装电商进行推广宣传，通过前期造势引流来增加店铺和商品的流量和热度，为“双 11”大促活动预热。

步骤一：明确主题

“双 11”本身具有很高的关注度，可以利用“双 11”活动的热度来进行品牌信息的推广。因此可通过带话题来增加热度，同时建议搭配美观的活动图片，并在图片中植入品牌和商品信息。“双 11”活动需要吸引大量的用户才能为活动预热做好准备，因此可通过微博长文章发布专业知识来累积用户，增加用户并吸引更多用户参与活动，增加人气。

步骤二：活动商品

由于本次推广的商家主要销售服装，“双 11”又在秋冬交替之际，因此主推商品为秋冬新品。

步骤三：活动目的

推广的目的是为“双 11”活动预热，同时增加商品的收藏量和人气。

步骤四:微博内容

写搭配商品推荐长文章。例如,通过写专业的服装搭配长文章来吸引对此感兴趣的用户,文中配图可使用店铺的主推商品,以作为展示商品和吸引用户的手段。写作时注意标题要醒目,正文中的段落要明显,图片格式要统一,以保证文章的整体风格。

步骤五:微博互动

发布微博后,文案人员还要关注用户留言或评论。选取比较具有代表性的用户进行回应,解答用户对商品或文案的疑惑,以满足用户的各种需求,给用户留下良好的印象,进而拉近与用户的距离,累积一定的口碑,获得良好的用户基础。

任务总结

本项目介绍了微博文案写作的研究与实践的相关知识点,分别从微博平台注册流程、微博文案的内容框架及微博文案写作要领等方面展开学习,以逐条分步的形式帮助学生掌握微博文案写作的方法和流程,学生学习之后可以对微博文案有更好的认识与了解。

英语角

微博 Microblog
素材 source materials
选题 selected topic
话题 topic of conversation
互动 interaction
借势 take advantage of the situation

任务习题

1. 文案撰稿人需要在平日多留意,做个有心人,提前积累好素材,比如干货、金句、故事、图片、视频等。这些材料都属于前期准备工作的(　　)。

A. 选题库　　B. 素材库　　C. 话题　　D. 互动

2. 以下(　　)不属于微博长文章的构成元素。

A. 封面图　　B. 标题和导语　　C. 结尾　　D. 正文

3.“微博正文内容必须要有价值,要保证被标题吸引进来的用户不会产生被标题‘欺骗’的感觉。”这句话指的是正文内容要满足(　　)。

A. 与标题匹配　　B. 表达风格统一　　C. 结构清晰　　D. 排版美观

4.(　　)写作形式可以营造一种非常生活化的情景,让用户更有代入感,从而让用户更容易接受文案人员所传递的信息。

A. 借势　　B. 关联营销　　C. 疑难解答　　D. 故事

5. 王老吉的宣传文案"多一点儿伙伴，少一点儿'火'伴"，通过世界杯球赛的火热将"火"与自身商品的特点联系起来，既指世界杯赛事火热、球迷情绪激动容易上火，又暗示喝王老吉来降火，保持情绪的稳定。此微博宣传内容的写作形式为（　　）。

A. 借势　　B. 关联营销　　C. 疑难解答　　D. 故事

项目09　社群文案写作的研究与实践

学习目标

重点学习社群文案的写作要领，了解社群文案的定位类型，熟悉社群文案的内容框架，具备在不同类型的社群中通过文案进行运营、推广的能力。在任务实现过程中：

- 了解社群文案的定位类型；
- 熟悉社群文案的内容框架；
- 掌握社群文案的写作要领

职业素养

新媒体营销的共享、共赢特点，能培养团队合作、参与奉献、互帮互学精神。在本课程的教学过程中，引导学生主动沟通，共同参与，互帮互学，积极奉献，提高学生的团队责任感。

学习路径

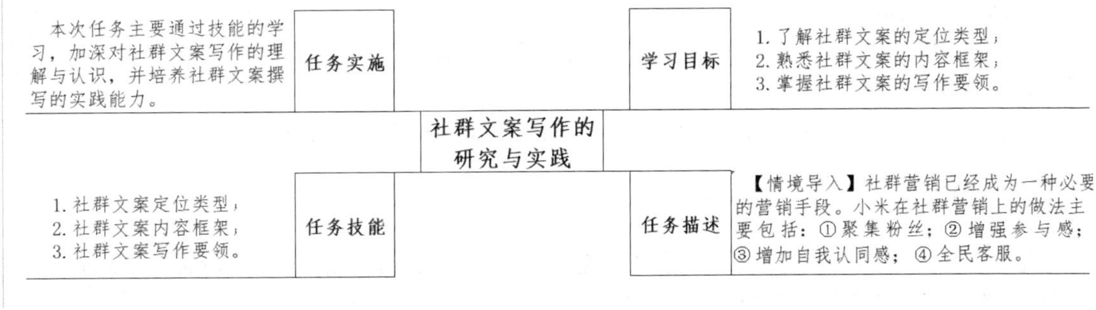

任务描述

【情境导入】

社群营销已经成为一种必要的营销手段，但是其操作方式有很多种。下面通过三个成功的社群营销案例，来初步认识社群营销。

一、罗辑思维

据说罗辑思维估值上亿，而其最大的价值就是构建了一个顶级的微信社群。罗辑思维是如何构建社群的呢？主要有以下三步。

（1）选人。罗辑思维的用户主要是“85 后”爱读书的人，这群人有共同的价值观、爱好，热爱知识类产品；会员加入要交钱，分 200 元和 1 200 元，以确保会员能真正付诸行动。

（2）培养习惯。培养共同的习惯，可以进一步固化会员“自己人效应”。比如，罗辑思维固定每天早上大概 6 点 20 分发送语音消息，培养用户阅读习惯。

（3）加强线下互动。线下的互动更能激发人与人之间的联合。罗辑思维就曾举办过不少线下活动，比如“爱与抱抱”“霸王餐”游戏，等等。

二、小米

小米的快速崛起，绝对离不开社群营销。在社群营销上的做法主要如下。

1. 聚集粉丝

小米主要通过以下三种方式聚集粉丝。

（1）利用微博获取新用户。

（2）利用论坛维护用户活跃度。

（3）利用微信做客服。

2. 增强参与感

比如说，开发 MIUI 时，让米粉参与其中，提出建议和要求，由工程师改进。这极大地增强了用户的主人翁意识。

3. 增加自我认同感

小米通过爆米花论坛、米粉节、同城会等活动，让用户固化“我是主角”的感受。

4. 全民客服

小米从领导到员工都是客服，都与粉丝持续对话，时刻解决问题。

三、星巴克

星巴克对社群营销的操作，可谓炉火纯青。在 Twitter、Instagram、Google+、Facebook 等平台上，都可以看到星巴克的踪影。星巴克的社群营销玩法如下。

1. 借助 Facebook 和 Twitter 推广新产品

星巴克曾经为了促销黄金烘培豆咖啡而借助 Facebook 平台推广，顾客可以从中了解新品资讯、优惠福利等。而在 Twitter 上，星巴克也展开了宣传，并通过文章引流。

2. 运用贴合热点的广告和主题标签

如美国曾遭遇 Nemo 大风雪，星巴克当时在 Twitter 上推出了在寒冬中握着热咖啡的广告；并且利用“#Nemo”和“#blizzard”等标签，贴近顾客的生活。

3. 与 Foursquare 合作慈善活动

星巴克（图 9.1）曾与 Foursquare 合作，推出抗艾滋慈善活动，顾客到星巴克消费，并在 Foursquare 上打卡，星巴克就会捐出 1 美元。

本项目主要通过对社群文案定位类型、社群文案内容框架、社群文案写作要领等技能点的学习，加深对社群文案写作的理解与认识，并培养社群文案撰写的实践能力。

图 9.1　星巴克

任务技能

技能一　社群文案定位类型

社群是指以某网络为载体，将拥有共同的兴趣爱好和某种需求的网民聚集在一起，相互沟通交流，展示各自价值而形成的一种社交群体。在社群中，人们能获得心理上的归属感和认同感，其本质是在虚拟空间内实现的人与人之间的连接。社群在互联网营销时代被注入了经济元素，而后慢慢成了商业营销的场所，而社群推广文案则是在这些场所内进行推广营销的一种手段。

社群推广文案是文案人员在某个群里为诱导群成员产生自己期望的商业行为而发布的文案。社群对于群员来说是一个半熟的圈子，既有熟悉的人，又有完全陌生的网友，但这种群体组织能够很好地培养熟悉感，而且在群体氛围下发布文案，更容易产生人们相互感染的冲动购买效应。

社群推广文案是社群中营销变现得以实现的必要手段。在写社群推广文案之前，文案人员需要了解社群的类型，明确社群定位，辨别社群类型和社群成员喜好，这样才能推出契合社群成员兴趣的活动和内容，不断强化社群的兴趣标签，使社群成员产生共鸣。社群主要有以下几类。

一、产品社群

产品社群是指在一个社群内，以产品为核心，通过与群员的互动形成的社群组织。在这种社群中，产品就是群员之间沟通的桥梁，起着增强群员凝聚力的作用。同时，商家还可以加入群聊，通过与群员之间的互动来营销产品，一般是发布与产品有关的活动文案，例如开展产品的使用心得等相关话题，通过交流互动保持社群的活跃度。

二、兴趣社群

兴趣社群即基于共同的兴趣爱好建立起来的社群，如 ×× 游戏社群、×× 母婴社群、×× 明星爱好者自行组建的粉丝群等，仅靠全员的兴趣支撑，也是现在互联网时代的产物。这种兴趣社群最容易产生消费的冲动。例如，一个做短袖的商家在粉丝群里和群员一起聊天，当有群员表示自己想要周边短袖时，他就可以为群员提供周边短袖，从而获得收益。这就是兴趣社群的营销效果。

三、品牌社群

这是群员对某一品牌产生了认同，从而聚集在一起而形成的社群。它是产品社群发展到后期的表现，群员能够通过彼此的交流互动产生共鸣。在这个社群中，文案人员需要考虑大家为什么加入这个品牌社群，是为了获取品牌的产品或活动信息、结交好友、解答疑惑、娱乐身心，还是为了得到优惠，然后对症下药，就能很好地维系该社群并实现品牌的变现。

四、知识社群

知识社群本质类似于兴趣社群，是个体从学习交流、获得知识的角度出发，自发形成的学习社群，例如英语学习社群、考研社群等。这类群体的主定位是学习知识或资源交流而非社交，所以打造优质内容就成为该社群营销的重中之重。其文案内容可以是文字、视频、图画、课程等形式，并可推荐书本或课程等。

五、互融社群

移动互联网时代虽然社群种类繁多，且各自定位清晰，但社群并不是封闭的，如果一个人同时加入了多个社群，且在各个社群都有认识的朋友，他将这两个没有联系的社群联合起来，就组成了互融社群。例如，罗辑思维社群就是互融社群，它既是产品社群，又是兴趣社群和知识社群。再比如羽毛社群和茶兴趣社群的融合等。

这种互融社群的文案写作角度更多，也更容易完美植入，如果想要推广自己的茶馆就可以说“我家茶馆附近有个很近的羽毛球场地，欢迎大家打球的时候来坐坐”，说不定就会引起后续的变现。

社群营销其实是一个口碑传播的过程，其营销方式非常人性化，不仅广受欢迎，还可以通过受众口碑继续汇聚人群，继而扩散口碑，让原有受众成为传播者。

技能二 社群文案内容框架

一、形式

社群能够营销的前提是社群气氛活跃、互动性强。开展社群活动是维持社群活跃度的有效方式，所以社群推广文以活动分享、话题交流等形式呈献，下面对其进行详细介绍。

（一）活动分享

分享是指分享者面向群员分享一些知识、心得、体会、感悟等，也可以是针对某个话题进行的交流讨论。专业的分享通常需要邀请专业的分享者，当然也可以邀请社群中表现杰出的群员，激发其他群员的参与性和积极性。一般来说，在进行社群分享时，需要提前做好相应准备，下面对准备工作进行介绍。

1. 确定分享内容

为了保证分享质量，在社群分享之前，应该对分享内容、分享模式进行确认，特别是对于没有经验的新手分享者而言，确定内容和流程必不可少。

2. 提前通知

在确定分享时间后，应该在社群内提前反复通知分享信息，以保证更多群员能够参与进来。

3. 分享暖场

在分享活动开始前的一段时间里，最好有分享主持人对分享活动进行暖场，营造一个好的分享氛围，同时对分享内容和分享嘉宾进行适当的介绍，引导群员提前做好倾听准备。

4. 分享控制

为了保证分享活动的秩序，在分享开始之前，应该制定相关的分享规则，约束群员的行为，比如分享期间禁止聊天等。在分享过程中，如果出现干扰嘉宾分享、与分享话题不符的讨论等，控制人员应该及时进行处理，维护好分享秩序。

5. 分享互动

在分享过程中，如果分享者设计了与群员互动的环节，主持人应该积极进行引导，甚至提前安排活跃气氛的人，避免冷场。

6. 提供福利

为了提升群员的积极性，在分享结束后，可以设计一些福利环节，为表现好的群员赠送一些福利，从而吸引群员的下一次参与。

7. 分享宣传

在分享期间或分享结束后，可以引导群员对分享情况进行宣传。社群运营方也应该总结分享内容，在各种社交媒体平台上进行分享传播，打造社群的口碑，扩大社群的整体影响力。

（二）话题交流

话题交流是发动群员共同参与讨论的一种活动形式，先挑选一个有价值的主题，让社群的每一位群员都参与交流，输出高质量的内容。与分享活动一样，话题交流也需要经过专业的组织和准备，下面对准备工作进行介绍。

1. 预备讨论

对于话题交流来说，参与讨论的人、讨论的话题都是必须预先考虑的问题。一个好的话题往往直接影响着交流效果。通常来说，简单的、方便讨论的、有热度的、有情景感的、与社群相关的话题更容易引起广泛的讨论。除了确认参与成员、话题类型外，话题组织者、主持人、控场人员等也必不可少，要合理分配角色，及时沟通，保证社群交流不出现意外事件，同时有一个恰当的秩序和氛围。

2. 预告暖场

在社群的话题交流活动开始之前，最好有一个预告和暖场阶段。预告是为了告知社群成员活动的相关信息，如时间、人物、主题、流程等，以便邀请更多群员参与活动。暖场是为了保持群员参与活动的积极性，让活动在开场时有一个热烈的氛围。

3. 进行讨论

话题交流活动在正式开始后，一般依照预先设计好的流程依次开展即可，包括开场白、讨论、过程控制、其他互动和结尾等。需要注意的是，与社群分享一样，当讨论过程中出现讨论重点偏离主题，甚至出现与主题无关的刷屏时，控场人员要及时进行控制和警告。

4. 结束讨论

在社群讨论活动结束后，主持人或组织者需要对活动进行总结。将比较有价值的讨论内容整理出来，总结活动经验和不足，并可对活动内容进行分享和传播，扩大社群的影响力。

二、要素

不管社群推广文案采用怎样的表现形式，一篇优秀的社群推广文案应有以下四个要素。

1. 产品信息

在推荐一款产品时，需要进行适当的产品信息介绍，让群员了解详细的信息以确认他们是否需要这样的产品或是否有这样的需求。可能有些群员原本没有这方面的需求，但当看到产品信息后，对产品产生兴趣，有了消费欲望。

2. 链接

为方便全员查看或进行相应的操作，一般社群推广文案中都会附带链接，这样也有利于提升文案的转化率。

若出现不能发送链接的情况，可换成口令或二维码的形式。例如淘宝链接就是淘口令的形式，群员复制该口令后打开淘宝就能跳转到该链接页面。

3. 二维码

二维码与链接是同样的道理，基本上在社群推广文案中没有链接就会有二维码，群员可直接扫码查看，十分方便。

4. @所有人

当文案人员作为一个群主或者推广人员，准备在群里发布某篇文案时，需要在群里@一下所有的成员，以保证他们都能看到这条信息。否则这个文案很容易石沉大海，激起的浪花还来不及吸引更多的目光，就被群成员之间的对话刷过去了。但也要注意并不能在发送所有内容前都@所有人，有意义的、对他人有帮助的，可选择@所有人。

技能三　社群文案写作要领

对于社群而言，不管是活动的举办还是社群的宣传、产品的变现，都需要文案这种介质去引导群员展开行动。那么，为了达到最优的宣传效果，从建群初始到后期运维，文案撰稿人应该秉承着怎样的写作思路与写作宗旨呢？

一、写作思路

要做好社群运营，首先要有一个社群运营方案。社群运营方案与其它运营工作方案相同，都是"目的先行"，后期所有的工作任务都是围绕着这个核心目标进行的。社群运营方案应包含六部分内容，具体如下。

（一）总体目标

在开始运营一个社群之前，需要思考以下问题：为什么要建立这个社群？目标用户有什么样的痛点？通过社群解决用户什么问题？社群能够为用户带来什么价值？目标的合理性在哪里？同时还需要满足以下五要素。

1. 明确性

目标一定要够明确、具体，不能太过抽象，用具体的数字来制定，使目标具有明确性。

2. 衡量性

目标制定要考虑以后的可监测性，通常来说明确的具体目标，就具有可衡量性。

3. 可实现性

可以根据当下的时间规划、之前的历史数据和行业数据进行推论，检验目标的合理性。

4. 相关性

社群运营目标的相关性，是指目标要与用户痛点有相关性。

5. 时间性

指可以在目标上付出的时间是多少。

（二）任务目标

在设定了具有可监测性和合理性的总体目标之后，需要对总体目标进行有逻辑性的拆解，将其拆解成为一个个可以执行的具体任务。拆解目标的逻辑一般也是按照社群运营的逻辑展开的。

1. 入群前的成员邀请

想要建立一个社群，首先需要找到一定数量的群成员。

2. 精准地找到目标用户

缩小搜索用户的范围，更精准地找到社群活动的目标用户。这需要对活动和用户痛点有很好的认知，知道活动所针对的目标用户经常会集中在哪些渠道上。

3. 采用“AB 型”写作方式来撰写招募文案

“A”就是指“Attention”，是社群活动吸引别人的亮点；“B”是指“Benefit”，就是这个社群活动对用户有什么好处，能够解决目标用户的什么痛点问题。把活动特色和用户痛点结合起来，会使招募文案更加具有吸引力。

（三）用户激活

吸引了一定数量的成员入群之后，要在短时间内激活用户。激活的目标是使群员在群里面踊跃发言，但同时禁止发一些与社群目标无关的内容。想要达到这个平衡，需要完成以下两件事。

1. 引导群员自我介绍

要想让群成员在群里面积极地发言，最好的方式就是让群员之间建立一种信任感。在社群刚刚建立起来的时候，引导成员做自我介绍，让大家认识和熟悉彼此，营造一个较为轻松活跃的氛围。

2. 强调遵守社群规则

要想让全体群成员都把注意力集中在社群目标上，群主需要在一开始的时候明确社群规则。当有人违反社群规则的时候，就要及时予以提醒或处罚，并且重申社群规则的重要性。

（四）用户留存

用户在刚刚进入社群的时候，会有很高的积极性。群主需要通过有价值的内容、有趣的互动及令人期待的活动，将用户的热情持续下去。

1. 持续更新内容

不间断地更新内容使社群持续地曝光在用户面前，让用户的注意力不至于被其他事物分散。

2. 发布任务提醒

还可以在社群里面发布一些任务公告，提醒群员要完成的社群任务有哪些，这样可以更好地引导社群成员把注意力集中在社群任务上，配合完成社群运营的目标。

3. 设计社群活动

定期在社群里举办一些活动，让社群具有多层次的价值。

（五）执行文案

确定了整体目标和执行策略之后，需要开始撰写在社群中发布的文案。不同的文案也有不同的特色和功能。

1. 邀请成员文案

邀请成员的文案一定要具有足够的吸引力，可以用 AB 型文案的写作方式来撰写，也可以适当地加入一些福利干货。

2. 社群规则文案

社群规则一定要简洁且有重点，用最简洁的话清晰直接地告诉大家在社群里面不可以做什么事情，如果做了这些事情，会受到什么样的惩罚。

3. 任务公告文案

任务公告文案最重要的一点就是要保证文案的直接和清晰，让用户读完就知道应该做什么、该怎么去做。

4. 话题讨论文案

话题讨论文案指的是通过引导群员讨论一些话题来活跃社群。文案需要充分地引起大家的好奇心。

（六）总结问题

所有的计划在具体执行过程中，都会遇到这样或那样的问题。所以我们要善于发现问题，并及时地把问题记录下来，方便以后的优化和迭代。为了更成熟地展开下一次社群文案运营工作，在社群运营的收尾还需要做复盘，帮助文案撰稿人更好地总结和梳理问题。

二、写作宗旨

（一）优质内容输出

俗话说，内容是流量的入口。有些社群每天都在发广告、卖货，但其转化率并不高；有些社群天天发自创的内容，然而却无人问津。所以，优质内容非常重要。内容是社群媒体最基础，也是最关键的环节。只有输出优质内容去吸引和筛选群员，并占据群员的时间和心智，才会让群员真正意识到该文案的价值，并在当前社群的基础上形成一个更高转换效率的社群，围绕社群的商业变现模式会更加丰富多样，获得的回报也会更多。

（二）聊天形式呈现

社群在本质上属于交流平台，以聊天的形式呈现文案会更合理、不突兀。细心留意就会发现，同样的内容，相比于单纯的文字罗列，对话形式更能集中人的注意力，让人产生好奇心和新鲜感。文案人员需要把社群推广文案打造成几个人聊天的形式，或者包装成交流分享的状态，冲淡阅读带来的疲倦感，营造出一种轻松愉悦的交流氛围。

（三）表述直白简单

在社群推广文案中，使用生僻、专业的词语解释活动、诠释产品并不会让人觉得舒服，反而会让群员觉得不能理解或不愿去理解，最终丧失入群的初衷。所以文案的关键信息最好用直白通俗的语言表示，这才是引流吸粉的正确方法。

任务实施

本次任务主要通过技能的学习，加深对社群文案写作的理解与认识，并培养社群文案撰写的实践能力。

任务介绍

自拟商品及主题，撰写一篇社群活动推广文案，需包含活动介绍、活动链接、二维码、@所有人等信息，并通过文案阐明本次活动的福利、提供参与方式等。现以少儿飞行体验活动的社群宣传文案为例，向同学们展示社群文案撰写步骤。

步骤一：@所有人

社群文案应包含的信息点：@所有人。

步骤二：活动介绍

万众期待的飞行体验活动于本周末开启，仅限20组名额，要报名的亲们一定要手快，名额报满会提前截止报名时间。

步骤三：活动福利

下面来说说本场活动的钜惠福利。

1. 机长绕机讲解

特邀专业机长诠释航空情怀，全方位感受飞机的魅力，为各个家庭现场绕机讲解直升机的专业知识，解答小小飞机迷们的“十万个为什么”。

2. 驾驶舱零距离

近距离接触驾驶舱，观看机长操作。相信很多孩子们都很崇拜飞机驾驶员，也非常渴望知道飞机是怎么飞起来的。

3. 低空鸟瞰风景

直观感受飞机起飞全过程，全视角俯视美景。

4. 活动丰富多彩

本次活动不仅能坐直升机，还能参加“室内降落伞＋飞机培训课＋吃饭＋做飞机模型＋个性定制台历拍摄”活动。

步骤四：参与方式

二维码：扫码关注，获取报名流程

或点击报名链接：（略）

任务总结

本章课程介绍了社群文案写作的研究与实践的相关知识点，分别从社群文案的定位类型、社群文案的内容框架及社群文案写作要领等方面展开介绍，以逐条分步的形式帮助学生掌握社群文案写作的方法和流程，学生学习之后可以对社群文案有更好的认识与了解。

英语角

社群 community
推特 Twitter
脸谱网 Facebook
暴风雪 blizzard
注意 attention
利益 benefit
分享 share
二维码 QR code
预热 preheat
激活 activation
留存 retention

任务习题

1. 该社群的主定位为学习知识或资源交流而非社交，内容可以是文字、视频、图画、课程等形式，并可推荐书本或课程等。请问此类社群属于（　　）。

A. 产品社群　B. 兴趣社群　C. 品牌社群　D. 知识社群

2. 话题交流是发动群员共同参与讨论的一种活动形式，其包括预备讨论、（　　）、进行讨论、结束讨论四步。

A. 预告暖场　B. 分配角色　C. 过程控制　D. 活动复盘

3. 一个优秀的社群推广文案应包含产品信息、链接、二维码和（　　）四个要素。

A. 口令　B. 活动福利　C. @所有人　D. 参与方式

4.“AB 型”写作方式中的“A”是指（　　）。

A.Ambitious　B.Attention　C.Active　D.Appropriate

5. 用最简洁的话清晰直接地告诉大家在社群里面不可以做什么事情，如果做了这些事情，会受到什么样的惩罚。这种文案属于社群执行文案中的（　　）。

A. 邀请成员文案　B. 社群规则文案　C. 任务公告文案　D. 话题讨论文案

项目 10 新媒体图文、图片和视频编辑的设计与应用

学习目标

重点学习新媒体图文排版、新媒体图片处理以及新媒体视频剪辑的相关知识点，通过逐步实操练习，具备辅助开展新媒体运营、推广的能力。在任务实现过程中：

- 熟悉新媒体图文排版；
- 熟悉新媒体图片处理；
- 熟悉新媒体视频剪辑。

职业素养

引导学生恪守新媒体营销人员的行业道德规范，培养互联网时代下的商业嗅觉；培养学生诚实守信的职业道德精神。严格遵守新媒体营销的职业道德底线和法律红线，输出有价值的图文和视频内容。

学习路径

新媒体图文、图片和视频编辑的设计与应用

任务实施：本次任务主要通过技能的学习，加深对新媒体图文排版、新媒体图片处理、新媒体视频剪辑的理解与认识，并培养辅助开展新媒体运营推广的能力。

学习目标：
1. 熟悉新媒体图文排版；
2. 熟悉新媒体图片处理；
3. 熟悉新媒体视频剪辑。

任务技能：
1. 新媒体图文排版；
2. 新媒体图片处理；
3. 新媒体视频剪辑。

任务描述：【情境导入】评价文章的好坏，大体包括两方面：其一是内容质量是否精彩丰富，其二是图文排版是否整洁、简约、美观。两者同等重要，缺一不可。由此可见，做好文章的排版工作是非常重要的。

任务描述

【情境导入】

评价文章的好坏，大体包括两方面：第一个方面是内容质量是否精彩丰富，第二个方面是图文排版是否整洁、简约、美观。两者同等重要，缺一不可。由此可见，文章的排版是非常重要的。优秀的文章排版，可以向读者更好地传递作者所要表达的内容，还可以提高读者的阅读体验（图 10.1）。适宜的图文排版，具有以下优点。

1. 传递诚意

一个优美精致的排版，可以令读者感觉文章是用心编排整理过的，而非草率发布的。整洁清爽的排版，可以更好地向读者传递作者满满的诚意。

2. 提高阅读体验

合适的字体、适宜的字号和恰到好处的配图，有助于显示出文章的结构层次，极大地提升阅读体验，降低阅读的乏味感，让文章读起来更加轻松，进而提高文章的阅读量。

3. 形成统一风格

依据账号定位，策划编排出统一而规范的排版格式，可以使普通的文章看起来更加舒服整齐，从而增加读者的信赖程度，令老用户一见如故、新用户一见倾心。

本章节主要通过对新媒体图文排版、新媒体图片处理、新媒体视频剪辑等技能点的学习，培养辅助开展新媒体运营、推广的能力。

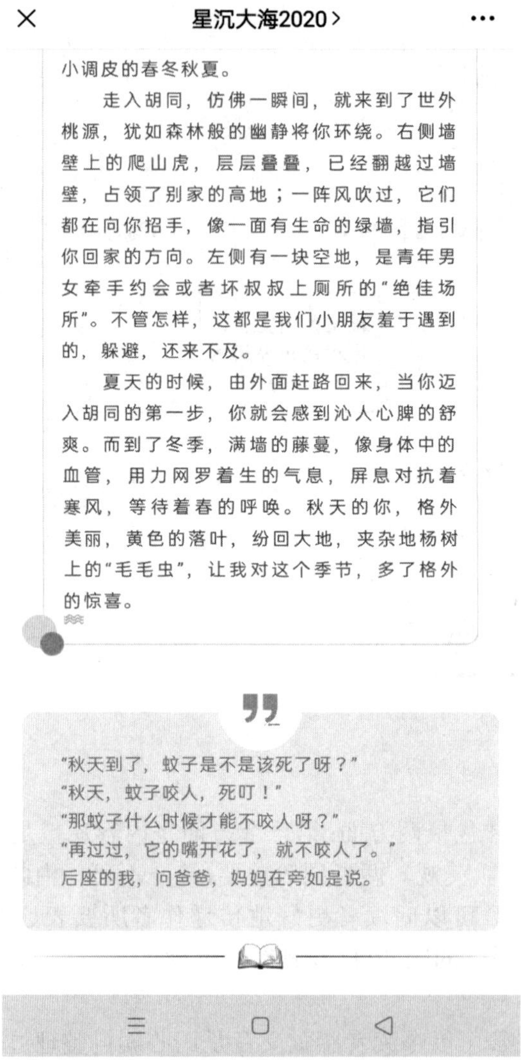

图 10.1　微信公众号文章排版

任务技能

技能一　新媒体图文排版

目前，主流的新媒体图文排版工具包括 i 排版、壹伴、秀米、新媒体管家、135 编辑器等。现以秀米为例，对其使用方法进行讲解说明。

一、注册

（1）登录“https：//xiumi.us/#/”，进入秀米官网（图 10.2）。秀米编辑器是网页运行，无须下载。

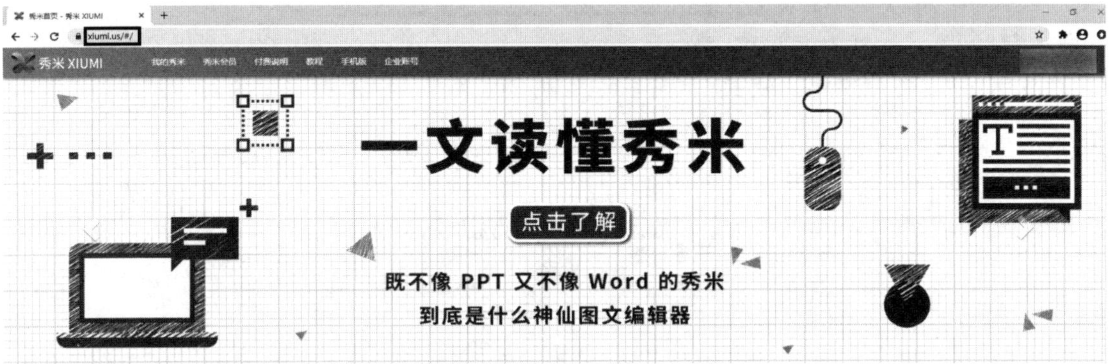

图 10.2　秀米注册 1

（2）点击右上角的“登录”按钮（图 10.3），进入登录页面。

图 10.3　秀米注册 2

（3）秀米支持手机注册，也支持微博、QQ 和微信的快捷登录；一般操作流程为扫二维码或者输入账号密码，点击“授权”按钮并登录（图 10.4—图 10.8）。

图 10.4　秀米注册 3

图 10.5　秀米注册(手机注册)

图 10.6　秀米注册（微博登录）

图 10.7　秀米注册（QQ 登录）

图 10.8　秀米注册(微信登录)

（4）阅读并勾选同意秀米《服务协议》（图 10.9）。

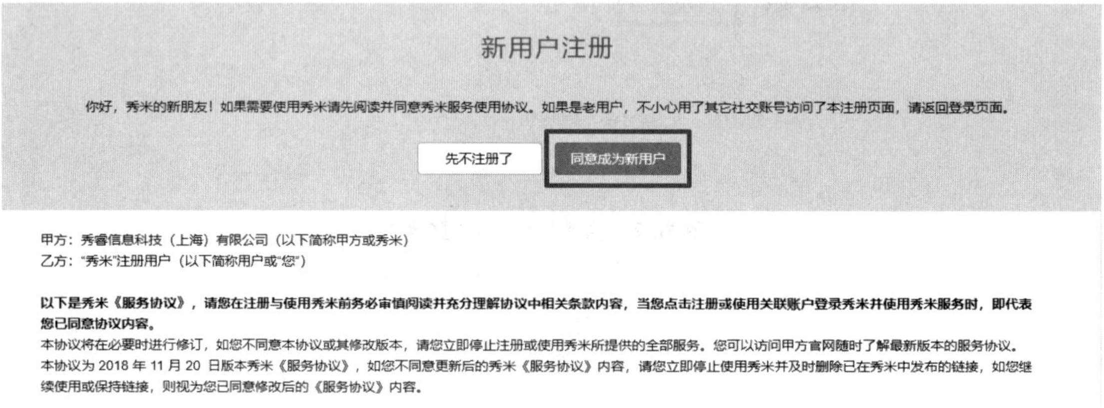

图 10.9　秀米注册 4

（5）如果非手机注册，还需要在同意协议后，进行手机验证，邮箱可“选填”（图 10.10—图 10.12）。

图 10.10　秀米注册 5

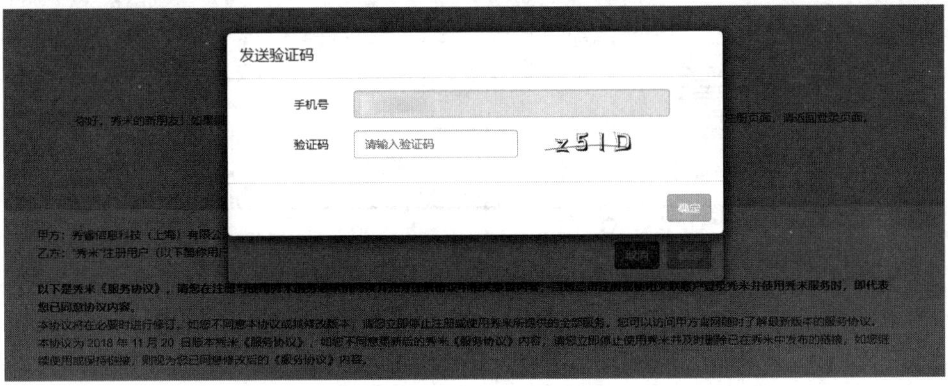

图 10.11　秀米注册 6

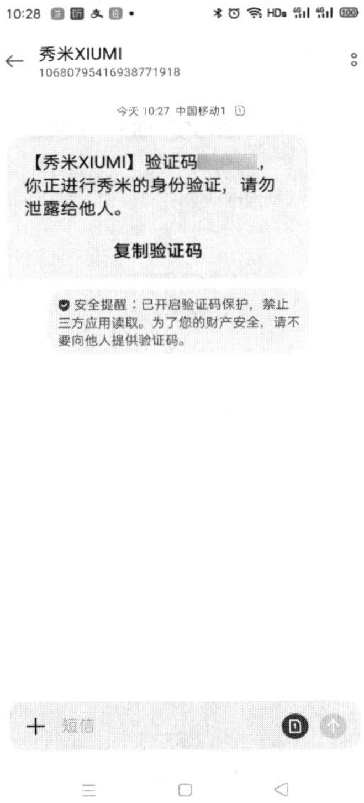

图 10.12　秀米注册 7

按照操作流程完成后，即注册成功了。

二、操作

秀米首页下方有两个功能版块，一个是图文排版，另一个是H5制作。下面主要讲解图文排版的使用方法。

1. 新建

在图文排版版块（图10.13）点击“新建一个图文”点钮（图10.14），跳转至图文排版页面。图文排版页面主要有两大功能分区：左侧是工具栏、右侧是编辑区（图10.15）。

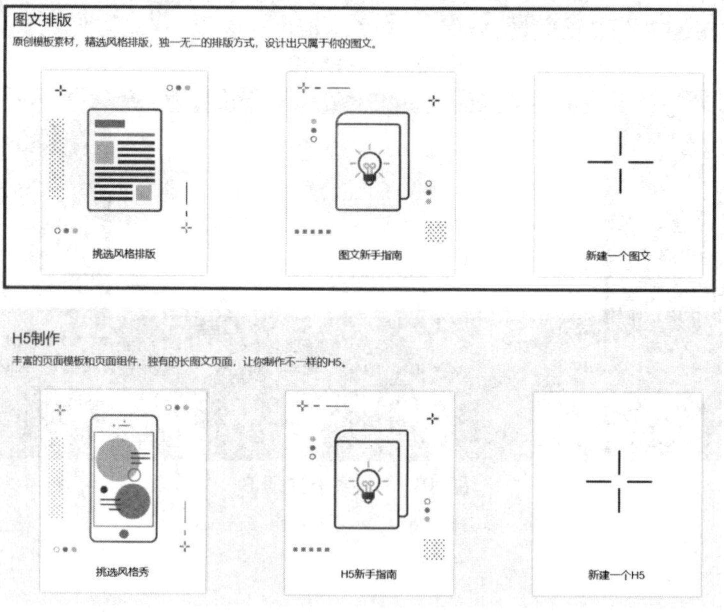

图 10.13　图文排版——新建 1

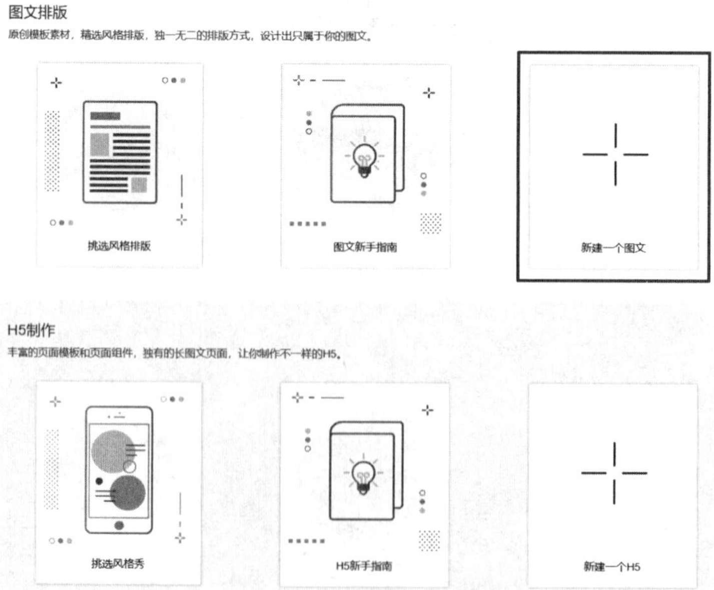

图 10.14　图文排版——新建 2

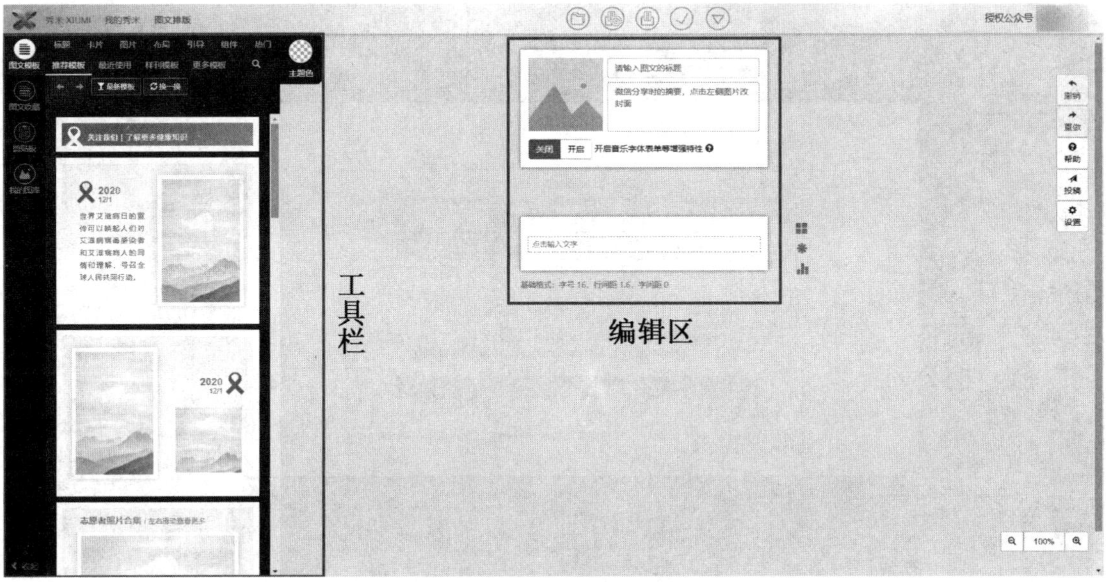

图 10.15　功能分区

2. 绑定

点击右上角的“授权公众号”按钮（图 10.16），点击微信公众号授权（图 10.17），需要公众号管理员扫码授权即可绑定微信公众平台（图 10.18—图 10.21）；授权成功后可以将编辑好的内容直接同步到微信公众号上，以避免出现由于复制粘贴而丢失格式的问题。

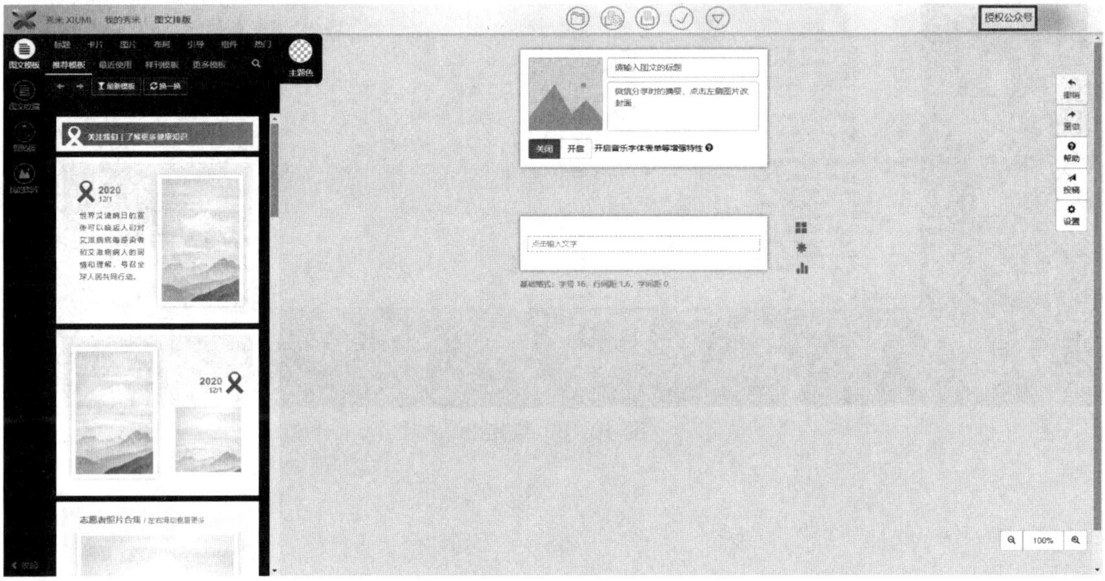

图 10.16　绑定 1

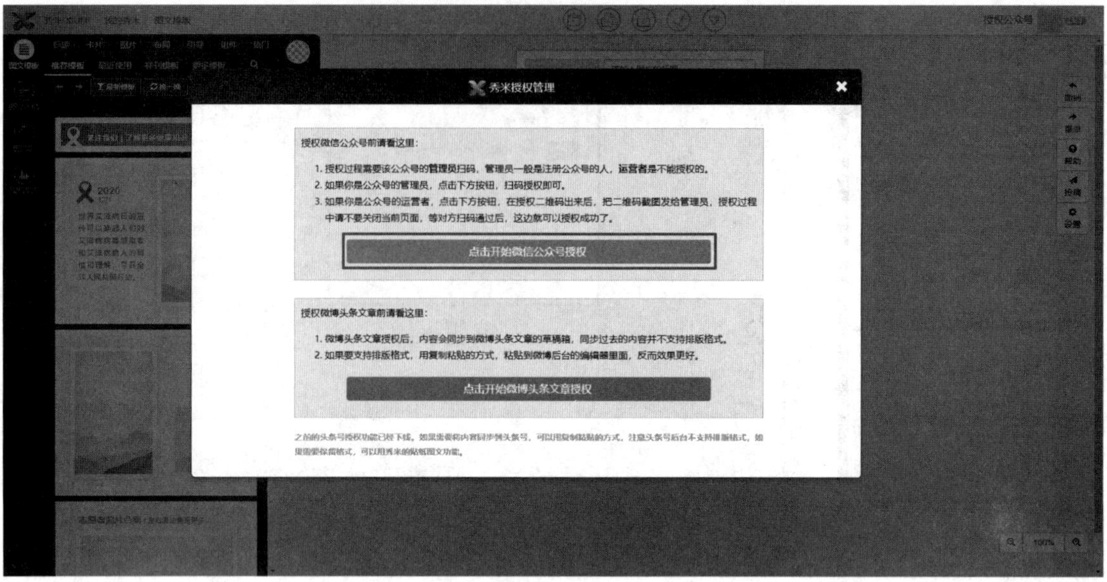

图 10.17　绑定 2

图 10.18　绑定 3

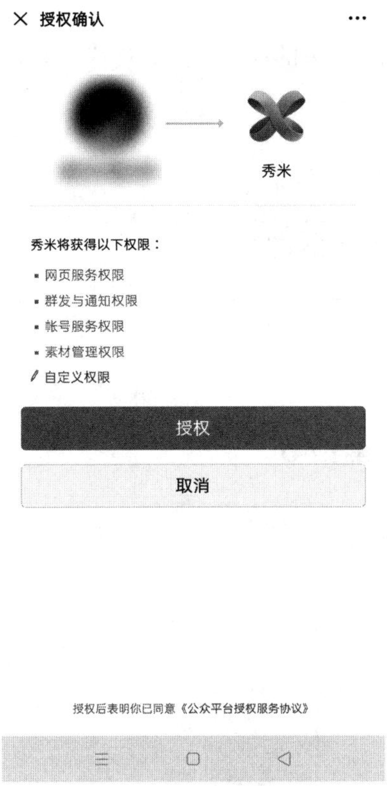

图 10.19　绑定 4

图 10.20　绑定 5

图 10.21　绑定 6

3. 封面

输入标题与摘要（图 10.22），单击鼠标左键，点击左边的图片框，工具栏会自动跳转至“我的图库”，点击想要作为封面的图片即可（图 10.23）。

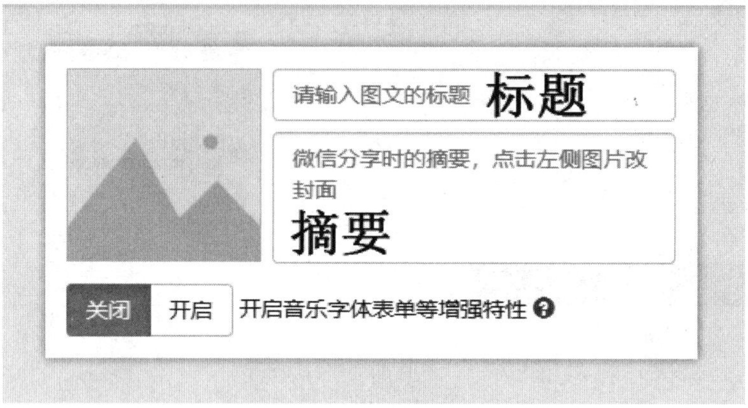

图 10.22 封面 1

图 10.23 封面 2

4. 主题色

点击工具栏右上角，设置主题色。结合微信公众号的类型、内容及定位，选择符合风格调性的主题色。点击“圆圈”，选择一种颜色作为主题色；还可以点击“+”，重置调色板（图 10.24、图 10.25）。选择好颜色后，工具栏效果预览区中的每个模板颜色都换成了主题色。

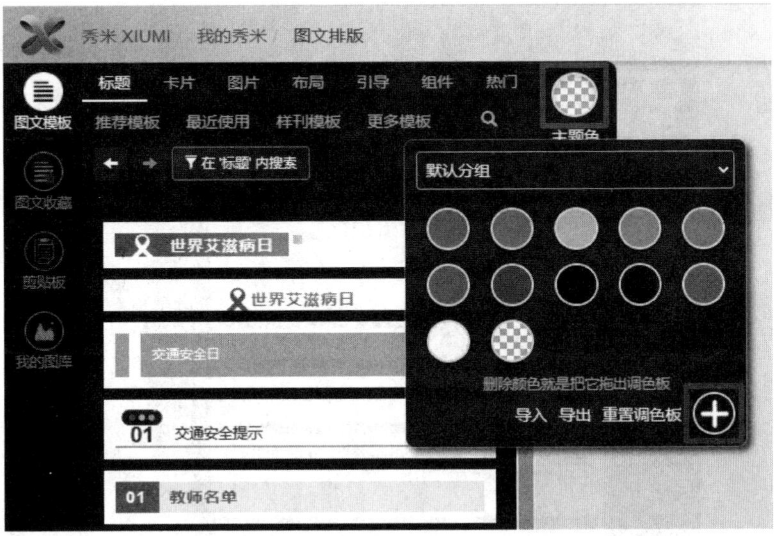

图 10.24　主题色 1

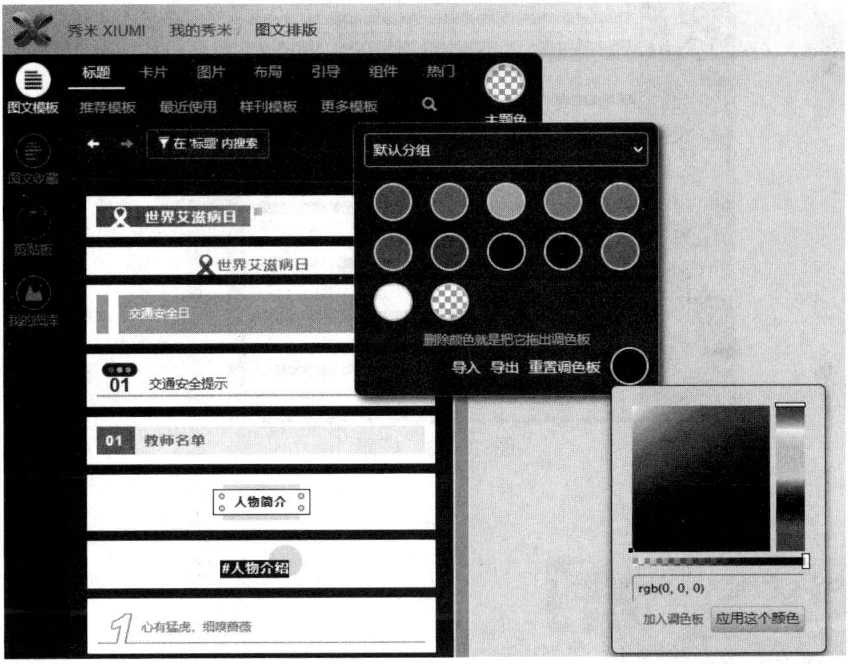

图 10.25　主题色 2

5. 标题

点击工具栏图文模板中的“标题”，里面有很多标题模板，选择并点击适合的标题模板，在编辑区输入标题内容即可。

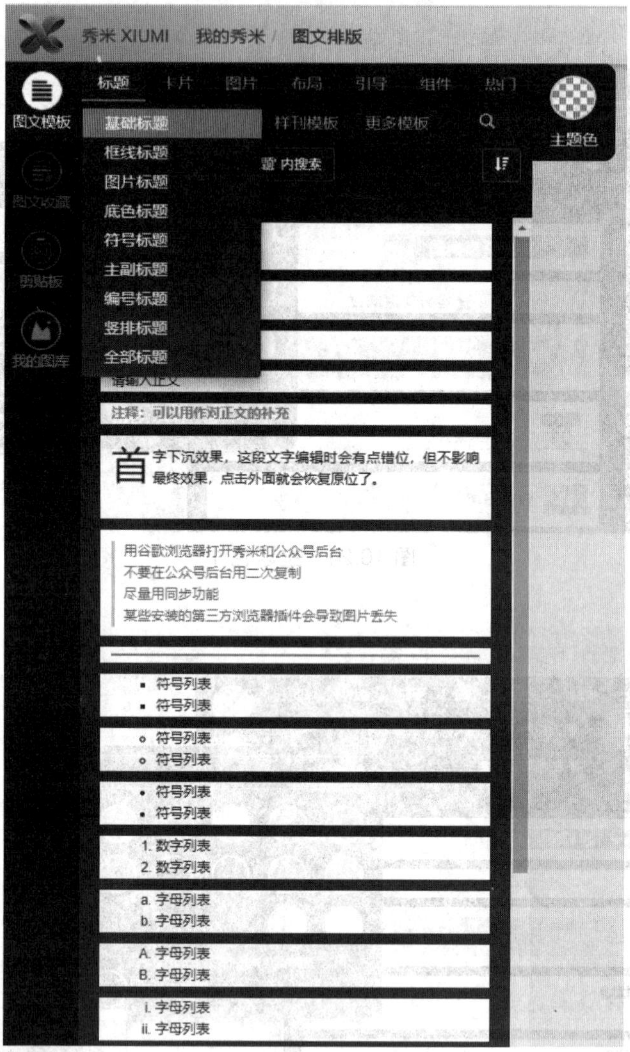

图 10.26　标题 1

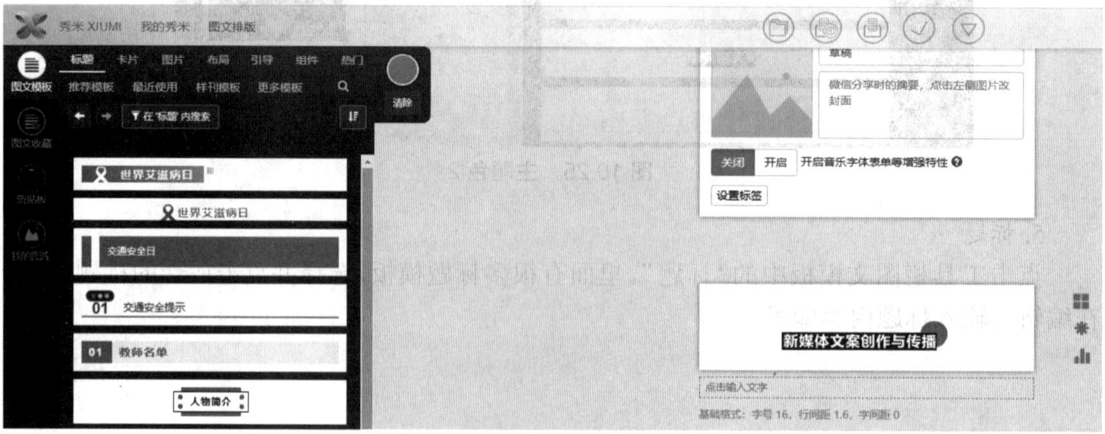

图 10.27　标题 2

6. **正文**

1）带边框的文字

如果想插入带有边框的文字，点击工具栏图文模板中的“卡片”，选择并点击适合的卡片模板，在编辑区输入正文内容即可。文字格式可以根据需要调整，但请记住正文字号要小于标题字号。正文的每段文字需要保持版式一致，标题、正文、注释等通篇文字的字号不要超过三种，除了图片，颜色也建议不要超过三种。

图 10.28　正文 1

图 10.29　正文 2

2）不带边框的文字

如果文字不需要边框，只需直接点击编辑区的“点击输入文字”，输入内容即可。

图 10.30　正文 3

7. 图片

点击工具栏图文模板中的图片，选择并点击适合的图片样式模板，再点击编辑区模板里的图片，工具栏会自动跳转至“我的图库”，选择想要插入的图片，也可上传图片。

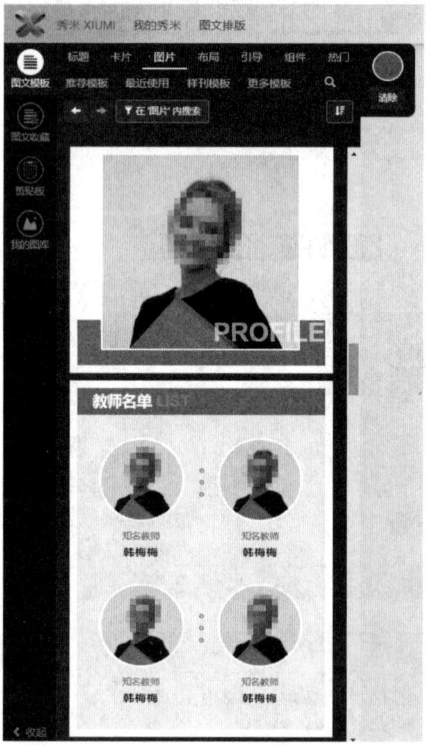

图 10.31　图片 1

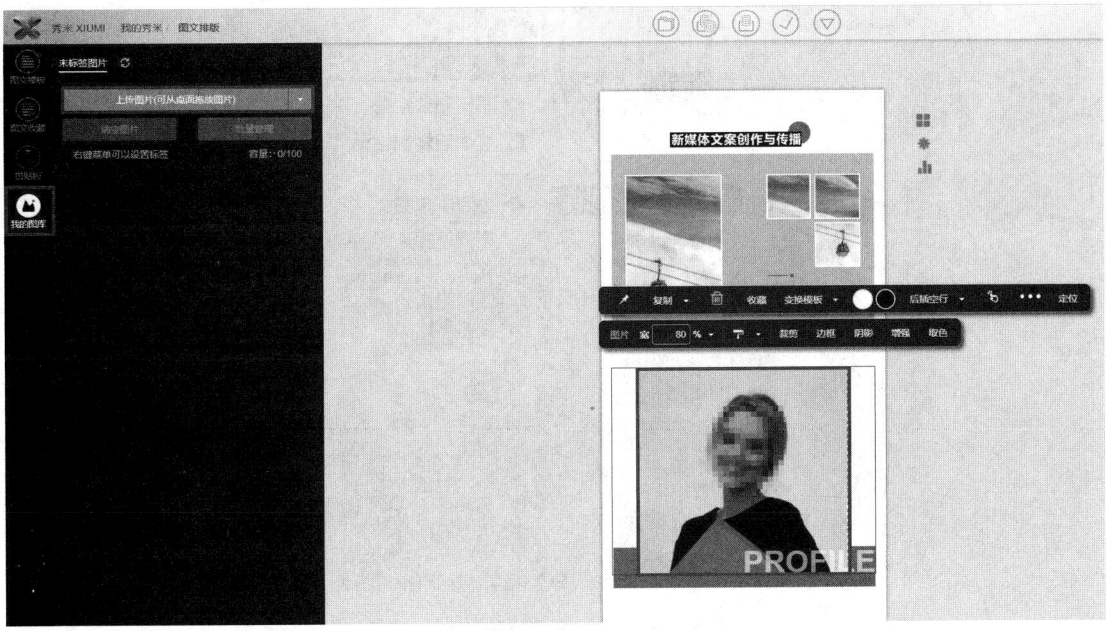

图 10.32　图片 2

8. 其他模板

以上为常用的操作功能，秀米里的模板丰富多样，可以自行探索尝试，以期制作出独具特色的版式。

图 10.33　其他

9. 预览、保存和使用

在图文排版页面的上方，有预览、保存和使用相应的操作按钮。

图 10.34 预览、保存和使用

技能二 新媒体图片处理

文案撰稿人在写文章的时候，需要借助图片处理软件对文中的图片进行编辑。Photoshop 功能强大，能够胜任各种图片处理操作。下面学习利用 Photoshop 来实现基础图片处理的方法。

一、基础认知

（一）打开软件

首先打开 Photoshop 软件，界面如图 10.35 所示。

图 10.35 打开软件 1

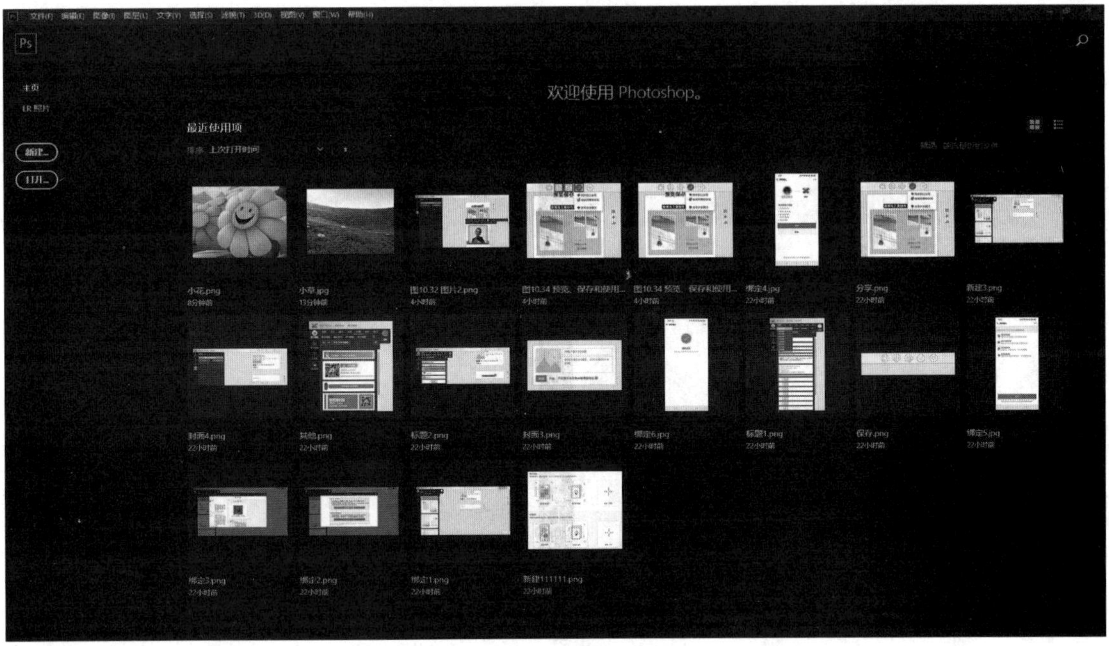

图 10.36　打开软件 2

(二)界面布局

1. 菜单栏

顶部的菜单栏中包含了全部 Photoshop 常用的操作功能。

图 10.37　菜单栏

2. 属性栏

在菜单栏的下方是属性栏，显示当前正在使用的工具的属性。

图 10.38　属性栏

3. 工具箱调板

左侧是工具箱调板，单击鼠标左键选择相应的工具进行图片处理操作。单击鼠标右键可以选择某一工具。

图 10.39　工具箱调板

4. 窗口调板

右侧是窗口调板，点击菜单中的“窗口菜单”，在下拉列表中选择需要的窗口调板。

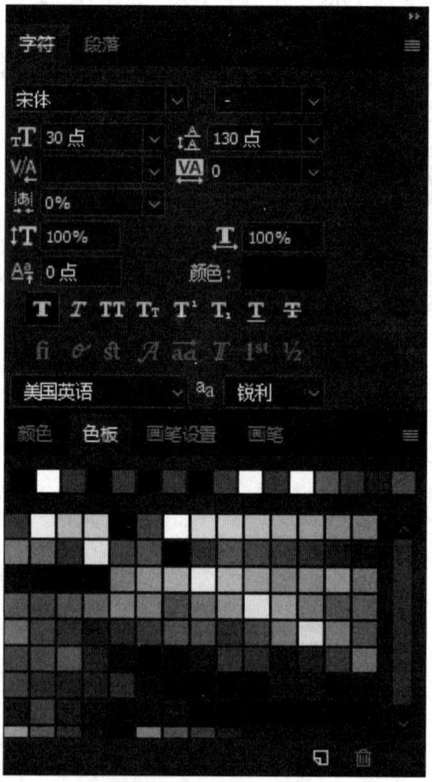

图 10.40　窗口调板 1

图 10.41　窗口调板 2

(三)基础操作

1. 用 Photoshop 打开图片

用 Photoshop 打开一张图片，有以下三种方法。

（1）点击菜单中的打开命令，或使用快捷键 Ctrl+O。

图 10.42　用 Photoshop 打开图片方法 1

（2）拖动想要处理的图片至 Photoshop。

图 10.43　用 Photoshop 打开图片方法 2

（3）点击要处理的图片，鼠标移至打开方式，勾选“Adobe Photoshop CC 2019”。

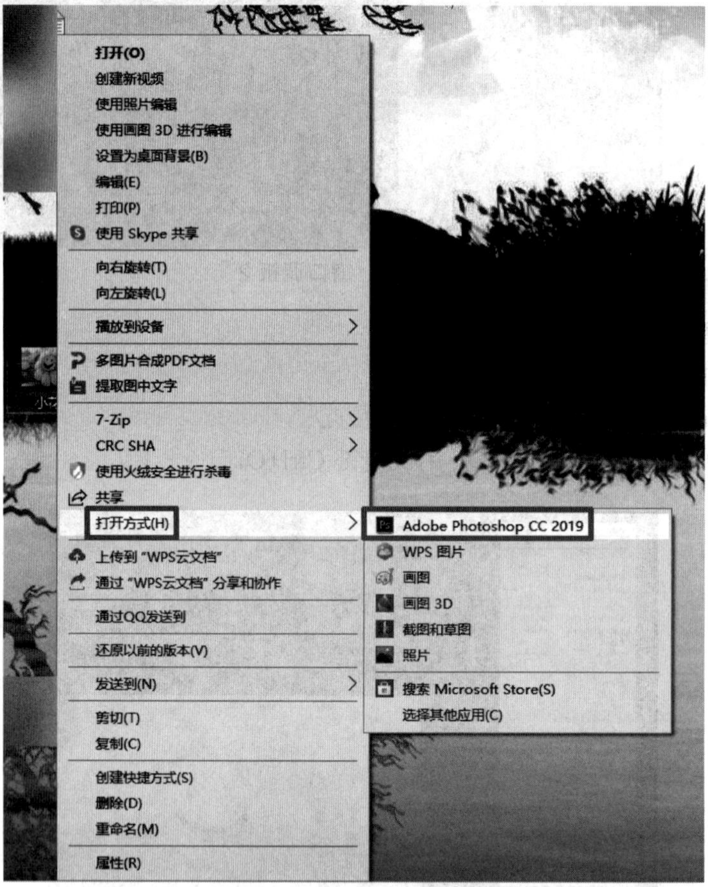

图 10.44　PS- 打开图片 3

2. 保存

处理好图片后，需要进行保存。保存图片的方法一般为按下键盘上的快捷键“Ctrl+S”，或使用菜单栏文件中的存储命令。如果要另存的话，可以选择“另存为”选项。保存的图片可以选择任意格式，“.psd”是保存当前处理的所有步骤，下次打开时还可以继续编辑；“JPEG”“png”“gif”等都是图片格式。

图 10.45　保存 1

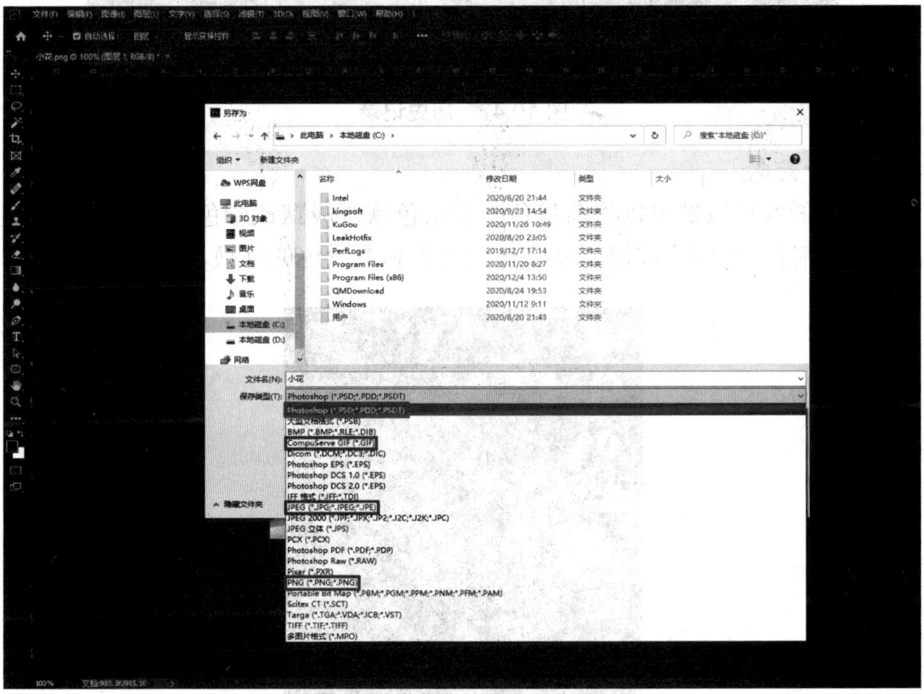

图 10.46　保存 2

3. 历史记录

处理图片的时候，需要反复修改以获得最佳效果，历史记录工具可以帮助返回之前的操作状态。点击要恢复的步骤，即可恢复图片状态。

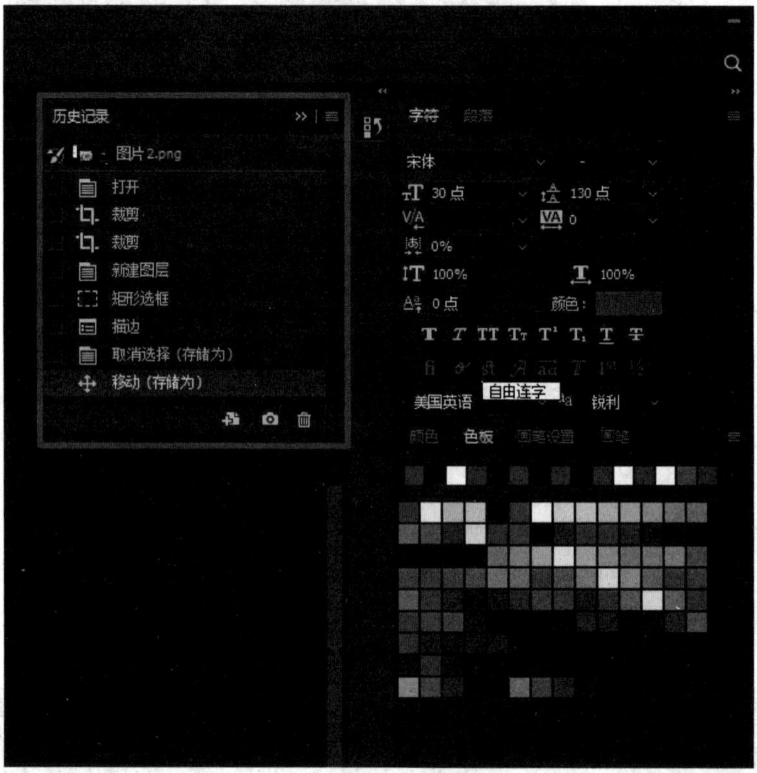

图 10.47 历史记录

4. 前景色、背景色

按下键盘上的“D”按键可以将前景色与背景色恢复成默认颜色，即前景色是黑色，背景色是白色；按下键盘上的“X”按键可以进行前景色和背景色的互换。

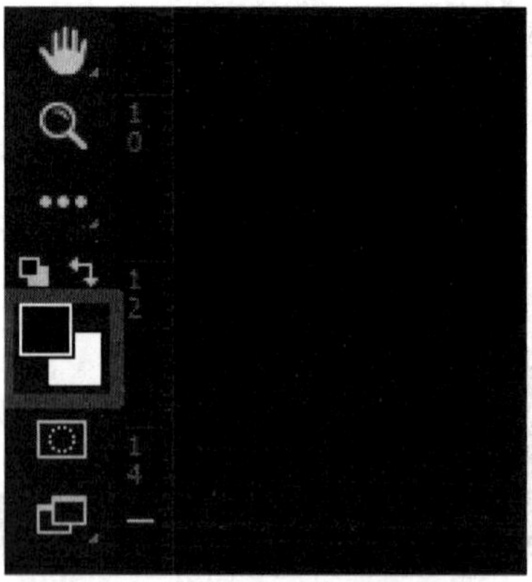

图 10.48 前景色与背景色

5. 放大、缩小

在处理图片的时候，按下“Z”按键即可使用放大镜功能放大图片的细节，同时还可以按“Alt”按键在放大和缩小之间进行切换。

6. 平移

在处理较大的图片时，按住键盘上的空格键，可以实现在图像的不同部分间平移。

二、功能操作

1. 移动工具

利用移动工具可以移动选区或图层，快捷键为“V”按键。

图 10.49 移动工具

2. 选框工具

有四种选框形态，框出后是选区，可以用来描边等，快捷键为“M”按键。

10.50 选框工具

3. 套索工具

利用套索工具可以创建手绘选区，快捷键为“L”按键。

图 10.51 套索工具

4. 魔棒工具

利用魔棒工具可以选择与色彩类似的图像区域，快捷键为“W”按键。

图 10.52 魔棒工具

5. 裁剪工具

利用裁剪工具可以裁切或扩展图像的边缘，快捷键为“C”按键。

图 10.53 裁剪工具

6. 图框工具

利用图框工具可以为图像创建占位符图框，快捷键为“K”按键。

图 10.54　图框工具

7. 吸管工具

利用吸管工具可以从图像中取样颜色，快捷键为“I”按键。

图 10.55　吸管工具

8. 修复画笔工具

利用修复画笔工具可以使用来自图像其他部分的像素修复瑕疵，快捷键为“J”按键。

图 10.56　修复画笔工具

9. 画笔工具

利用画笔工具可以绘制自定义画笔描边，快捷键为“B”按键。

图 10.57　画笔工具

10. 仿制图章工具

利用仿制图章工具可以使用图像其他部分的像素绘画，快捷键为“S”按键。

图 10.58　仿制图章工具

11. 历史记录画笔工具

利用历史记录画笔工具可以将图像的某些部分恢复到之前的状态，快捷键为“Y”按键。

图 10.59　历史记录画笔工具

12. 橡皮擦工具

利用橡皮擦工具可以将像素更改为背景颜色或者变成透明，快捷键为“E”按键。

图 10.60　橡皮擦工具

13. 渐变工具

利用渐变工具可以创建颜色之间的渐变混合，快捷键为“G”按键。

图 10.61　渐变工具

14. 模糊工具

利用模糊工具可以模糊图像中的区域。

图 10.62　模糊工具

15. 减淡工具

利用减淡工具可以调亮图像中的区域，快捷键为“O”按键。

图 10.63 减淡工具

16. 钢笔工具

利用钢笔工具可以通过锚点与手柄创建和更改路径或形状，快捷键为“P”按键。

图 10.64 钢笔工具

17. 文字工具

利用文字工具可以添加文字，快捷键为“T”按键。

图 10.65 文字工具

以上是文案撰稿人在开展新媒体文案工作时，会经常遇到图片处理问题的解决方案。在了解 Photoshop 基本内容与功能的同时，需要建立起图层的概念，通过老师的操作推演及同学们自身的实践训练，不断深化理解 Photoshop 的修图原理。

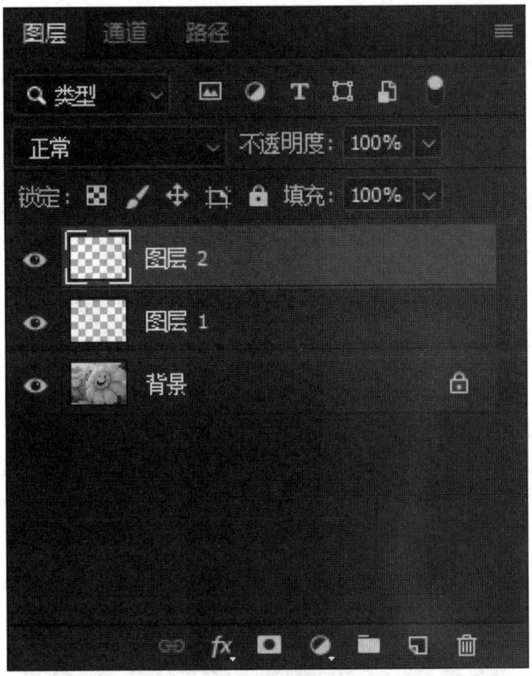

图 10.66　图层

技能三　新媒体视频剪辑

新媒体文案工作者除了需要处理图片素材外，还需要处理视频材料。剪映是抖音官方推出的专业手机短视频剪辑软件。剪映的主界面风格为极简主义。打开剪映程序，就可以看到新建项目和草稿箱的工作台，结构清晰，一目了然。下面依照操作步骤，讲解学习剪映的使用方法。

图 10.67　剪映 1

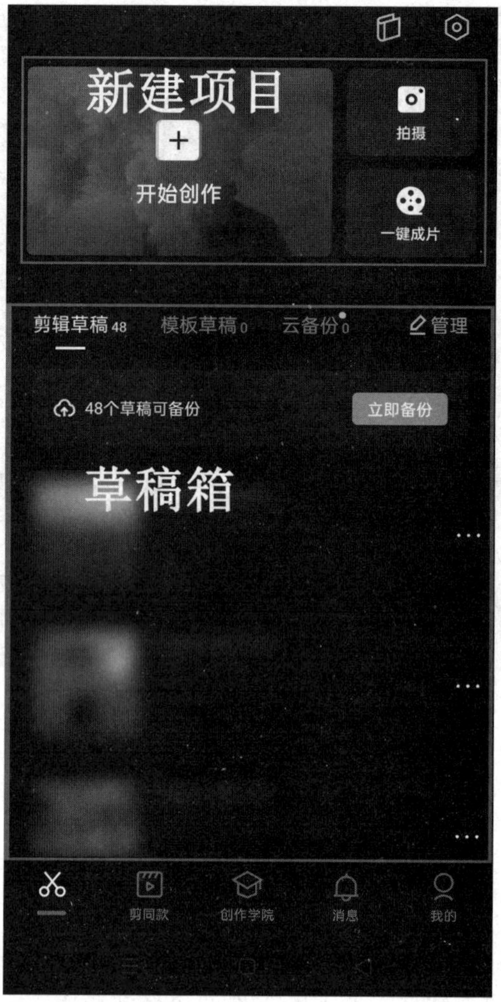

图 10.68　剪映 2

一、导入视频

点击“开始创作”按钮就可以选择素材，并进行视频创作。在选择素材界面，可以看到除了手机中的照片、视频外，剪映还为用户提供了素材库，其包含黑白场图片及诸多类型的动画素材。

图 10.69　导入视频 1

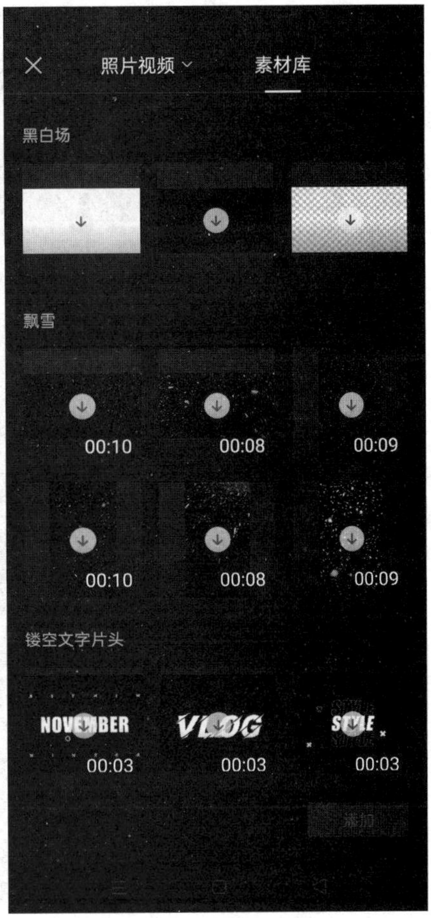

图 10.70　导入视频 2

上传素材后，就可以开始对视频进行编辑了。剪映支持同时上传多段视频，但是最多只可以导出 15 分钟的视频。

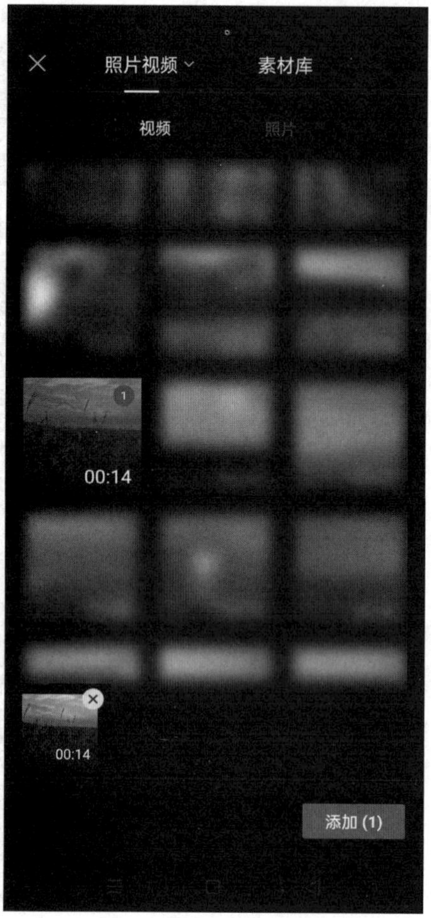

图 10.71　导入视频 3

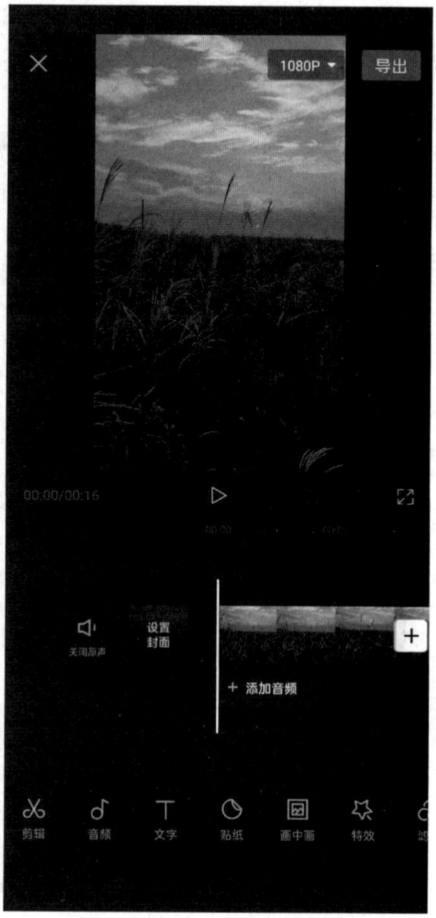

图 10.72　导入视频 4

进入编辑界面后，在屏幕正下方可以看到剪映的十大功能，即剪辑、音频、文字、贴纸、画中画、特效、滤镜、比例、背景和调节。

图 10.73　导入视频 5

二、剪辑功能

在剪辑中可以对视频进行基础操作，包括分割、变速、动画、编辑、倒放等。

图 10.74　剪辑功能

三、音频功能

在抖音的视频中，背景音乐是非常重要的一个元素。同学们可以选择剪映中内置的音乐，也可以导入自己喜欢的音乐。手机里的本地音乐可以导入剪映中，同时还可以将音乐的链接（音频或视频链接均可）复制粘贴至剪映中来提取。

图 10.75　音频功能 1

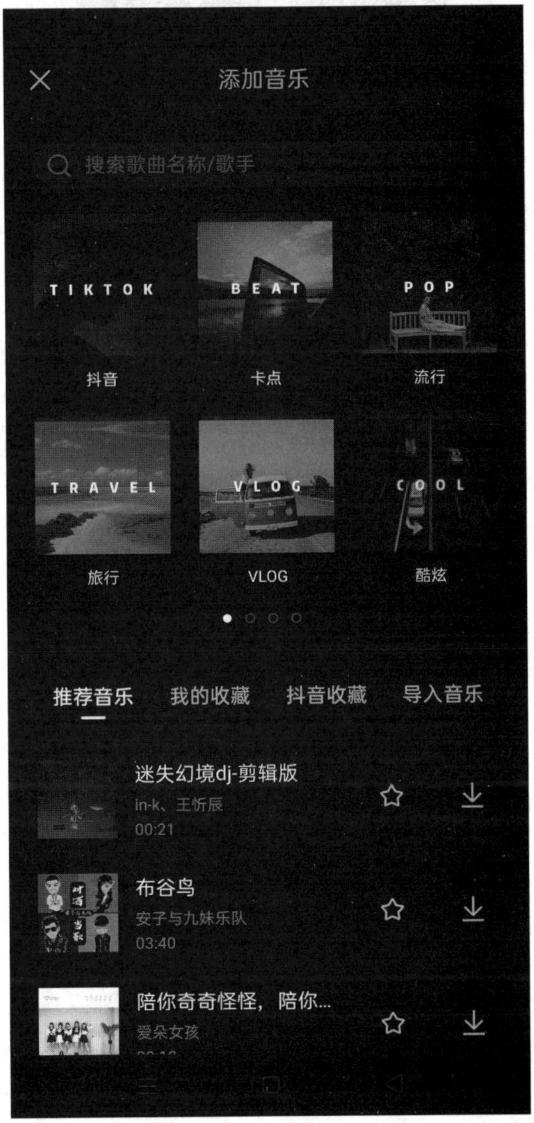

图 10.76　音频功能 2

图 10.77 音频功能 3

剪映提供了多种类型不同风格的音效，基本覆盖了全部使用场景。

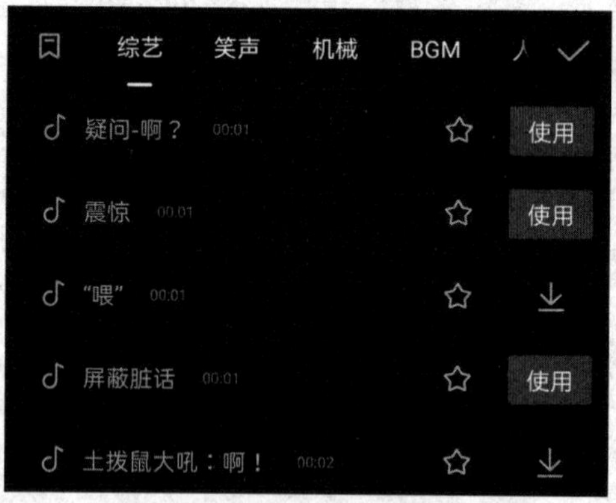

图 10.78 音频功能 4

在剪映中，也可以直接为视频配音。只须点击“录音”按钮，按住录音即可。

图 10.79　音频功能 5

四、文字功能

剪映内置了丰富的文字模板，操作简单，输入文字后勾选适合的文本样式即可。

图 10.80　文字功能

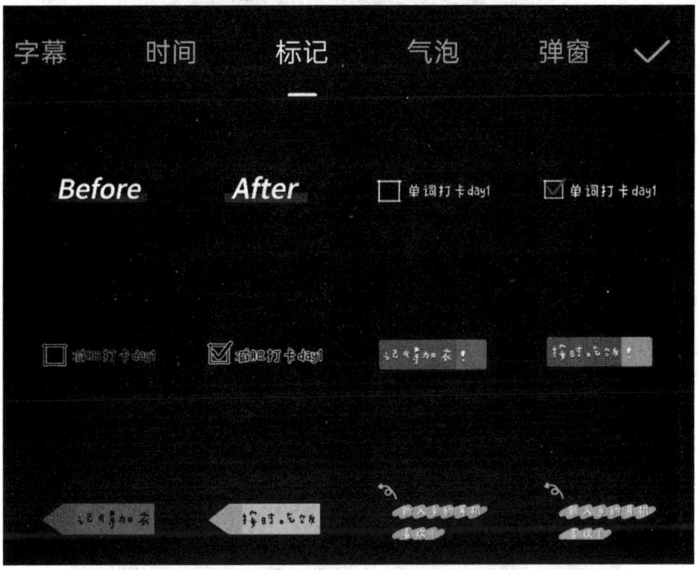

图 10.81　文字模板

在剪映中，如果不想手动输入字幕，也可以选择自动识别视频中的声音。自动识别出来的字幕，其样式的调整方法和手动输入相同，点击字幕条即可进行操作。

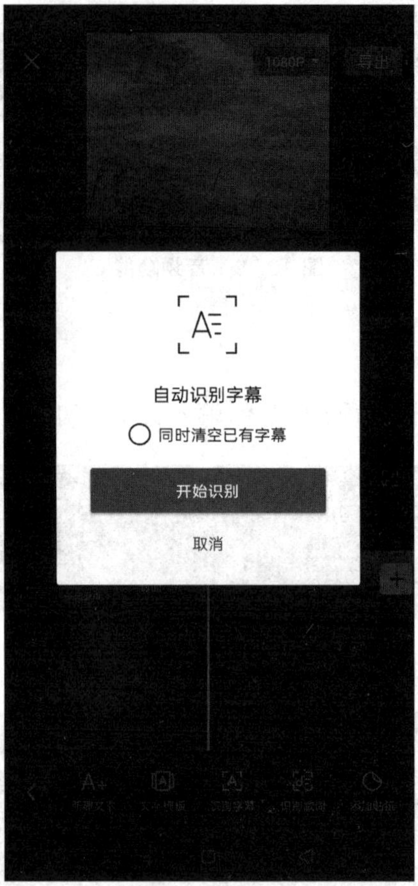

图 10.82 识别字幕

五、贴纸功能

剪映内的贴纸类型与样式非常丰富,可自由选择搭配。

图 10.83 贴纸

六、画中画功能

画中画功能可以实现在视频画面中插入另一个视频。

图 10.84　画中画

七、特效功能

剪映中还内置了多种不同风格、样式的特效，可以勾选应用适合的特效模板。

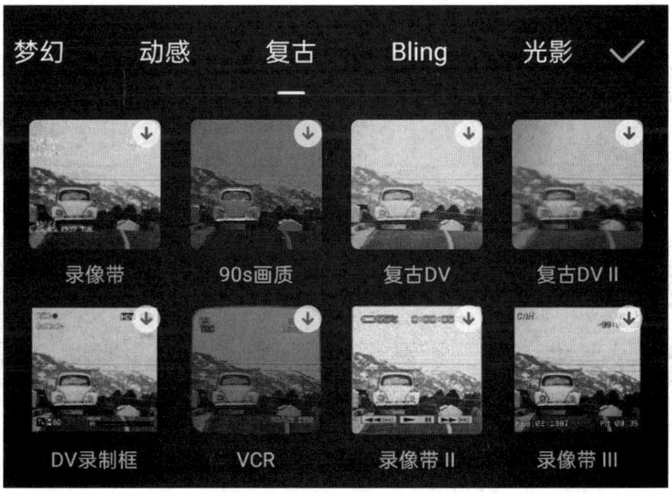

图 10.85　特效

八、滤镜功能

剪映中内置了多种类型、质地不同的滤镜模板，可以满足大多数视频场景下的使用需求。如果觉得滤镜过于浓烈，还可以通过拖动进度条进行调节。

图 10.86 滤镜

九、比例功能

在剪映中可以直接调整视频比例及视频在屏幕中的大小，勾选所需比例，或使用双指缩放功能直接作用于视频即可。其中，9∶16 选项上的小音符图标是剪映的温馨提示，9∶16 是最适合抖音的比例，视频如果发在抖音上最好选择这个比例。

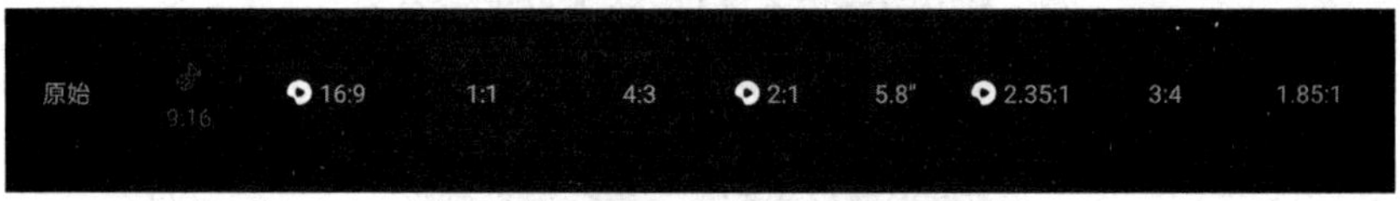

图 10.87 比例

十、背景功能

如果视频内容本身没有铺满整个屏幕，就需要添加视频背景。剪映把背景当成了视频的画布，用户可以调整画布的颜色和样式。如果对剪映内置的样式不满意，也可以上传自己满意的图片当作背景。

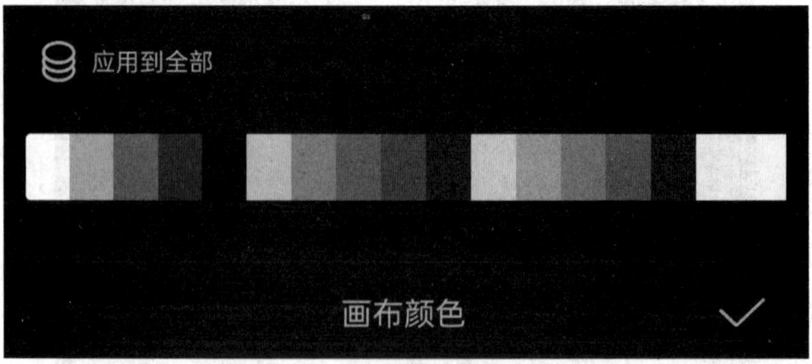

图 10.88 画布颜色

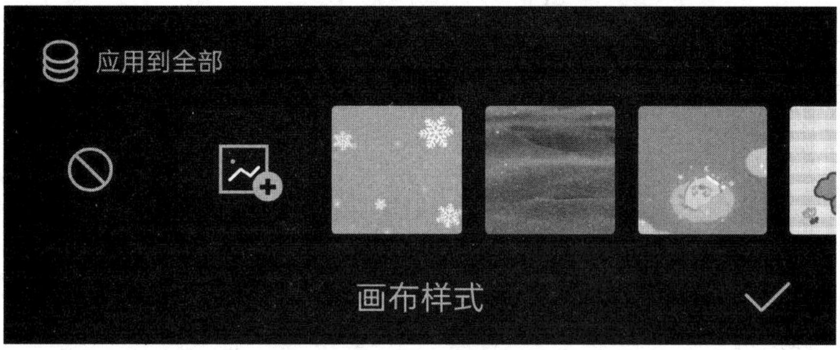

图 10.89　画布样式

如果想将视频内容变模糊作为背景来填充屏幕，使用“画布模糊”功能就可以一键搞定。

图 10.90　画布模糊

十一、调节功能

当对视频中的画面效果不满意时，用户可以通过调节亮度、对比度、饱和度、锐化、高光、阴影、色温、色调、褪色等功能来优化视频。需要注意的是，剪映中没有具体参数，需要通过拖拽进度条来完成调节。

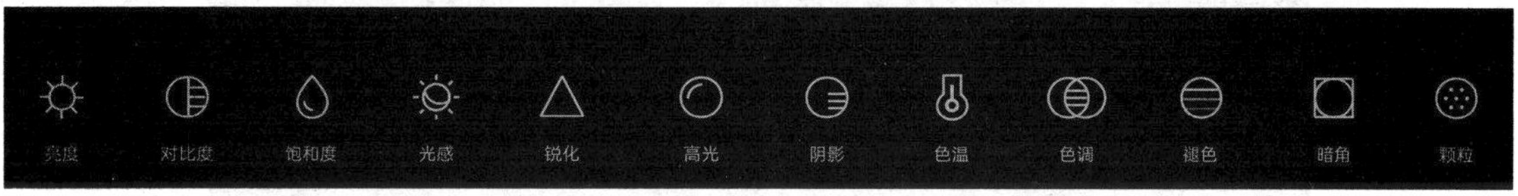

图 10.91　调节

十二、导出视频

视频制作完成后，点击右上角的“导出”按钮，即可导出视频。在剪映中制作完成的视频支持直接在抖音中发布，避免了保存本地再上传的麻烦。

任务实施

本次任务主要通过技能的学习，加深对新媒体图文排版、新媒体图片处理、新媒体视频剪辑的理解与认识，并培养辅助开展新媒体运营、推广的能力。

任务介绍

综合运用秀米、Photoshop、剪映与文案写作技巧，撰写一篇带有图片、视频的文章，并发布在自己的微信公众账号中。

步骤一：选题

确定文章主题，围绕主题寻找素材，为撰写文章做好准备工作。

步骤二：选图

拍摄或者下载与文章相关的图片，并运用 Photoshop 进行美化编辑。

步骤三：选视频

录制或者寻找与文章相关的视频，运用剪映进行优化处理后，上传至腾讯视频网站，并获取嵌入代码。

嵌入代码是通过秀米排版的视频目前只限添加腾讯视频；打开腾讯视频网页版（请注意是网页版，不是手机版，也不是桌面版）；点出左下角“分享”按钮。

图 10.92 嵌入代码 1

在“分享”按钮下拉菜单中，最后一个就是“嵌入代码”。

图 10.93　嵌入代码 2

点击“嵌入代码”，会得到“复制成功”的提示。

图 10.94　嵌入代码 3

步骤四：排版

运用学习到的秀米排版技巧，将文字、图片和视频进行巧妙编排，以提升读者的阅读体验。视频模板位于组件栏中。

图 10.95　视频模板

步骤五：发布

将秀米账号与微信公众账号绑定，并将编辑好的图文内容进行发布。

任务总结

本章课程介绍了新媒体图文、图片和视频设计与应用的相关知识点，分别从新媒体图文排版、新媒体图片处理、新媒体视频剪辑等方面展开介绍，以逐条分步的形式帮助学生掌握新媒体排版、图片及视频编辑软件的使用方法和流程，学生在学习之后可以对新媒体图文排版、新媒体图片处理及新媒体视频剪辑有更好的认识与了解。

英语角

模板 template
主题色 theme colour
边框 frame
贴纸 stickers
特效 special effects
滤镜 filter
比例 ratio

任务习题

1. 秀米包含两个功能版块，一个是（　　），另一个是 H5 制作。

A. 图片处理　　B. 视频剪辑　　C. 图文排版　　D. 图文设计

2. 文案撰稿人需要结合微信公众号的类型、内容及定位，选择符合账号风格调性的（　　）。

A. 主题色　　B. 模板　　C. 字体　　D. 封面

3. 视频模板位于秀米图文模板中的（　　）栏中。

A. 标题　　B. 卡片　　C. 布局　　D. 组件

4. 以下（　　）不属于用 Photoshop 打开图片的方法。

A. 双击图片

B. 点击菜单中的“打开”命令，或使用快捷键“Ctrl+O”

C. 拖动想要处理的图片至 Photoshop

D. 点击要处理的图片，鼠标移至打开方式，点选“Adobe Photoshop CC 2019”

5. 分割功能属于剪映十大功能中的（　　）功能。

A. 音频　　B. 剪辑　　C. 画中画　　D. 滤镜